"一带一路"开发研究丛书

总主编 ◎ 向宏 胡德平 王顺洪 徐飞

创新驱动

内外市场互动的创新机制与模式

郭强 等 ◎ 编著

西南交通大学出版社
·成都·

图书在版编目（CIP）数据

创新驱动：内外市场互动的创新机制与模式/郭强等编著. —成都：西南交通大学出版社，2017.4
（"一带一路"开发研究丛书）
ISBN 978-7-5643-5401-5

Ⅰ. ①创… Ⅱ. ①郭… Ⅲ. ①世界经济－经济发展－研究 Ⅳ. ①F113.4

中国版本图书馆 CIP 数据核字（2017）第 078773 号

"一带一路"开发研究丛书

郭 强 等 编著	出 版 人	阳 晓
	责任编辑	吴 迪
	封面设计	严春艳

印张	17.75	字数	245 千	
成品尺寸	165 mm × 230 mm			
版次	2017 年 4 月第 1 版			
印次	2017 年 4 月第 1 次			
印刷	四川玖艺呈现印刷有限公司			
书号	ISBN 978-7-5643-5401-5			

出版发行　西南交通大学出版社
网址　　　http://www.xnjdcbs.com
地址　　　四川省成都市二环路北一段 111 号
　　　　　西南交通大学创新大厦 21 楼
邮政编码　610031
发行部电话　028-87600564　028-87600533
定价　68.00 元

ISBN 978-7-5643-5401-5

图书如有印装质量问题　本社负责退换
版权所有　盗版必究　举报电话：028-87600562

"一带一路"开发研究丛书编写委员会

总 主 编　向　宏　胡德平　王顺洪　徐　飞

副总主编　何云庵　陈志坚　朱健梅

编　　委　沈火明　何　川　钟　冲　邱延峻

　　　　　汪　铮　张雪永　阳　晓　孟新智

"一带一路"开发研究丛书
创作与出版说明

一、立项说明

"一带一路"倡议如果没有找准全球发展的真实需求,她不可能在今天得到如此众多国家的支持和响应。尽管如此,寻求最广泛的共识与参与依然是我们需要艰苦努力的目标,因为这一倡议的本质是推动"五通三同":政策沟通、设施联通、贸易畅通、资金融通、民心相通以及利益共同体、责任共同体、命运共同体,在此基础上实现区域共同市场的协同发展与全球化的深入。

"一带一路"倡议尽管是一个经济发展战略和操作计划,但她明显区别于一般的全球发展概念和相应项目计划,因此,"五通三同"既是手段又是目的,只有如此,我们才能推进相关事业的螺旋递进和升华发展。

面对如此众多的国家与经济体,要建立"五通三同"的基本理解与共识并不断深化,将是一个非常复杂的浩繁系统工程。我们深知没有理论研究的超前展开和持续跟进,寻求广泛共识与普遍参与将是非常困难的。

"'一带一路'开发研究丛书"将从五个角度把握选题方向,弄清基本诉求、明晰关键问题、找准逻辑关系:一,从中国国家战略角度;二,从全球发展角度;三,从"一带一路"倡议实施的相关主体角度;四,从西南交通大学角度;五,从新基建高潮与轨道交通发展角度。

(一)从中国国家战略角度

随着改革与开放事业的循环递进,中国借助全球化契机,快速实现了城市化与工业化，也就是初步现代化。长周期高速成长的中国在今天面临如何跨越"中等收入陷阱"与"修昔底德陷阱"的巨大难题，全球经济格局的变化也给我们带来了新一轮的挑战。通过更紧密地融入世界经济体系尤其是亚非欧市场，毫无疑问是跨越两大陷阱、实现和平崛起的根本性战略选择。

2013年9月，中国国家领导人正式向国际社会提出了共建"丝绸之路经济带"和"21世纪海上丝绸之路"的重大倡议，两者合称"一带一路"倡议。近四年来，"一带一路"倡议首先在中国变成了实实在在的国家战略，从组织机制与体系到首批项目安排都全面展开，取得了阶段性成果；"一带一路"倡议不仅得到了沿线国家的积极响应，也结出了诸如亚投行、金砖银行等重大战略性、阶段性成果；2016年11月17日，第71届联大将"一带一路"倡议正式作为大会议程，这不仅标志着国际社会对它的接受，更预示着"一带一路"倡议逐渐成为全球发展的新理念与新思路，成为"千年计划"的重要操作内涵；2017年1月17日，习近平主席在达沃斯世界经济论坛年会上宣布将在北京召开"一带一路"国际合作高峰论坛，预示着中国声音、中国主张、中国方案将满怀信心地进入国际议题；刚刚结束的中美元首"海湖庄园会晤"不仅将开启中美"新型大国关系"格局下的新合作局面，还将在规划中美关系下一个45年的过程之中，探寻"繁荣中美与建设世界并行不悖"的、促进世界经济"增量再平衡"的、中美共同倡导的全球发展新主张和"再全球化"新战略，这些中美间的战略安排将促进"一带一路"倡议的全面深化和"一带一路"大市场的兴旺发达。

我们可以预计，5月14日至15日在北京召开的高峰论坛不仅是中国主场的全球性盛会，也标志着"从一带一路到人类命运共同体"的全人类"大交通"时代的即将来临，新一轮的世界经济大繁荣也许将由此开启，中国新一轮"对外求和、对内求变"的改革发展新战略同样也将由此开启；随后召开的中共十九大将是新一轮改革发展新战略的组织保障与机制深化。

（二）从全球发展角度

今天亚洲的大部分国家依然面临现代化的紧迫需求，也就是城市化与工业化的紧迫需求；美洲尤其是南美、欧洲尤其是东欧不少国家也面临同样的需求；非洲更是如此。

"一带一路"倡议的一个重要特征就是借鉴中国快速实现工业化与城市化所积累的相关经验、模式、方法以及相应的中国能力，联合欧美日等发达国家力量和沿线发达经济体力量，推动亚、非、拉为主的洲域市场快速实现赶超型的、后发优势的现代化过程。因此，"一带一路"倡议也可以说是全球市场整体实现城市化与工业化的"收尾工程"，它将迎来的是现代化的灿烂晚霞。

今天的北美、欧盟等发达国家和经济体，虽然也因就业等压力提出了"再工业化"等口号，事实上是很难收到实效的，更难发挥比较性优势。他们恰恰应该面对未来寻求超前的战略安排与新竞争力布局，通过商业模式与机制的创新实现诸多未来产业的提前成熟，并通过新兴产业与新生活方式创造全新的后工业化产业体系与新消费体系，实现经济的转型与市场的繁荣乃至社会的发展。

"一带一路"倡议的另一个重要特征就是在中美螺旋递进的战略合作机制下，依托美国发达的科技力量与教育力量，创新技术方案与商业模式，联合欧日等发达经济体力量和沿线发达经济体力量，推动中美市场为基础的、"一带一路"沿线相对发达经济体普遍参与的、超前布局的、先发优势的后现代化过程。因此，"一带一路"倡议也可以说是中美联手推动的全球市场发达经济体超前实现后工业化与后现代化的"超前工程"，它将迎来的是后现代化的蓬勃朝阳。

"一带一路"倡议的上述两大特征使其完全有可能成为"再全球化"或"后全球化"时代，实现世界经济"增量再平衡"和新一轮长周期繁荣的全球新战略，也是推动工业化往后工业化演进的文明转型工程。

（三）从"一带一路"倡议实施的相关主体角度

"一带一路"倡议实施涉及的各类主体非常丰富，同类主体又有不同的层级需求；每类主体对"一带一路"的关注、研究、参与都抱有不同的目的与不同的逻辑演进关系。

"一带一路"倡议实施涉及的产业面也相当广泛，不同区域产业链发育的成熟度又有相当大的差异，全球性产业秩序也处在总体平衡的动态调整之中，它的不确定性和不同主体扮演的龙头角色又决定了产业重组与再造所面临的企业性格的个性化。

"一带一路"倡议实施中有一个征象必须说明，那就是区域共同市场的抬头乃至区域共同市场主义的兴起，这就使我们多了一个关注的对象，那就是区域共同市场的牵头人，也许是国际组织、也许是强势国家、也许是强势企业。

"一带一路"倡议实施不能回避它对现行国际政治经济秩序的影响甚至是话语权地位的调整，既有秩序的守成方和挑战方之间的矛盾是无法回避的，关键是看新秩序的建构能不能达成挑战方与守成方的新平衡，这种新平衡的认可需要靠新思维与大主张。

我们的研究，包括因本套丛书带来的深化研究显然是不能够囊括各类主体的不同需求，当下的需求也许还能够有几分感觉，未来变化中的需求调整是很难把握的，尤其是博弈的双方在入场前后的动机变化是最难把握的，我们将尽努力挑战它。

（四）从西南交通大学角度

西南交通大学秉持120年的大交通理念，在全校师生、校友事实上已经是"一带一路"倡议项目实施的普遍参与者基础上，根据创办"双一流"大学的总体目标，提出了"以'一带一路'倡议为契机，以国家实验室为突破，全面建构大交通范畴的学科体系建设理念和有特色的世界一流大学目标"，并以此展开交大新一轮的改革发展新事业。

学校成立了"一带一路"开发研究院与"一带一路"历史文化研究院，参加了全国政协统筹的，由清华大学、国家开发银行、丝路基金等机构发起的"丝路规划研究中心"，同时与中央财经领导小组办公室保持联系，将学校机制与国家机制结合，一方面系统性、全局性展开"一带一路"研究，另一方面积极展开国家战略层面的项目实践。近期开发研究院在华盛顿组织了 20 位中美双方政产学人士参加的"中美民间基建合作计划专家工作组",推动中国民间资本联合赴美的"美国基建投资计划",取得中美双方高层的一致认可与褒扬。2016 年年底,历史文化研究院应梵蒂冈教皇邀请赴梵展开"中梵丝绸之路历史文化研究",不仅取得了阶段性成果,还建立了与梵方多个机构的长期合作机制,2017 年 5 月将组织北大、北师大、北外、中国红楼梦研究会、中国曹雪芹研究会等中方专家与梵方教皇大学、梵蒂冈博物馆展开系列研讨会与课题合作,推动"一带一路"历史文化研究上台阶、创品牌。

两个研究院在工作中发现虽然"一带一路"倡议的实践已经走在前面,但理论研究尤其是系统理论研究与理论准备明显不足,落后于实践。我们认为"一带一路"倡议是在全球化发展转型期、全球性工业化与现代化步入后发阶段、后工业化与后现代化步入先发阶段、崛起大国与守成大国进入相持阶段、世界经济正在由失序的不平衡走向有序的再平衡过渡阶段等多个特殊时期提出的。面对这样一个特殊时期,既需要有突破的理论思维与主张,也需要表达核心主张的理念阐述、更需要有逻辑的操作方案且要照顾不同主体的真实需求与思维习惯。

基于上述观点,两个研究院提出了由"智库型模式"起步并逐渐过渡到"智库与教学结合模式"的发展思路。一方面通过智库拓展与"一带一路"相关主体尤其是市场主体的紧密互动关系,进一步找准两个研究院的操作性定位;另一方面组织编写"'一带一路'开发研究丛书",聚集研究资源、提出研究思路、创新研究方法、服务战略实施,在此基础上,进一步找准两个研究院的学术定位。与此同时,动员与统筹全校力量、五所交大的协同力量和成都地区、西南地区高校力量,乃至"一带一路"关联地区大学力量和"大交通"关联的全球性力量参与研究与智库活动。

通过两个研究院对"一带一路"倡议的系统研究,我们越来越发现不仅"一带一路"所关联的亚洲、非洲、欧洲尤其是中东欧普遍面临基础设施先行带动的城市化与工业化快捷发展的后发现代化的总体需求,整个美洲包括北美同样存在如此需求。我们注意到伴随中美合作关系的升级，世界性的新基础设施建设高潮即将掀起。也许它发端于中美两国的基建升级、繁荣于"一带一路"直接推动的亚非欧"世界岛"。

两对新一轮的基建浪潮，在后发现代化国家最重要的表现特征是"大交通"推动的城市化与工业化；在先发现代化国家和地区如美、欧、日等以及中国部分地区，表现特征是"新型大交通"推动的新空间布局与新产业布局。

"大交通"强调依托高铁及城市轨道交通串联形成的城市带、产业带以及在此基础上的特色城镇群与特色产业群；"新型大交通"强调依托磁浮等新型轨道交通实现大都市与特色卫星小镇的快捷连接，重构都市空间格局与新产业布局，除此之外还包括空地一体化新型交通格局带来的"未来城市"的兴建。

由此看来，"新型轨道交通"将是"大交通"与"新型大交通"的基础解决方案，西南交通大学在轨道交通领域的全国性地位乃至全球性地位决定了它的特殊角色。

高铁尤其是时速 300 公里左右的常规高铁，虽然是新型轨道交通的重要组成部分，但它的研发体系和产业体系已基本成熟，交大要做的工作更多的是补充与完善。交大要在升级版的超级高铁，重载铁路，第二代中低速磁浮列车、高温超导磁浮列车等磁浮轨道交通多样化应用，空铁等多制式城市轨道交通，国防特种运输装备，真空管道超高速轨道交通（1000 km+），现代有轨电车、虚拟有轨电车等"新型轨道交通"方面聚集研究力量与市场力量，不仅创中国"双一流"大学，还要创世界第一的"新型轨道交通大学"，以此带动交大综合能力的全面成长，用全球性基建高潮的大势推动交大成为国际一流研究型大学与智库型大学。

为了实现上述目标，尤其是在"新型轨道交通"产业体系成型之前，交大不仅要为学术体系的完善发挥独特作用，也要为标准体系的完善发挥关键作用，更要为市场体系的超前布局发挥先锋作用。因此，尽快组织战略投资人一步到位形成大资本介入的"中国新型轨道交通集成集团有限公司"显得尤为重要与迫切。它是学术、科研、产业良性循环的重要一环，在一个全新产业孵化之初，这样的机制更显得尤为必要。

（五）从新基建高潮与轨道交通发展角度

伴随中美合作新格局的来临、"一带一路"倡议的全面实施，一场启动于中美市场、繁荣于"一带一路"市场的全球性基础设施建设高潮即将来临。交通，毫无疑问是先行工程，轨道交通尤其是高铁和城市轨道交通又是先行工程中的先行工程。

中国已经有大大小小的若干行业取得了全球规模与技术的领先优势，在大行业领域取得市场领先优势的还是凤毛麟角，中国高铁与城市轨道交通是我们最自豪的佼佼者，它事实上成了全球有目共睹的中国基础设施建设能力的核心能力。我们的尴尬在于为我们这一产业巨大市场优势做出贡献的主要还是国内市场，而大步走向全球市场才是我们轨道交通产业真正成熟的标致。

我们靠国内规模市场优势做大了产业，但还没有做强，关键问题出在应用研究与基础研究的相对滞后，深层问题又在于研究力量的协同与组织机制的困扰，更深层次的问题在于应对全球竞争、大国竞争到底应该有怎样的产业发展战略与机制保证。

培育优势企业、打造优势产业毫无疑问是国家竞争力战略与新一轮改革发展的关键能力需求与基础能力需求；中国高铁与城市轨道交通因市场规模所积累的丰富经验与综合能力，使其成了市场潜力最大的优势产业和企业集群，这样的综合优势产业相对而言实在太少；它过去的成功，一是靠大胆决策、超前超规模展开、用暂时的亏损换取中国城市化与工业化整体能力的快速提升等巨大综合收益，二是靠产学研资源的系统性长期积累；现在的问题，浅层面看是过于依赖国内市场、进入国际市场依然面临技术经济多项指标的竞争压力，深层次看表现为产业、科研、教育整体协同机制与定位出了问题，基础科研与新技术孵化跟不上市场的变化与需求；市场大势来了，它启动于中美新一轮的基建合作计划，繁荣于"一带一路"基础设施建设的先行；需求来了我们从何下手，只能是一方面尽最大努力抓市场，另一方面抓产业与应用研究能力提升，但这需要一个过程；综合而言，从教育突破相对容易、逻辑也比较顺畅，中国轨道交通教育、科研、产业综合体系离世界第一只差一步，教育水平离第一目标相对更近，教育水平的整体提升必然带来基础研发与新技术孵化的能力跃升，直接推动产业规模优势变成性价比优势、技术优势、品牌优势，全球第一的教育品牌更便于整合各类相关主体与不同阶段的科研资源，有利于突破产学研整体能力的协同性障碍；通过世界第一的轨道交通大学和相关研究体系，带出世界第一的优势产业和企业集群不仅可行且战略意义重大，如此安排"一带一路"倡议与"中美基建合作计划"就能快速取得丰富的早期收获。

二、选题原则与创作力量的组织

在今天看来，"一带一路"倡议既是一套中国发展战略，也是一套全球发展战略。两者之间是一个相辅相成的关系：中国战略必须有清晰的国际逻辑，否则没有操作性；全球战略必须要有一定的中国因素，否则同样操作性不强。中国不仅仅是"一带一路"的倡议者，更是市场要素资源组织的基础环节与关键环节，也是新机制的建构者与新方法的始创者。

选题原则要兼顾理论与理念、政府与市场、经济与技术、工业化与后工业化、现代化与后现代化、全球化与后全球化、经济与社会、历史与文化，还要兼顾宏观与微观、战略与战术、理论与实践、国家与地方，更要兼顾国际与国内、长远与现实、区域与国别、产业与项目、产业与金融、大企业与小企业、金融体系与金融产品、金融市场与资本市场等多方面。要从这些关系中抽象出选题要义，安排好出书计划的时间序列与分类序列。

"'一带一路'开发研究丛书"总体采取命题研究的创作形式，创作力量首先是以西南交通大学为首的大学力量，包括五所交大、成都、四川、西南地区相关高校和北京地区相关高校等，其次是国内外从事相关问题研究的各类专业人士。

我们特别注重寻找相似题目的著作者，由他组织研究力量结合我们的战略意图进行再创作。如此安排不仅有利于快速形成研究成果，更有利于思想碰撞、观点交锋与学术深化。

由于"一带一路"概念本身是一个操作性概念，因此方案策划与设计显得尤为重要，许多选题将采取"研讨会"形式展开，由主创人员邀请相关专家共同研究"方案设计"，这样不仅使其研究成果的应用价值得以大大提升，还方便阅读，方便相关人员依不同角色进行资讯的取舍。

如何创新研究形式与课题创作形式是我们接续关心的重要问题，通过它可以使选题的资讯内涵与价值内涵得到最大化发挥。

"'一带一路'开发研究丛书"的编写过程本身也是西南交通大学"一带一路"开发研究院与西南交通大学"一带一路"历史文化研究院创立、研究力量组织、定位精准、方法论形成、智库品牌创立、超级项目能力形成、超级项目模式建立的过程，也是交大产学研模式升级发展的过程，更是中国"一带一路"倡议完善的过程。

我们希望本套丛书能有效服务整个"一带一路"倡议的深度认知与中国"一带一路"倡议的深化。它重在系统基础上的早期行为推动，也不排除在若干年后通过实践的总结形成第二套丛书。我们希望借此丛书的创作为"实验政治学"、"发展经济学"、"产业经济学"、"公司经济学"、"方案经济学"以及"现代化理论"与"后现代化理论"、"大交通理论"、"文化人类学"与"空间人类学"等学科的理论建设做出贡献，更希望为"一带一路"倡议建构起系统的理论体系。

三、选题分类与计划

"'一带一路'开发研究丛书"按九大类方向进行选题规划：一是核心理论与主张系列，二是总体战略系列，三是大国与域内经济体相关理念与主张系列，四是新理念与行动系列，五是人文历史系列，六是中国改革开放新战略系列，七是中国新市场理念与战略转型系列，八是智库与媒体系列，九是轨道交通系列。

编委会初步拟定了九大类 100 多个选题方向，主要是便于著作者参考与选择，整个丛书计划控制在 100 本以内，编委会与著作者在互动中确定最终选题与研究计划和写作提纲，双方取得一致意见后再进行具体的研究与写作工作。

编委会初步拟定的 100 多个参考选题也将在研究深化过程中不断调整与修改，此次提出的如下选题旨在打开研究视野、明确九大分类的逻辑关系，为首批计划的推出建构参照坐标。

（一）核心理论与主张系列

1. 文明与产业：从工业化与现代化走向后工业化与后现代化
2. 新规则：工业文明与后工业文明的胶着与转型
3. 新贸易论：国家间的竞争与改变世界的基础力量
4. 国是与生意：超级项目与超级资本在未来十年将如何改变世界
5. 停滞与繁荣：摆脱政治困扰，迎接新商业力量带来的世界性繁荣
6. 十字路口：新国家为何官僚化以及特朗普可能的再设计与再改变
7. 一千个理由：中美始于现实主义繁盛于新商业主义的战略合作
8. 窗口期：习近平、特朗普可能带来的改变与行进中面临的巨大压力
9. 一带一路：中国经验与中美欧能力结合的后发现代化道路
10. 拥抱：摆脱冷战思维的大国战略
11. 科莫湖：湖边散步，对话美中欧新世界体系
12. 增量再平衡：中美战略对话的全球性议题与机制构想
13. 大交通：从"一带一路"走向人类命运共同体
14. 实践社会主义：在制度竞赛的反省中寻找超越第三条道路的新方向
15. 人类命运共同体：通过经济繁荣导向新普世价值的全球共识

（二）总体战略系列

16. 竞争力报告："一带一路"相关国家与经济体现实能力的总体评价
17. 增长热点：金砖、金钻、灵猫、展望、薄荷、迷雾等概念的研究
18. 全球化与区域贸易协定：五百多个区域贸易协定(RTA)的来龙去脉
19. 超大区域的 RTA：欧盟、APEC、东盟、北美自贸区、TPP、TPIP 等概念研究
20. WTO 波澜起伏：从全球化到再全球化
21. 多国的规划：来自欧洲、亚洲、非洲以及美国的丝路规划方案
22. 总体需求：亚非拉对城市化与工业化的渴望
23. 融合与创新："一带一路"倡议在数百个区域贸易协定基础上的提出
24. 解释"一带一路"：早期实验、正式提出、逐渐成型与相对稳定
25. 战略对接："一带一路"倡议与相关国家战略及区域战略的衔接
26. 新循环体系："一带一路"创造的全球经济新运行格局
27. 世界的试验：后发城市化与工业化的中国经验与教训
28. 新动力与新空间：超级资本推动新兴产业与新生活方式的提前繁荣
29. 收尾与超前：工业化的后发模式与后工业化的先发模式
30. 信风：新一轮全球性基建高潮的来临
31. 世界岛：梦想在大资本时代中美欧合作格局下实现
32. 支撑体系：丝路新时代的节点城市与产业体系
33. 产业分工：联合国的三级工业分类与"一带一路"的分工体系
34. 园区模式：花样繁多的园区概念与中国式的产城融合体
35. 生根开花：中国在"一带一路"超前布局的 80 余个经贸合作区

(三) 大国与域内经济体相关理念与主张系列

36. 特朗普新政：保守主义与现实主义的当下立足与新商业主义的未来发展
37. 改造世界的特朗普：问题意识、逻辑力量与方法论
38. 脱欧之后的再定位：英国在欧盟与新欧亚非一体化市场中的再定位
39. 再造优势：德国借助"一带一路"提振欧盟的新思路与新战略
40. 岛国求变：日本在新外交格局下重构一体化市场的理念与方略
41. 新一轮合作：中韩在"一带一路"大市场体系中谋求新合作格局
42. 海陆互动：新加坡在强化海权优势基础上的陆权联盟式扩张
43. 华丽转身：中东石油大国在"一带一路"机遇下的战略转型
44. 印度：寻求深度认知与理解，探寻全面结构性合作
45. 欧洲图强："一带一路"理念下的东进战略与欧亚非市场共同体
46. 欧亚非经济联盟："一带一路"倡议作为手段与目的
47. 亚洲共进论：区域与次区域共同市场带来的亚洲繁荣

(四) 新理念与行动系列

48. 国别经济："一带一路"倡议实施的认知前提与基本能力
49. 产业经济："一带一路"倡议实施的关键环节与核心动力
50. 区域共同市场：后全球化过渡期的市场特性与趋势前瞻
51. 新图景：区域共同市场与主体功能区
52. 经济地理革命："一带一路"串起的区域共同市场体系
53. 不确定中的求索：国际货币太阳系的瓦解与新体系的建构
54. 人民币国际化：从贸易货币、投融资货币走向储备货币
55. 亚投行：全球开发性金融的新角色与新模式

56. 丝路基金：中国由贸易大国向投资大国转型的引导性基金

57. 并驾齐驱：贸易与航运的波罗地海指数与海上丝路指数

58. 新模式：中美欧高科技合作 1.0 与 2.0 互动机制

59. 六大走廊：概念性规划基础上的深度研究

60. 第三欧亚大陆桥：穿越亚洲人口密集地区连接中欧的新通道

61. 捷径：北极航线、克拉地峡运河等海上丝路新通道构想

62. 哑铃战略：十余趟中欧班列连接两个扇面的城市群与产业群

63. 管道丝路：中国与俄缅哈土等国油气管道创造的新开发模式

64. 东西方之桥：土耳其在"一带一路"倡议中的重新定位

65. 比雷埃夫斯港：海上丝路港城连接的中东欧新通道

66. 科伦坡再造：海上丝路中转大港的新发展计划

67. 中白工业园：白俄罗斯的新中心城市与丝路明珠

68. 苏伊士新区：中埃合作的新型经贸合作区与海上丝路的节点城市

69. 瓜达尔港城：一个面向三个大市场的超级工业基地与商贸大城

70. 先走一步：中国在非洲的基建与产业发展

71. 雅达瓦伦油田：中国超级油田海外合作的里程碑

72. 印度钢铁：崛起大国的钢铁产业快发之路与后发之路的双轮驱动

73. 班加罗尔：软件产业聚集区与中国互动的互联网+

74. 有机农业：远东布局的生产基地和全球市场

75. 台湾价值：超级项目合作重塑两岸关系

76. 巴拉望的后现代生活：与增长中心配套的热带海滩度假城与非现场工作基地

（五）人文历史系列

77. 曾经的辉煌：东西方商路连接的古丝绸文明

78. 大航海时代：洲域经济的交流与早期的全球化

79. 从历史走来：始于《中国》的西方关于中国的描述

80. 西方视野的中国：大历史、大文化与大战略的观察

81. 丝路传奇：千百年来西方人的丝路著述与故事

82. 历史的拐点：中国在世界交往中的失落

83. 盛宴：中国艺术在古丝路的辉煌与新丝路的繁盛

84. 梵蒂冈使臣：罗马在东西文化交流中的历史角色与未来设想

85. 大历史定位："一带一路"倡议的历史延续与未来穿越

86. 横断山总体价值论：建构地球终极资源与全人类明天需求间的大逻辑框架

87. 第三空间浪潮：透过若干经典案例解构建构空间人类学

88. 伊甸园：大香格里拉的后现代憧憬

89. 腾冲：古丝路历史文化要冲与新丝路的重新定位

90. 生活大国：四川的尝试与即将到来的中国新战略

91. 艺术的胜利：重庆都市调性的改造与竞争力的勃发

92. 复兴邻里社会：智慧城市与中小微企业新发展浪潮带来的社会变革

（六）中国改革开放新战略系列

93. 第二轮开放：对外求和与对内求变的新战略

94. 愿景与行动："一带一路"倡议的多角度解读

95. 冷思考："一带一路"深层问题与关键问题梳理及求解

96. 战略定力：中国策略的宏微观梳理与系统执行

97. 创新驱动：内外市场互动的创新机制与模式

98. 循环递进："一带一路"倡议创造的内外市场及大中小企业协同发展的新契机

99. 早期收获："一带一路"倡议的有感化与阶段性递进

100. 企业生态：良性发展的基础与深化改革的关键

101. 工业强国：增量再平衡全球机制下中国制造业的转型升级

102. 并非夸大的使命：中国商业力量的成长与未来使命

103. 新亮点：口岸贸易与自由贸易区

104. 利益维护：中国"一带一路"倡议下的海外利益维护

105. 海外中国：中国跨境投资的现状与未来战略

106. 华人血脉："一带一路"华侨资本的关键作用与利益安排

(七) 中国新市场理念与战略转型系列

107. 第一战略：推动优势产业冲击第一目标与市场覆盖
108. 并购与整合：中国制造业升级的价值再造与战略重组
109. 战略投资：时髦概念背后的深层功夫与系统能力
110. 机会投资：战略理念与能力支撑下的短线投资
111. 平台公司：多元化的实践与逐渐清晰的能力特征
112. 全球并购：躁动下的冷思考与趋势前瞻
113. 新央企：政治定位清晰后的市场行动
114. 改造与担待：中国上市公司与机构投资人的非常使命
115. 企业家：一个价值被忽略的特殊阶层与关键力量
116. 资本聚集："一带一路"超级项目导向的中国证券市场改革
117. 资本时代："一带一路"开启的中国跨境投资新天地
118. 聚变：郑州如何由超级货运空港演变为航空大都市
119. 于家堡：一个为京津冀融合发展和"一带一路"国别总部而定制的未来城市
120. 发现新疆：双经济走廊概念与超级项目聚集的循环递进
121. 双主题战略：云南在大通道与新生活中央高地两大概念下的再定位
122. 两洋通道：云南如何做好第三欧亚大陆桥与泛亚通道的大文章
123. 深圳谋变：基于现状与可能背景下的超级项目都会
124. 大湾区：新全球经济格局下粤港澳的再定位与一体化
125. 重庆战略力：国企与民企两个战略平台的双轮驱动
126. 多元中关村：欧美日俄以等国多点布局的超级项目孵化基地
127. 智慧城市：以非现场工作为基础的智慧化改造与不断升级
128. 大湾区的香港：在"一带一路"倡议下诉求金融深化与服务贸易升级
129. 装备制造业："一带一路"上的升级版与内外市场的互动
130. 服务贸易："一带一路"倡议下的内外市场联动与大布局

（八）智库与媒体系列

131. 力量的整合：中国与"一带一路"相关研究力量的价值发现与重组
132. 中国丝路开发研究基金会："一带一路"倡议门户型智库的价值主张与方案设计
133. 峨眉论坛：面向"一带一路"的开放论坛与新型国际组织
134. 峨眉论坛大学：创新组织模式与教学模式的"一带一路"国际人才培训基地
135. 超级项目论：中国在后全球化过渡期的非常机遇与方法
136. 超级项目前期："一带一路"倡议系统推进的关键能力
137. 超级项目智库：政产学融合的前期孵化机制与绿色通道
138. 开发性金融："一带一路"创造的新模式与新空间
139. 顶层智力：全国政协精英人才在"一带一路"基础研究上的价值最优化
140. 战略精英：复合型人才在非常时期的非常作用
141. 智力丝绸之路："一带一路"沿线的大学合作
142. 再出发：面对国家总体竞争力与战略安排的高校改革
143. 全球战略（华盛顿）研究院：设计中美欧如何联合创办新型智库
144. 丝路传媒集团："一带一路"全域布局的新媒体集团方案设计
145. 丝路通讯社："一带一路"全域布局的新模式通讯社方案设计

（九）轨道交通系列

146. 轨道交通：昨天的辉煌、今天的重任、明天的浪漫
147. 高铁主义：轨道交通与公路网络的良治后发模式
148. 新型轨道交通：现代化国家与地区交通能力提升的新选择
149. 轨道交通：全系列的中国制造与超级项目模式的中国投资
150. 泛亚铁路：交通体系联动区域共同市场的城市群和产业带

前言 preface

  中国的"一带一路",是新形势下中国推进对外合作的重要构想。它借用历史题材——"丝绸之路",旨在打造开放、包容、均衡、普惠的区域经济合作架构,进一步实现全球自由贸易与合作共赢。如何进一步推动战略发展?"创新"作为引领发展的第一动力,又该如何结合"一带一路"背景发挥其关键的驱动力?

  本书从"一带一路"的历史出发,从古至今,环环相扣地为您解开疑惑。您不仅能通过本书了解到"一带一路"的形成过程、当代背景,更可以通过本书对此背景下的"创新驱动"有更深刻的理解。除此之外,本书在最后章节所提出的"中国内外市场互动创新机制与模式的运用",望能在理论与现实意义上为相关研究者提供一定的参考。

  "一带一路"涵盖许多层面,就"创新"而言,可分为技术创新、思想创新、评价创新等。本书探析的是在"一带一路"下的创新驱动,并着重从"内外市场互动"的角度来进行编写,以此展开在这一角度下的创新机制与模式的探究。

  本书着重分析了"一带一路"中具有代表性的辐射国家的创新驱动发展战略、模式与机制,并结合国外先进国家的创新驱动经验与现有创新研究，提出了中国在"一带一路"倡议，具有内外市场互动特征的创新机制与模式及运用。

本书具有循序渐进的特征，后一章的内容往往构建在前一章节上。各章内容如下：

第一章：丝绸之路概述。该章介绍了"一带一路"的前身——古丝绸之路。通过这段历史，读者能感受到古丝绸之路昔日的辉煌。

第二章：创新驱动发展战略的提出背景及意义。该章概述了当代创新战略发展现状，并归纳其战略的意义，让读者了解战略的形成背景及重要性。

第三章："一带一路"主要辐射国家创新驱动发展现状。该章选取了"一带一路"具有代表性的辐射国家——俄罗斯、印度与新加坡。读者通过此章能深刻了解到这三个国家在战略背景下的创新发展。

第四章：国外先进国家创新驱动发展借鉴。该章选取了三个先进国家——美国、英国与德国，并详细概述了其创新制度、模式、机制与战略，读者通过该章能了解到这三个国家在创新上的领先之处。

第五章：内外市场互动的创新机制与模式分析。该章从"内外市场互动"的角度，总结了现有机制、模式的成果。

第六章：创新驱动的中国实践。该章总结了中国创新发展现状，并结合"一带一路"，提出了我国的内外市场互动的创新机制与模式，并对未来进行展望。

本书由西南交通大学经济管理学院副院长、教授郭强老师和李攀老师以及硕士研究生苟莉佳、舒云菲、张婷、廖花编著。其中，郭强教授负责全书内容构思、拟定编写大纲以及最后统稿工作；李攀老师负责收集资料以及编写过程的进度安排；舒云菲负责第一、五、六章编写；苟莉佳负责第三、五、六章编写；张婷负责第二、五、六章编写；廖花负责第四、五、六章编写。

本书在编写过程中，受到国内外相关学者的启示，谨在此表示衷心感谢。本书的编写对于我们来说是一个尝试，也是一个挑战。尽管我们为此付出了极大的努力，但由于能力有限，纰漏和不妥之处，还恳请读者不吝赐教，以便今后加以改进。

编 者

2017 年 1 月

目录 contents

第一章 丝绸之路概述 ……………………………………… 001

第一节 丝绸之路的历史 ……………………………… 001

第二节 丝绸之路的贸易互市 ………………………… 012

第三节 丝绸之路之复兴——"一带一路"建设 …………… 026

第二章 创新驱动发展战略的提出背景及意义 …………… 030

第一节 国际背景 ……………………………………… 031

第二节 国内背景 ……………………………………… 043

第三节 创新驱动发展战略的意义 …………………… 055

第三章 "一带一路"主要辐射国家创新驱动

发展现状 ……………………………………… 063

第一节 俄罗斯 ………………………………………… 064

第二节 印　度 ………………………………………… 087

第三节 新加坡 ………………………………………… 100

第四章　国外先进国家创新驱动发展借鉴 …… 117

　　第一节　美　国 …… 117
　　第二节　英　国 …… 134
　　第三节　德　国 …… 152

第五章　内外市场互动的创新机制与模式分析 …… 162

　　第一节　内外市场互动的创新机制 …… 162
　　第二节　内外市场互动的创新模式 …… 185

第六章　创新驱动的中国实践 …… 203

　　第一节　我国创新驱动发展现状 …… 203
　　第二节　"一带一路"带来的创新机遇与挑战 …… 210
　　第三节　"一带一路"对我国的创新要求 …… 219
　　第四节　内外市场互动的创新机制与模式的运用 …… 226
　　第五节　"一带一路"的未来蓝图 …… 236

参考文献 …… 245

第一章 丝绸之路概述

第一节 丝绸之路的历史

一、开端

公元前202年,刘邦一统中原,建立汉朝,定都长安(今西安)。汉朝初建,国力不足,屡受北方匈奴威胁。汉高祖七年(前200年),高祖刘邦难忍匈奴侵扰,率兵数万征伐匈奴,却不幸反被匈奴单于围困。后虽用计平安脱险,但刘邦至此再不敢迁怒北方匈奴,"和亲"成为稳固江山的唯一手段。即便如此,匈奴贵族,仍寇边不已。

历史的转折点发生在汉武帝时期,汉武帝刘彻的登场,改变了几十年来受制于匈奴的势态。刘彻即位不久,得知游牧民族大月氏因受匈奴压迫迁徙他乡,重建国土,且苦于无人相助,独自备战,以复血仇的事宜,遂决定联合大月氏,以武力反击匈奴侵扰,从根本上解除北方威胁。于是,他招募大汉使者,西行西域。

公元前139年,汉武帝招募使者的榜文遍布京城,民族英雄张骞挺身应募,毅然担当国家重任,踏上漫漫征途。

公元前138年,张骞带领一百多名随从,开始了八千多公里的外交探险历程,从陇西(今甘肃临洮)出发,高举汉节,迤逦西行。在西行进入河西走廊时与匈奴狭路相逢,张骞和随从堂邑父被俘。匈奴将其奴役关押十年,期间种种威逼利诱,但张骞宁死不屈,不辱君命。

公元前127年,即张骞被匈奴囚禁第十年,匈奴发生内乱,张骞和堂邑父趁机逃离。十年的留居使得张骞掌握了西域地况,并通晓了当地语言，继而顺利穿过他们的控制区。他们一路射猎为食，沿天山南麓，经过焉耆、龟兹、疏勒，翻过葱岭，终于来到了帕米尔高原西北的大宛。

张骞到达大宛后，向大宛国王表明出使意图，并讲述沿途遭遇。大宛王早想与汉朝通使往来，却又苦于匈奴作梗。于是，他派出向导护送张骞来到大宛与大月氏之间的小国——康居（位于今天的乌兹别克斯坦与塔吉克斯坦一带地区），由于康居王也仰慕于汉朝的历史文化，遂又遣人将其送至大月氏。历经十年，张骞才踏上了大月氏的土地。

张骞在大月氏逗留期间，仔细考察了西域诸国的山川地理、城阙市镇和民风民俗，足迹遍及西域诸国，远至当时西域的强国大夏（今天的阿富汗）。由于新的大月氏国水草丰美，国土肥沃，加之距匈奴和乌孙甚远，外敌寇扰的危险已大大减少，其复仇之心也逐渐泯灭，在这一年间，张骞未能说服大月氏与汉结盟，元朔六年（前128年），张骞起身返国，不料在"南道"前行中再次落入匈奴之手，被关押一年。

元朔三年（前126年）初，单于死去，匈奴内乱不停。张骞趁机逃出匈奴营地，返回汉朝，回到长安。从公元前138年持节出使，到公元前126年归国复命，汉朝的百人使团，只剩下张骞与堂邑父两人回到长安。归国后，张骞将其所见所闻进行了详尽的汇报，得到了汉武帝的表彰，朝廷授予其为太中大夫。

张骞的第一次西域之行，是一场气壮山河又牺牲惨重的悲壮远征，其"持汉节不失"的气魄，为后人留下一段佳话。但这次远征，并未完成联合大月氏共同抗击匈奴的使命，汉武帝决定继续在西域寻求同盟以抗击匈奴。在张骞被匈奴拘留之时，听闻"乌孙"国长年受匈奴欺压，张骞提议先与乌孙联盟后再与大夏等国结盟，以切断匈奴"右臂"，因此，张骞踏上了第二次西域之行。

张骞第二次出使西域，已远没有第一次危险。河西诸郡建立，匈奴的威胁解除了，张骞带领随从三百余人，副使数名，从长安出发，经酒泉、伊吾（今新疆哈密）、交河（新疆吐鲁番）、焉耆、龟兹（新疆库车）、疏勒（新疆喀什）直至乌孙国都赤谷城（今中亚伊塞克湖附近地区)。张骞在乌孙展开广泛的外交活动,并派遣副使分别到周边各国(于阗、大宛、康居、大月氏等)进行友好交涉。其中,汉使最远到达罗马帝国和北非,这为丝绸之路的形成与发展奠定了基础。

公元前115年,张骞回国,乌孙王与汉结盟。副使们继续带领各国使臣回朝觐见。从此,汉朝和西域友好相处,来往不断。

张骞两次出使西域,为世人书写了千古不朽的丝绸之路的开篇。他开辟了沟通欧亚大陆的丝绸之路,以此促进东西方经济文化的交流与互动,推动汉武盛世局面的发展和人类社会的进步。

二、发 展

张骞的西域之行,让丝绸之路"热闹"了起来,汉王朝与西域各使者往来频频,各族商人络绎不绝,而鉴于当时人烟稀少、道路险阻,为保障丝绸之路畅通无阻,汉王朝于公元101年设置使者校尉,率士卒数百于轮台、渠犁一带屯田积谷,以供应出使西域的使者。

汉武帝之后,汉昭帝、汉宣帝相继即位,期间西汉繁荣昌盛,政治稳固,疆域之内,四夷宾服,人称"昭宣中兴"。汉宣帝时期,西域各国逐一脱离匈奴掌控,纷纷归附西汉。公元前60年,为统一管辖西域广袤的地域,保持丝绸之路畅通无阻,汉宣帝于西域龟兹(今吐鲁番焉耆)设立西域都护府,成立军政机构,以防匈奴联络西域各国。由此,"丝绸之路"得到进一步开辟,东西方文明开始展开更深层次的交流互动,互通有无的往来更是日益频繁。

然而,西汉后期,土地兼并成风,社会动荡不安,政府日益腐败,内政频现危机。外戚王莽篡权称帝,改国号为"新"。至此,浩浩荡荡的西汉王朝便落下帷幕,走向灭亡,历史上著名的"三绝三通"便从这时开始了。

王莽执政期间,乱政直接中断了自张骞以来开通上百年的丝绸之路,西域地区脱离了中央王朝的统治,陷入混乱,史称"一绝"。新莽

创新驱动
内外市场互动的创新机制与模式

末年，王莽盲目崇古改革，赋役沉重，各地民不聊生，加之天灾不断，连年灾荒，终引农民军揭竿而起。在绿林赤眉起义中，西汉皇族子孙刘秀趁势起兵，一统天下，光复汉室，建立东汉，谥号光武皇帝。

光武重建汉朝后，由于国内长期动乱，国库匮乏，国力不足，中原地区正百废待兴，无力西顾。故光武帝暂改汉武帝对匈奴的战略攻势，采取了防御战略，并拒绝西域各国要求重设都护和遣送质子入朝的要求。在经过东汉初约三十年的休养生息，东汉的国力大为恢复。明帝永平末年，国势明朗，国力强盛，明帝刘庄改弦易辙，转守为攻。在秉承汉武帝的战略要领上，汉明帝下定决心攻打北匈，收复西域。窦固奉旨率领大军从甘肃酒泉出征，沿河西走廊向西北进军，一路上势如破竹，打到今新疆东天山地区，并在现新疆的巴里昆湖大败北匈奴，收复了东天山。在这场战役中，班超脱颖而出。

班超，是继张骞凿空西域之后，第二个驰骋西域丝绸之路的使臣。公元 73 年，他投笔从戎，任军中贾思马，大败北匈奴。上司窦固欣赏其军事才华，派他带领三十六位壮士出使西域南疆，意劝说各部落族脱离北匈，重新归汉。

班超出使西域的征途就此开始。他与郭恂率三十六位勇士一路跋山涉水，两次出使西域，一路上可谓险象丛生，危机重重，他凭借志勇，先后使鄯善、于阗、疏勒三国归顺汉朝，并恢复了与汉朝的友好关系。

公元 74 年，东汉重新设置西域都护府，史称"一通"。

然而，西域都护府恢复设立一年后，汉明帝驾崩，不甘失败的北匈奴借东汉王朝国丧之际，大兵压境，卷土重来。东汉军队不得不再次退出西域地区，丝绸之路再次被阻断，史称"二绝"。

面对西域形势的剧变，汉章帝命班超从疏勒起身回朝。班超不忍疏勒再次落入匈奴之手，决议抗旨停留疏勒。停留期间，班超通过联合西域南部所有支持东汉的城邦与部落，建立了抵抗北匈奴入侵统一战线联盟，有效遏制住了北匈奴在西域南部的扩张。汉章帝见状便分派上千士卒支援班超。经过多年经营，公元 88 年，班超联合于阗士兵，巧用妙计，以少胜多，攻陷莎车。至此，莎车归顺东汉。此后，班超采用"坚壁清野"的战略解决了大月氏问题，并联合西域各城邦以摧枯拉朽之势瓦解了北匈奴在西域地区的统治。

公元91年，班超基本平定西域，朝廷任命其为西域都护府的都护。公元94年，班超调集城邦军队，攻打焉耆及所属几个小城邦，最终将他们平定。同年，东汉终于再次统一西域。至此，丝绸之路再次复兴，史称的"二通"。

在东汉西域都护府第二次恢复后，班超与下任都护任尚交接工作，并给予其建议，但任尚不以为然，在而后任职期间对西域实行苛政，最终导致东汉第三次从西域撤出，丝绸之路第三次被隔断，史称"三绝"。

当时的东汉王朝，邓太后执政，外戚宦官专政，社会动荡不安，开始逐步由繁盛走向衰退。在任尚治理西域的过程中，由于为政严苛，导致西域城郭不满，最终城郭开始反叛。

公元106年，羌人叛乱，导致从关中到西域的通道被彻底阻断。"三绝"之后，北中流开始对西域中城邦秋后算账，派遣使者追缴赋税，北匈奴胁从一些城郭连续寇扰河西近12年。

直到公元119年，敦煌曹宗上书屯兵西域，并派长史索班率1000多士兵屯守于伊吾（今新疆哈密一带），车师王、鄯善王才得以借机脱离匈奴统治，并再次归附东汉。

公元120年，北匈奴击走车师前王，占领向北的道路。鄯善王、车师王危急，向曹宗求救，曹宗上书朝廷，请求出兵五千，借此全面收复西域。班勇多次觐见未果，邓太后最终迫于局势让其参与朝议。朝议中，班超提出：在敦煌恢复三百营兵，交由西域副校尉来统领；在楼兰开设屯田，设屯兵五百人。尽管班超的建议中肯，但邓太后仅向敦煌派遣300名士兵便草草了结此事。此后，匈奴依旧协同西域各城郭不断袭扰河西。

公元121年，邓太后去世，汉安帝重掌朝政，迅速诛灭邓氏外戚。公元123年，东汉决定再次一统西域，并任命班勇为西域长史。班勇将西域长史府安置在车师前部的柳中城（今吐鲁番鲁克沁）。第二年（124年），班勇安排好柳中城屯驻事宜后来到了楼兰。鄯善王的归顺，促使班勇将长史府迁到鄯善国所在地——楼兰，并开设屯田与幕府。此后，龟兹投降，各个城郭也纷纷归附东汉。

永建二年（127年）六月，一直未归附的焉耆归顺东汉，但班勇却被朝廷派敦煌太守张朗设计下狱，遭免官。至此，东汉第三次统一西域，班勇"三通"的壮举就此落下了帷幕。此后，丝绸之路进一步得到了巩固、扩展，东西各国的友好频繁往来，远远超过了西汉。

166年后，古罗马大秦王安敦派遣使者来洛阳朝见汉桓帝。中西方文化交往正式拉开序幕，两大帝国的外交关系正式建立。丝绸之路实现了首次打通并延伸至欧洲。

两汉以后，中国历经了近四百年四分五裂的纷争动荡。在魏晋南北朝时期，匈奴已衰弱西迁，中原与西域、中国与中亚的交通贸易路线基本通畅无阻，但随着各地生产力的发展，控制丝绸之路的各北方政权急需拓展生存空间，维护丝路的交通与其贸易关系颇为关键。在战乱中，北方经济发展虽受到巨大创伤，但丝路贸易并未中断，中国在与南亚、西域等地的民间文化、贸易交流上，甚至超过两汉，有了更长足的发展。

魏晋南北时期，陆上丝绸之路从长安主经河西走廊，过玉门关或阳关，越过白龙堆至古盐泽西北的楼兰古城，进入西域，从楼兰古城分为南北两道，南北两道与地中海地区的诸国连通。在这一时期，中国多个政权分裂，使得丝路东段形成多元并存的格局。在西部，由于萨珊王朝和拜占庭的强盛，萨珊首都泰西封和拜占庭首都成为绿洲道路的西部终点。动荡的形势使得中西间交通严重受阻。三国时期的东吴地处东南沿海，东吴君主孙权也曾派过使者经海道西去联络各国。到了两晋初期，我国仍与南海诸国密切往来，但由于两晋时与林邑频繁发生战事，海外贸易骤减，继而海上交通暂步衰落；进入南朝的刘宋时期，海上交通逐步兴盛，与林邑关系得到改善后，海南诸国交往活跃了起来，盘盘国、槃达等交通一时兴盛；南齐时期，与南海诸国往来有所衰落；在梁陈时期，海上交通又逐步恢复并步入兴盛，这也推动了佛教的传入，中西两方交流进一步加强。

三、繁　荣

隋唐时期（581—907年），中国结束了长期的政治分裂局面，国力空前强大。为加强国际联系、维护丝绸之路畅通，隋炀帝制定了经营丝路的制度。

公元608年，隋炀帝派军开拓疆域数千里，东起青海湖东岸，西至塔里木盆地，北起库鲁克塔格山脉，南至昆仑山脉，并实行郡县制度管理。公元609年，隋炀帝率40万大军从长安出发，走丝路南道，沿渭河上溯，到达临洮后，向青海西北行进，至覆袁川（俄博河），派兵部尚书段文振等四将分屯覆袁川东西南北，四面连营几百里，一举包围了吐谷浑人，大获全胜。吐谷浑至此归降隋朝。

公元609年6月，隋炀帝欲巡视西域各国贸易，宣扬国威，了解西域，保障丝绸之路通畅，便进行了西巡。期间，西上青海，横穿祁连山，到达河西走廊的张掖郡。在张掖，隋炀帝召开了中外交往的盛会——万国丝绸博览会。伊吾吐屯设及西域27国使臣纷至沓来，焚香奏乐，依次朝见，表示臣服。

隋朝丝绸之路的畅通无阻，保证了河西丝路贸易的正常开展，不同地区、不同民族间的经济贸易和文化交往更加密切。河西地区是多民族居住区，有汉、突厥、吐谷浑等民族，又是外来商人往来的必经之地，农耕区与畜牧区犬牙交错，民族间的经济贸易异常活跃，构成了河西地区经济的一大特色。丝绸之路贯穿全境，使得中原地区的纺织品尤其丝织品、纸张、瓷器等手工业品，源源不断地通过河西地区流入西域、中亚、欧洲等世界各地；西亚、欧洲等地的马匹、金银珠宝等奢侈品又通过河西流向中原地区[①]。至此，隋朝使得丝绸之路的

---

① 丝绸之路的繁荣(三). [2016-05-18]. http://mt.sohu.com/ 20160518/n450107324.shtml.

发展达到了一个繁盛时期，东西互市，往来不断。

唐代时，东西方经济文化交流出现了高潮，丝绸之路的繁荣程度可谓达到鼎盛。总体来说，这时期的丝绸之路主要是陆海两路相继交替，共并繁荣。

贞观四年（630年），唐太宗李世民率军击败了东突厥贵族政权，并同西突厥加强了友好联系，接着又扫除了高昌、焉耆、龟兹等分裂势力。贞观十四年（640年），唐灭高昌国，9月在西域地区设立了安西都护府，统辖了下属的各个都督府、州，进一步加强了西部边疆的军事和行政管理，保证了丝路的繁荣畅通。而后，唐朝又完成了统一漠北地区的大业[①]。

贞观二十年（646年），唐军乘漠北内乱打入其内部，薛延陀政权瓦解，下属回纥等铁勒13部归附唐朝，并"请置唐官"。唐朝于其故地设置六府七州，后来又于贝加尔湖东北和唐努乌梁海一带增设了玄阙州、烛龙州和坚昆都督府。各个府、州长官都督、刺史，皆由唐朝政府委任原诸部酋长担任，并归属于设立在故单于台（故址在今内蒙古呼和浩特市西）的燕然都护府所统领。此后，又应铁勒各部所请，特在回纥以南开辟了"参天可汗道"，沿途设置驿站68处，并备有马匹事物等专供往来官吏和行贾使用。通过"参天可汗道"，不仅加强了漠北与中原之间的联系，也开辟了西部与北部边疆往来的通道。从此，西部地区已和广大漠北连成一片，丝路向北面获得了显著扩展。

唐朝贞观年间，中国僧侣游历印度的东道时记载了从河西，经青海，由西藏进入尼泊尔的具体路线。该支线的开辟象征着丝路的畅通繁荣，也反映了丝路向南面扩展。丝路北道及沿北道上的都市与贸易中心的兴起，是唐代前期丝路发展高峰的另一印证，其中著名的有庭州、弓月、轮台、热海、碎叶、恒罗斯等。

我国海上丝绸之路的最早叫法为"广州通海夷道"，这是一条通往

---

① 唐代丝绸之路的变化．[2005-05-08]．http://military.china.com/zh_cn/history2/06/11027560/20050508/12292179．

东西亚、印度洋北部诸国、红海沿岸、非洲东北部和波斯湾诸国的海上航路。当时通过这条通道往外输出的商品主要有丝绸、瓷器、茶叶和铜铁器；往回输入的主要是香料、花草等一些供宫廷赏玩的奇珍异宝，并且延续到了宋元时期[1]。

在唐代，海上丝绸之路的主要通道有两条：一条是自登州（山东蓬莱县），海行入高丽的渤海道；一条是自广州通海夷道。由于唐王朝与新罗的关系最为密切，当时通新罗的有三路航线，即北路、中路和南路。北路由辽宁通新罗；中路由山东通新罗；南路由江苏、浙江通新罗。其中中路最为重要，此路便利迅捷，双方的海上交通多取中路。

纵观唐朝的丝绸之路发展，中国贸易达到了空前的盛世，如广州、扬州等地，在当时聚集了大量贩售珠宝、犀象、香药的大食和波斯商人。盛唐时期，长安与巴格答成为唐代丝绸之路两端最重要的世界性大都市，从大食、波斯经中亚、西域进入中亚的陆上通道成为了最具活力的国际贸易市场，各族商旅的东来涌进，促进了中东、中亚物质和精神文化在中原的传播。天山南北各绿洲城镇市场兴旺，西州、伊州、庭州商胡杂居，贸易往来频繁，安西四镇成为了重要的商业城镇。敦煌、吐鲁番、喀什、费尔干纳、撒马尔罕、布哈拉等城市由于成为了陆上丝绸之路的重要中转地而繁荣一时[2]。

四、衰 落

"陆上丝路"虽衰落于安史之乱，但天宝十年（751年），唐朝与大食在中亚怛罗斯发生的遭遇战，也对陆上丝绸之路产生了相当大的消极影响。

---

[1] 老谢. 古代海上丝绸之路的兴与衰. [2016-01-07]. http://blog.sina.com.
[2] 邹磊. 古代丝绸之路缘何兴衰更替？[2015-06-10]. http://www.kaiwind.com/culture/hot/201506/09/t20150609_2563437.shtml.

永徽五年，大食进攻康国、米国，最终因石国问题，爆发了大唐与大食的战役。唐朝的溃败使其退出了中亚势力范围，中断了与外界的沟通。公元755年，"安史之乱"爆发，吐蕃趁虚而入并建立统治，使得唐朝与中亚间的陆路交通阻断了，由于而后的连绵不断的战役，中原与中亚、西亚的陆上通路不复存在。

除此之外，宋代后期，国家经济与政治重心出现了大幅度的变动，经济重心直接转移到了南方，北方无法提供大规模区域公共用品，加之受限于自然条件，使得陆上丝绸之路的衰落成为了必然。在北宋时，国家就逐渐以海道与西方各国交往；到了南宋，"诸藩惟市舶仅通"可基本描述当时现状，陆路通往西域的道路几乎被完全阻断。明永乐朝之后，中国在西北方向采取守势，退入嘉峪关自保，陆上丝绸之路进一步衰落。

海上丝绸之路自开辟以来，在隋唐时逐渐繁荣，在宋元时达到鼎盛，由盛转衰始于明清。

1368年，朱元璋建立明朝，统一中国。"海禁"政策虽自宋代即有，但明朝统治者实行了更加严厉的海禁政策。海禁的目的是消灭反叛势力、打击海盗及走私，保障社会稳定。明代初期，海盗猖獗，给中外的海上交往带来了严重的影响。而后明朝实行的"海禁"政策，完全禁止民间商人出海贸易，同时严格限制海外国家与中国的交往[1]。这些闭关自守的政策不仅给沿海人民带来了巨大的灾难，还导致了中国的海外贸易急剧衰落。

1402年，明成祖朱棣称帝，并派郑和下西洋（1405—1433年）。郑和下西洋先后持续近30年，一直航行至非洲东岸。此行虽促进了海陆交流、贸易往来，但其实质是朝贡性质的航海行为，难以为继，无法持久。在郑和下西洋之后，由于国家经济上的萎靡，中国帆船迅速

---

[1] 龚缨晏. 全球史视野下的海上丝绸之路. [2013-10-10]. http://epaper.gmw.cn/gmrb/html/2013-10/10/nw.D110000gmrb_20131010_1-11.htm.

从印度洋退出。到了 15 世纪末，中国船舶已从苏门答腊岛以西消失，仅仅活动于马六甲以东海域①。

  15 世纪，随着资本主义的成长，在西欧出现了扩张型的社会体制。这种扩张性表现在全社会积极参与经济建设以及向海外扩张，而且这种海外扩张并不仅限于建立殖民地，还包括军事占领、商业竞争等。也就是说，当我国正因"海禁"而从印度洋退去之际，欧洲人却咄咄而来。到了 16 世纪初，葡萄牙人开辟了从大西洋越过非洲自西而东进入亚洲的新航线，西班牙人开辟了从大西洋绕过南美洲自东而西进入亚洲的新航线。他们开辟的新航线，最终都与海上丝绸之路连接，从而将海上丝绸之路从区域性的海上航线延伸为全球性的交通网络。这种做法，也为日后中国抵挡不了葡萄牙、西班牙、荷兰、法国、英国等国家政府支持的殖民主义入侵埋下了伏笔②。

  到了清朝，康熙二十三年（1684 年），清政府随即调整海禁政策："差巡海大人弛各处海禁，通市贸易。"由此，海上贸易重新恢复，呈现盛象。然而，自乾隆以后，清廷开始实行全面的闭关锁国政策，从一开始的四口通商，到后来的只有广州开放对外通商，且由十三行垄断其进出口贸易③。由于清朝统治者担心百姓与外国人频繁接触，形成了大量纠纷，甚至出现里应外合、反对清朝统治的局面。因此，"闭关锁国"的政策成了清政府后期主要的政策之一，它的实行完全阻碍了中西交流，使中国丧失了与世界同步发展的最佳时期，也使得海上丝绸之路从此走向了衰落。

  鸦片战争后，中国海权丧失，沦为西方列强的半殖民地，沿海口岸被迫开放，成为西方列强倾销商品、掠夺原料的重要市场，从此，海上丝路一蹶不振，进入了彻底的衰落期。

---

① 龚缨晏. 全球史视野下的海上丝绸之路. [2013-10-10]. http://epaper.gmw.cn/gmrb/html/2013-10/10/nw.D110000gmrb_20131010_1-11.htm.
② 清朝：从后金政权的建立，到盛世的强盛与晚期的衰弱. [2007-10-11].http://bbs.tiexue.net/post2_2307686_1.html.
③ 海上丝绸之路与中国式海洋战略. [2014-07-03]. http://news.xinhuanet.com/energy/2014-07/03/c_126705859.htm.

第二节 丝绸之路的贸易互市

一、丝绸之路的重要贸易通道

今天,我们提及的"丝绸之路",是指起始于古代中国,连接亚洲、非洲和欧洲的古代陆上商业贸易路线。1877年,德国地质地理学家李希霍芬在其著作《中国》一书中,把"从公元前114年至公元127年间,中国与中亚、中国与印度间以丝绸贸易为媒介的这条西域交通道路"命名为"丝绸之路",这一名词很快被学术界和大众所接受,并正式运用,因而有了今天的"丝绸之路"之称。不过,"丝绸之路"有狭义、广义之分。狭义的,一般指"陆上丝绸之路";广义的,则可分为"陆上丝绸之路"和"海上丝绸之路"①。

(一)陆上丝绸之路

"陆上丝绸之路",是连接中国腹地与欧洲诸地的陆上商业贸易道路,它起源于中国汉代。汉武帝派张骞出使西域,形成其基本干道,直至16世纪,该道路仍在延续使用。

在路线上,它最初以西汉时期的长安为起点(东汉时起点改为洛阳),经河西走廊到敦煌,由敦煌这个节点起,又分为南北两路:①南路从敦煌经楼兰、于阗、莎车(今新疆塔里木盆地西缘),穿越葱岭(今帕米尔)到大月氏(居住于中国西北部,后迁徙到中亚地区的游牧部族)、安息(今伊朗的呼罗珊地区),往西到达条支(今伊拉克)、大秦(当时罗马帝国及近东地区);②北路从敦煌到交河、龟兹(今库车)、疏勒(今喀什地区),穿越葱岭到大宛(今费尔干纳),往西经安息到达大秦(罗马帝国东部)。可参考图1-1陆上丝绸之路路线图。

---

① 1877年德国地理学家李希霍芬最早提出"丝绸之路". [2014-04-01]. http://culture.people.com.cn/n/2014/0401/c172318-24795711.html.

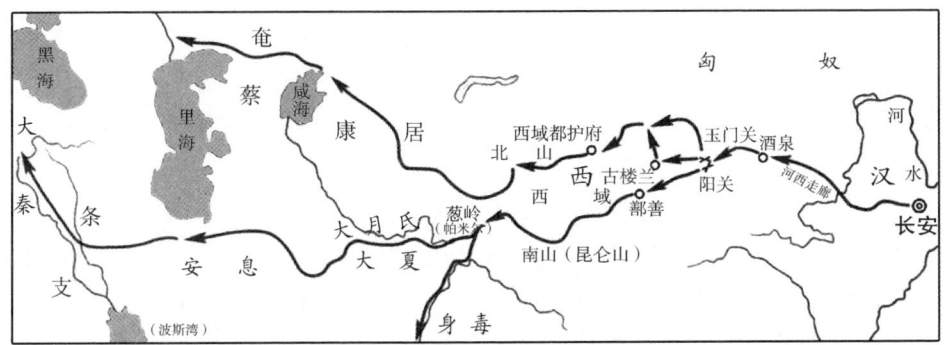

图 1-1 陆上丝绸之路路线图

由于陆上丝绸之路的发展形成以及所处客观条件的不同，贸易对象与内容也是不尽相同。陆上丝绸之路按地理走向，可分为"北方丝路"与"南方丝路"；按地理景观的差异划分，又可细分为"沙漠绿洲丝路""草原森林丝绸之路"以及"高山峡谷丝路"。

北方陆上丝路指从黄河中下游通往西域的商路，它包含了"草原森林丝路"以及"沙漠绿洲丝路"。其中，"沙漠绿洲丝路"（沙漠丝绸之路）是丝绸之路的主干道，一直延续千年。沙漠丝绸之路，是由西汉张骞（前202—208年）出使西域开辟而成的。由长安（今西安）为起点，经甘肃、新疆、敦煌，到中亚、西亚，连接地中海各国，最终直达罗马帝国。此路是一条约7 000英里长的贸易陆上通道，而后又有人称之为"西北丝绸之路"。这条路西运的货物里影响最大的是丝绸制品，历史上，许多商品的传输都通过此道。

这条道路的基本走向定于两汉时期，具体路线可概括为：长安—河西走廊—今新疆境内—安息（古波斯）—西亚—大秦（古罗马）。

这条道路在东汉后期，由于汉哀帝放弃对西域的控制使得西域纷争不断，便停滞阻塞。但中国进入唐代时期，它又二度繁荣了起来。

与汉朝的丝绸之路状况不同，在它二度繁荣的时期，也就是唐代，这条路上往来的不仅有阿拉伯的商人，印度商客也成为丝路东段中的重要一员。行走在丝绸之路的人民，不再只局限于商人与军队，许多虔诚地寻找信念以及渴望文化交流的人们也更多地涌现在这一时期的丝绸之路上。丝路商贸种类繁多，丰富多彩。从歌舞伎、外奴到野兽、家畜，从香料、皮草到奇珍异宝，从象牙器具到书籍乐器，应接不暇。此外，外来的随商更是多不胜举。

在这条二度复兴的贸易之路上，不能不提到受到巨大影响的日本，日本使节通过此路将中国文化、文物带回国内。在日本，现在仍能看到许多中国文化的影子。安史之乱后，唐朝的衰落让这条北方丝绸之路逐渐走向衰落，而势态稳定的南方对外贸易明显增多，促进了南方丝绸之路与海上丝绸之路的快速发展。

唐代后，由于经济重心南移，北方陷入战火之中，生产不前，贸易之路不得不进一步衰退。直到元代，蒙古国把丝绸之路的腐朽统治摧毁，令此路又重见光明，而且通达程度比以往各个朝代都要高。元朝统治者对西方远道而来的使者十分欢迎，甚至任命一些外国人担任地方行政长官。此时的陆上丝绸之路不再只承担贸易，还起到了传播宗教文化、促进文化交流的作用。

当历史步入14世纪后，由于居民无法适应西域地区的自然环境，沙漠丝绸之路渐渐退出了历史舞台，西域各国多已不复存在，这条承载着千年华夏深厚情感的丝绸之路，也只能在流沙中见证那些曾经的绚烂辉煌。

"草原丝绸之路"是蒙古草原地带沟通欧亚大陆的商贸大通道，它的形成发展映衬了中国历史上一段辉煌的时期，因而也一直被视为"对外交流"的经典之路，对中西文化交流、经济发展有非常大的促进作用。特别是明清时期，以"晋商"为代表的商业文明为草原丝绸之路的发展做出了巨大的贡献。

草原丝绸之路，起源于封建社会农业与畜牧业的发展需求。中原地区的经济发展往往以农业种植为主，盛产麻、丝、粮食等，而缺少畜力，但农业又依赖于畜力，北方草原地区刚好满足其畜力需求，那里盛产羊、马、牛及皮毛、肉等畜产品，但又缺乏粮食、纺织品等，这些东西又可以从中原地区得到补给。中原与草原地区互有需求，经济互补产生了很强的相依相生的经济关系,这也为草原丝绸之路的形成提供了必要条件。因此,草原丝绸之路还被称为"皮毛路"或"茶马路"。

草原丝绸之路,在公元前5世纪初步形成,其形成原因与游牧民族迁徙等生活习俗及部落战争密切相关。在夏商时期,据考古显示,蒙古草原地带存有不同车辆图案的壁画,这意味着车的发明带动了游牧民族的发展,而这个时代的人民也已经具有了运输商品的能力,贸易通道随之形成和发展,使得草原之路有了更多的变化;秦汉时期,匈奴不敌部落战争、自然灾害与汉王朝的多重打击逐渐走向了衰落,匈奴族不得不南下西迁,而这一转移,实质是将蒙古草原丝绸之路与漠南的沙漠丝绸之路进行了连缀与拓展,由此促进了亚欧大陆南北两道的形成;到了魏晋时期,匈奴之后的鲜卑族再次统一蒙古草原,草原丝绸之路由此得到更进一步的发展;隋唐时期的草原丝绸之路,由于突厥与回纥汗国的建立,以及唐王朝对两大汗国的管理,丝绸之路进一步走向繁盛;辽朝的建立,使得草原丝绸之路更加畅通,当时辽朝主要依靠草原丝绸之路与西方国家进行往来,它以上京(今巴林左旗林东镇南)、中京(今宁城县大明城)、东京(今辽阳市)、南京(今北京城)、西京(今大同市)为骨干,形成了北达宝韦、乌古,东北至黄龙府、渤海国、奴儿干城,西北至突厥、吐谷浑,西至丰州、朔州、夏州,南通北宋的道路网络;在蒙元时期,丝绸之路的繁盛达到了顶峰。由于元朝建立了驿站制度,设置了帖里干、木怜、纳怜三条主要驿路,因此构筑了连通漠北至西伯利亚、西经中亚达欧洲、东抵东北、南通中原的发达交通网络;明王朝时期,由于草原民族不断侵扰中原,明王朝不得不关闭边境,草原丝绸之路的发展因此滞后;清朝时期,由于实施闭关锁国的政策,草原丝绸之路逐渐走向了衰落。

"草原丝绸之路"的路线主要有如下三条:

(1)阴山道:由关内京畿北上塞上大同、云中或中受降城。

(2)参天可汗道:由王原至回鹘、突厥牙帐哈尔和林。

(3)西段:由哈尔和林往西经阿尔泰山、南俄草原等地,横跨欧亚大陆①。

草原丝绸之路的发展无疑是草原文化的结晶,中华智慧的体现。作为向外传播的纽带与桥梁,它具有系统性、综合性、群组性的特点,有效促进了东西方文明的交流,也成为青铜时代以来沟通欧亚大陆主要的商贸大动脉之一,为人类文明进步作出了巨大的贡献。

南方丝绸之路,又称之为"蜀身毒道"或者"高山峡谷丝路"。它总长约为2 000公里,是中国最古老的国际通道之一。它起于四川成都,经雅安、芦山、西昌、攀枝花到云南的昭通、曲靖、大理、保山、腾冲,从德宏出境,进入缅甸、泰国,最后到达印度和中东。路线图详见南方丝绸之路路线图(图1-2)。

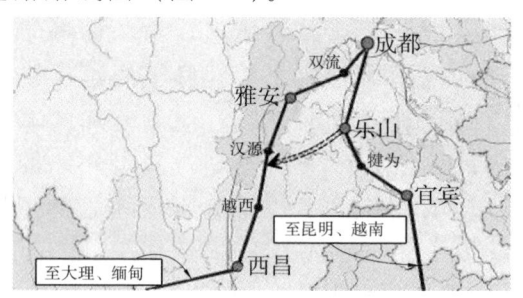

图 1-2 南方丝绸之路路线图

南方丝绸之路,在战国初期既有雏形,可谓中国最早的对外交通线。在张骞未打通西域前,《史记》有这样一段记载:"秦时常頞通五尺道。"此句中的"五尺道"实际是指以四川为起点,往东南行,经僰道(宜宾)、南广(盐津)、朱提(昭通)、夜郎西北(威宁一带)、味县(曲靖),至滇池(昆明),继续向西至叶榆(大理)这样的路线。这"五尺道"乃西南先民们一点点打通的路线,默默地进行着中外的经济文化交往,直到张骞发现了它。

唐宋时期茶马贸易的兴起,使茶叶、马匹成为南方丝绸之路最

---

① 草原丝绸之路的形成及其历史作用. [2016-09-08]. http://www.caogen.com/blog/infor_detail.aspx?id=695&articleId=84427.

主要的商品，南方丝绸之路影响力之深远不容小觑，因而又被后世称为"茶马古道"。南方丝绸之路的鼎盛时期当属明清时期的茶马互市。在那一时期，不同口岸与缅甸、印度、泰国、越南、柬埔寨、老挝等国都有密切的来往，特别是运滇茶、川茶于吐蕃，然后又将吐蕃的战马源源不断供应给中原。互相之间物资交流频繁，通过古道将不同民族的文化进行了串联，以商品的形式呈现，圈内圈外文化被勾连，因此南方丝绸之路从出现以来一直引发了多种文化间的碰撞、传播、涵化和变迁。由于西南深处两端不同文化类型的中间地带，文化在此碰撞得既激烈又包容和谐，因此时至今日呈现了多元文化并存的现象。

  南方丝绸之路的路线可大致分为两条：① 西道，即"旄牛道"。从成都出发，经临邛（邛州）、青衣（名山）、严道（荥经）、旄牛（汉源）、阑县（越西）、邛都（西昌）、叶榆（大理）到永昌（保山），再到密支那或八莫，进入缅甸和东南亚。这条路最远可达"滇越"乘象国，可能到了印度和孟加拉地区。② 东道，又称为"五尺道"。从成都出发，到僰道（今宜宾市）、南广（高县）、朱提（昭通）、味县（曲靖）、谷昌（昆明），以后一途入越南，一途经大理与旄牛道重合①。（有一说是南丝绸之路的起点就是宜宾）根据所能见到的文献资料，最早走这条线路的古蜀先民的知名人物是秦灭蜀后南迁的蜀王子安阳王。安阳王率领兵将3万人沿着这条线路进入了越南北部红河地区，建立了瓯骆国，因而越南在历史上又被称为"蜀朝"②。

  南方丝绸之路沿线处于中央版图边缘地带，一方面，沿线中国百姓跨境而居，与当地居民在生活物品上互通有无，语言上交流无碍；另一方面，丝路受到中央王朝的管控，遥远的王权管控远达于此，在

---

① 气与天通五尺道. [2012-01-18]. http://www.chinahighway.com/news/2012/630640.php.
② 南方丝绸之路. http://baike.baidu.com.

政令上畅通有效，儒学传统文化远播于此，通过人员交流、物品交换，在上下一体的秩序中，核心、中间、海外三圈间文化出现了上下纵横勾连的特点。在"中间圈"地带上，少数民族是主体，但由于长期与汉族杂居交融，贸易的终点又延伸至"核心圈""海外圈"范围内，构成了"边缘"与"中心"的互动。

南方丝绸之路在历史意义和价值意义上是世界性的，它具备的文化个性和创造精神不可替代。这种创造性是南方丝绸之路开放精神的必然产物，沿线文化是南方丝绸之路沿线族群民族文化精粹的集中表现，是该线路民族文化的标志，是整体性的象征。南方丝绸之路文化在漫长的发展史上，已渐渐转型为象征精神，马帮终将消失，但这并不意味着文化的彻底消逝，沿线旅游、博物馆、茶叶交易新市场等，无不是以茶马文化为内核进行的发展开拓，而这些也必将随着"一带一路"实施继续传承和发扬[①]。

（二）海上丝绸之路

古代海上丝绸之路，是指从中国东南沿海港口出发，穿越南海，经马六甲海峡，跨越印度洋，进入波斯湾、红海，远达西亚和非洲东岸的海上贸易商路。它形成于秦汉，繁荣于唐宋，明初达到鼎盛，是古代连接东西方，实现人员往来、货物流通、文化交流的重要海上通道。

早在公元前，随着中国丝绸的输出，便已有东海与南海两条起航线。秦始皇统一岭南后，经济发展很快。当时番禺地区已经拥有相当规模、技术水平很高的造船业。先秦南和越国时期岭南地区海上交往为海上丝绸之路的形成奠定了基础。主要的贸易港口有番禺（今广州）

---

① 2016 新编地域文化专形成性. [2011-04-21]. http://www.docin.com/p-1624826040.html.

和徐闻（今徐闻）。

　　西汉中晚期和东汉时期，海上丝绸之路真正形成并开始发展。西汉时期，南方南粤国与印度半岛之间的海路已经开通。汉武帝灭南越国后凭借海路拓宽了海贸规模，这时"海上丝绸之路"兴起。《汉书·地理志》记载，其航线为：从徐闻（今广东徐闻县境内）、合浦（今广西合浦县境内）出发，经南海进入马来半岛、暹罗湾、孟加拉湾，到达印度半岛南部的黄支国和已程不国（今斯里兰卡）。这是目前可见的有关海上丝绸之路最早的文字记载。东汉时期还记载了与罗马帝国的第一次来往：东汉航船已使用风帆，中国商人由海路到达广州进行贸易，运送丝绸、瓷器经海路由马六甲经苏门答腊来到印度，并且采购香料、染料运回中国，印度商人再把丝绸、瓷器经过红海运往埃及的开罗港，或经波斯湾进入两河流域到达安条克，再由希腊、罗马商人从埃及的亚历山大、加沙等港口经地中海海运运往希腊、罗马两大帝国的大小城邦。

　　三国时代，魏、蜀、吴均有丝绸生产，而吴雄踞江东，汉末三国正处在丝绸之路从陆地转向海洋的承前启后与最终形成的关键时期；魏晋以后，开辟了一条沿海航线。广州成为海上丝绸之路的起点，经海南岛东面海域，直穿西沙群岛海面抵达南海诸国，再穿过马六甲海峡，直驶印度洋、红海、波斯湾。对外贸易涉及十五个国家和地区，丝绸是主要的输出品；隋唐时期，我国通往东南亚、马六甲海峡、印度洋、红海、及至非洲大陆的航路纷纷开通与延伸，海上丝绸之路终于替代了陆上丝绸之路，成为我国对外交往的主要通道，详见唐朝"海上丝绸之路"路线图（图1-3）[①]。

[①] 海上丝绸之路千年兴衰史. [2014-10-19]. http://history.people.com.cn/n/2014/0520/c385134-25040882.html.

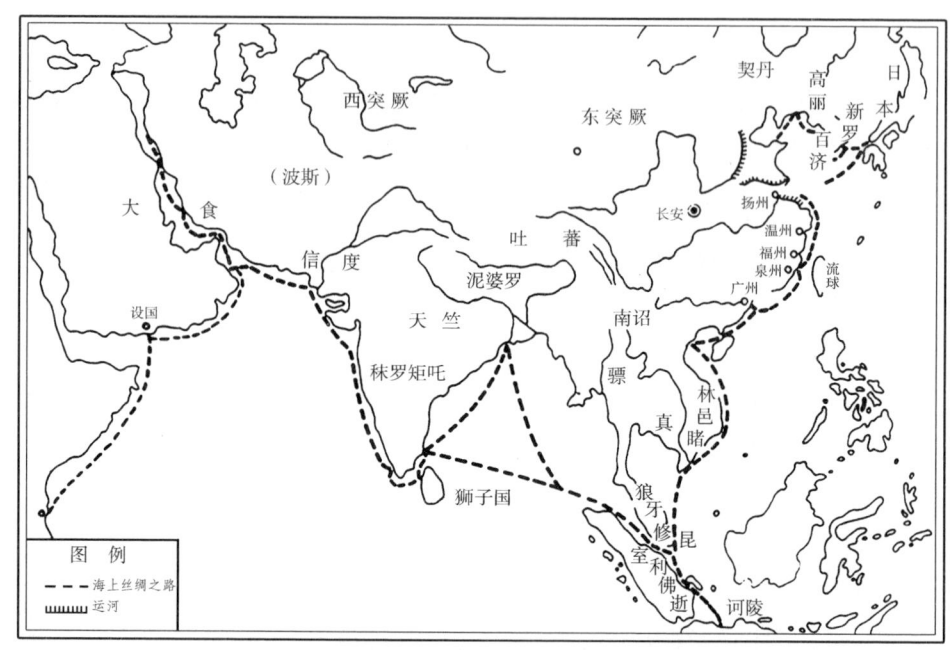

图 1-3 唐朝"海上丝绸之路"路线图

宋朝时期航海技术的突破和空前的经济贸易诉求使得海上丝绸之路达到鼎盛，中国的丝绸、陶瓷、香料、茶叶等物由东南沿海港口出发，经中国南海、波斯湾、红海，运往阿拉伯世界及亚非其他国家，而香料、毛织品、象牙等物产则从海外被带到中国。当时海上丝绸之路的主要港口为交趾、占城、真腊、蒲甘、勃泥、婆、三佛齐、大食、层拔等；到了元朝时期，中国大航行家汪大渊，由泉州港出海航海远至埃及，著有《岛夷志略》，记录所到百国；明朝海禁，海上丝绸之路衰落。在15世纪初的二十八年间（1405—1433年），郑和先后七次率领庞大的船队下西洋，游历了远至东非及红海沿岸的亚非三十多个国家和地区；清朝乾隆二十二年（1757年），实行"一口通商"政策，即只开放广州，且由十三行垄断其进出口贸易。从广州出发，有三条航海贸易路线，其一，与朝鲜、日本进行贸易，其二，横渡太平洋，其三，下南洋，通过马六甲海峡和印度洋，抵达西亚；通过红海和苏伊士运河到达地中海沿岸港口，出直布罗陀海峡，到达英吉利、法兰西和西北欧各国家。

　　海上丝绸之路作为一个持续了 2 000 多年，范围覆盖大半个地球的人类历史活动和东西方文化经济交流的重要载体，多起点、多航线，在不同历史年代具有不同的地位和作用。但从总体上看，它促进了东西方文化的交流和贸易的增长，推动了沿线各国的共同发展。中国输往世界各地的主要货物，从丝绸到瓷器再到茶叶，形成了一股持续吹向全球的东方文明之风。尤其是在宋元时期，中国造船技术和航海技术的大幅提升以及指南针在航海领域的运用，全面提升了商船远航能力，私人海上贸易也得到了相应的发展[1]。这一时期，在海上丝绸之路的直接作用下，中国同世界 60 多个国家有着直接的"海上丝路"商贸往来。"涨海声中万国商"的繁荣景象，透过意大利马可·波罗和阿拉伯伊本·白图泰等旅行家的笔墨，引发了西方世界一窥东方文明的大航海时代的热潮。

二、古丝绸之路的内外市场互动

（一）宋元时期的陶瓷贸易

　　海上丝绸之路，作为古代中国对外贸易的重要通道，它还有另外一个称呼，叫作"陶瓷之路"。宋元时期的海上丝绸之路客观上促进了陶瓷贸易的发展，使陶瓷贸易领域出现了空前繁盛的局面。

　　宋元时期，由于政策的支持，再加上造船术、指南针的发明等一系列外部因素的促进，海外贸易得到了巨大的发展。鉴于陶瓷易碎、体重的特质，海路运输可谓是最适宜的方式，海外贸易的兴起也大大刺激了陶瓷贸易，陶瓷贸易在这一时期得到了繁荣。

---

[1] 林华东. "海上丝路"的影响与启示. [2014-10-19]. http://opinion.people.com.cn/n/2014/1019/c1003-25861481.html.

宋元时期，我国陶瓷海外贸易港口主要有闽南的泉州、同安，另外，还有上海、橄浦、温州、广州、杭州、明州、庆元等。泉州在那一时期成为东南沿海最大的物资集散地。

这一时期，中国瓷器大量外销，且运销范围十分广阔，包括东南亚、东北亚的所有国家，西亚和南亚的大部分国家，非洲东南岸各国及内陆的津巴布韦，以及欧洲各地。由于东南亚诸国与我国隔海相望，地处中西交通要害，因而成为我国陶瓷外销的主要地区。在南宋宗室赵汝适所著的《诸蕃志》中，他列举了当时亚洲有15个国家用瓷器进行贸易。元代，航海家汪大渊在其撰写的《岛夷志略》中曾详细记载了元代陶瓷外销东南亚各国的情形。我国古陶瓷专家冯先铭先生也在《古陶瓷鉴真》里谈到"入宋以来，陶瓷对外输出有增无减。在亚洲的东部、南部、西部及非洲东南岸很多国家都发现有宋代瓷器"。

宋元时期，中国对外输出的瓷器主要有：青花瓷、龙泉青瓷、景德镇青白瓷、釉里红瓷、吉州窑瓷、釉下黑彩瓷等。许多品类在国外都有发现，且宋元时期的主要外销窑口有：龙泉窑、景德镇窑、德化窑、泉州窑、西村窑和潮州窑等，这些外销窑口反映出我国东南沿海地区陶瓷外销的实况。图1-4分别为我国宋代、元代的代表性瓷器。

（a）宋哥窑青釉鱼耳炉　　　　　（b）元青花缠枝牡丹纹大罐

图 1-4

随着外销瓷器数量的增长，中国各地制瓷业的发展也得到了质的提升。在经济刺激发展的热潮之下，制瓷技术的交流与传播较之以往有了明显的提高，其中，日本、朝鲜等受到的影响最大，他们纷纷进口中国瓷器并进行模仿，将之融入到日常生活中，当地瓷器业因此得到了快速的发展。此外，如英国、德国、意大利、奥地利等欧洲国家，因为中国瓷器的输入，他们的制瓷风格也相应在变化。中国瓷器的美观性受到了广泛的认可，世界各国贵族都将其作为珍贵的艺术品，陈设在花园与宫殿里。当时的外国上层社会，都以中国瓷器作为高级礼品。受中国瓷器的影响，之前广泛流行的器皿，如简陋的木器、金属器被迅速取代。

瓷器作为"宋元时期"的主要输出品，其空前繁荣的局面，促进了国内外市场的互动，其发展离不开以下几点：

其一，宋代后，中国的经济重心向南方转移，陶瓷也在其中，由沿海港口向外输出。

其二，宋王朝的政策也为宋元时期陶瓷业的内外市场互动创造了有利的条件。当时的宋王朝采取诏诱奖进的政策发展海外贸易，以获其利。《宋史》曾记载道："绍兴六年，知泉州连南夫奏请，诸市舶司纲首能诏诱舶舟，抽解物货，累价及五万贯、十万贯者补官有差。大食蕃官囉辛贩乳香值三十万，纲首蔡景芳诏诱舶货收息九十八万，各补承信郎。闽广船务监官抽买乳香，每及百万两转一官。"从这段历史记载中，也可以得知海外贸易为宋朝带来了丰厚的经济利润。正是基于这种背景，陶瓷的出口才有了日后繁盛发展的局面。南宋，政府还在部分港口设有番坊，常有外商居住在此，其中阿拉伯人与南宋通商最多。而在北宋，内外互动得到了更大的拓展，中央王朝曾多次派使臣前往海外进行贸易。宋太宗雍熙四年（987年），"朝廷遣内侍八人赍书金帛分四纲，各往海南诸番国勾召进奉，博买香药、犀角、珍珠、龙脑；每纲赍空名诏书，于所至处赐之"。从中不难看出，我国也在积极与外界进行贸易市场互动。

宋元时期，政府禁止与外国以金银的方式进行贸易。在这种"以物换物"的交易里，瓷器的地位得到了提高。外销的陶瓷主要来自民窑，直接刺激了东南沿海民窑业的发展。从南宋时开始使用纸钞，到元代纸钞普遍使用，贸易流通手段的进步，也促进了内外市场的互动，以及商品经济的发展。

其三，宋元时期，瓷器价廉物美，这也是直接关系到瓷器出口国外的重要原因之一。正因为陶瓷的买卖可图厚利，所以许多商人不惜以陶瓷囤积居奇。特别是在北宋，陶瓷的外运数量相当可观。

其四，由于陶瓷业的迅猛发展，从宋朝开始，瓷窑烧造的技术水平飞速进步，使得中国瓷器在世界居于前列，深受外国人认可，因此需求量加大了，国内外的陶瓷业市场互动更加频繁。

不容置疑，中国古代陶瓷对世界产生了深远的影响。在陶瓷业内外市场互动的过程中，中国不断改良技术，稳中创新，产生了多种瓷窑，促进了本地经济的发展，也为世人奉献了一件又一件精美的艺术品；而外国也因中国瓷器开始发展本土的瓷器，并镶嵌进自己国家民族的文化，形成属于本国特色的瓷器，本国人民的生活也因陶瓷业的产生得到了丰富与发展。

（二）明朝时期的茶马互市

永乐年间，明成祖朱棣"锐意通四夷"，使明朝与域外各地的联系空前紧密。在那一时期，经济往来的方式为"朝贡"与"回赐"，即西域各国派出使团向明政府朝贡，明政府以回赐的方式赐给西域各国内地所属物。当时出使的规模都非常大。据载，永乐十七年，哈密向明朝朝贡，派出人数达到290人，贡马3 500百多匹，还进贡了珍贵的貂皮、硇砂等物，而明政府回赐的钞达3.2万锭，文绮百匹，绢1 500匹。由此可见，明朝"朝贡"贸易尤为繁盛。

除了朝贡形式的贸易，私商和市场贸易也相当频繁。当时新疆北部的瓦剌人就经常在明朝境内"市其私马"，有时瓦剌使臣进贡的东西太多，明政府只选一部分，其余的自己出售。

《明实录》载："亦力把里使臣打剌罕马黑麻等，以马来鬻。有司定价中马每匹钞三千贯，下马每匹二千五百贯，下下马每匹二千贯，骒驹一千贯。"可见，明政府对当时的市场贸易也是很重视的。

通过各种形式的商品贸易，双方各取所需，互惠互利。其中茶马贸易是明朝双方间贸易的大宗。

明代茶马贸易是唐宋以来茶马互市的历史延续。茶马贸易是指居住于西北地区的藏族等游牧民族用马匹同中原地区交换茶叶的一种较大规模的贸易活动。作为联系中原汉族农业区与西北边疆游牧区的一条重要的经济纽带，它起源于茶叶经济大发展之后的晚唐时期。由于"茶道大行"，茶利大兴，茶叶经济被纳入了封建赋税和禁榷的轨道。封建国家对茶叶这种"不可一日以无"的生活必需品的垄断经营，其初旨仅限于"充裕国用"的财政方面；后来才与军政及边防联系起来，利用西北游牧民族"腥肉之食，非茶不消；青稞之热，非茶不解"而视茶为命的生活特点，实行茶马交易，以充实军力，加强边疆统治。从历史记载来看，茶马贸易最初出现于唐德宗贞元末年，时"回绝入朝，大驱名马，市茶而归"。但尚未定制，具有偶然性。北宋初亦行榷茶，但几乎没有用于易马。至熙宁间，为熙河地区用兵需要，派李杞、蒲宗闵尽榷蜀茶，运边易马，并置都大提举茶马司专理其事，形成了切实可行的茶叶专卖及搬运制度，并制定贸易年都额和茶马比价，严禁私贩，以保证茶马交易的稳定发展和垄断统治。经过神、哲两朝的刻意经营，中央建立了较为完备的茶马贸易制度，标志着我国历史上茶马互市政策的正式确立。蒙古族所建的元朝实现了空前而短暂的大统一，把包括西藏、漠北、辽东广袤的版图置于直接统治之下。元朝政府亦曾榷茶专卖，但由于控制着充足的马源，没有以茶易马的必要。至明初始承唐宋遗制，将茶法与军政、边政有机结合起来，在从川西、朵甘、乌思藏一直北至哈密、吐鲁番，以洮州、河州、西宁为中心的广大区域内开展茶马贸易，将这一制度推向空前完备的境地，成为"内充军实，外驭诸番"的"军国要务""西鄙重事"，并持续发展，"直与明朝相始终"，从而使明代成为古代茶马贸易的高峰期。

在明朝政府茶马贸易的经管体系中，茶叶的运输是当局十分重视的一环。为确保茶叶在从产地运往茶马交易地的过程中万无一失，明朝政府于洪武五年专门设置四川茶盐都转运司负责茶运事宜，并由运茶军夫专司运送。洪武六年，从四川按察司佥事郑思先言："开、达、巴三州之茶自治中运至秦州，道远难致，人力多困，即令汉中收贮，渐次运之。"洪武七年，四川茶盐都转运司被撤销，茶运事宜改由川陕都、布二司直接管理。"价茶先期于四种保宁等府约运一百万斤，赴西宁等茶马司收贮。内西宁茶马司收三十一万六千九百七十斤，河州茶马司收四十五万四千三十斤，洮州茶马司收二十二万九十斤。合用运茶军夫，四川、陕西都布二司各委堂上官管运，四川军民运赴陕西接界处，交与陕西军夫，转运各茶马司交收。"同时，明政府为使茶叶运输快捷、迅速、安全，还在沿途设有茶运所，负责递运茶叶。洪武年间在陕西境内设置有四所茶运所：骆驼巷梢子堡茶运所、高桥火钻峪茶运所、优羌茶运所、宁远茶运所。每所设大使一员"称子六名，茶夫一百名递运官茶"。改派各州县大户领价银自雇人力运茶后，茶运所下设十一站，每站仍设茶夫一百名。"自汉中府至徽州过连云栈，俱系递运所转行，徽州至巩昌府，中间经过骆驼巷、高桥、优羌、宁远各地方偏僻，原无衙门，添设四茶运所官吏管领，通计一十一站，每处设茶夫一百名，巩昌府至三茶司，复由递运所三路分运，计三十站，每处设茶夫三十名。"

第三节　丝绸之路之复兴——"一带一路"建设

陆上、海上两条丝绸之路，是古代连接东西方的要道，在东西方文明交流中扮演了重要角色，这条由亚欧大陆人民探索的文明之路，"内外互市"盛极一时。虽然它们一度衰落，但庆幸的是，它们却在今天得到复兴，并被赋予了新的名称：一带一路，即"丝绸之路经济带"与"21世纪海上丝绸之路"。

2013年，习近平总书记在出访中亚和东亚国家期间，先后提出共建"丝绸之路经济带"和"21世纪海上丝绸之路"的重大倡议，使"丝绸之路"这个古老概念得以复兴。"一带一路"不仅是新时期我国的重大发展战略，同时也是国际合作共同繁荣发展的美好愿景。

共建"一带一路"，旨在促进经济要素有序自由流动、资源高效配置和市场深度融合，推动沿线各国实现经济政策协调，开展更大范围、更高水平、更深层次的区域合作，共同打造开放、包容、均衡、普惠的区域经济合作架构①。它的建造不仅满足了东西两大经济引擎连通的需求，还解决了沿线国家的交通问题。"一带一路"，贯穿于亚欧非大陆，它呈现两头：一头是充满活力的东亚经济圈，另一头连接着发达的欧洲经济圈，中间广大腹地国家经济发展潜力巨大②。丝绸之路经济带重点畅通中国经中亚、俄罗斯至欧洲（波罗的海）；中国经中亚、西亚至波斯湾、地中海；中国至东南亚、南亚、印度洋。"21世纪海上丝绸之路"的主要方向是从中国沿海港口过南海到印度洋，延伸至欧洲；从中国沿海港口过南海到南太平洋。详见："一带一路"路线图（图1-5）。

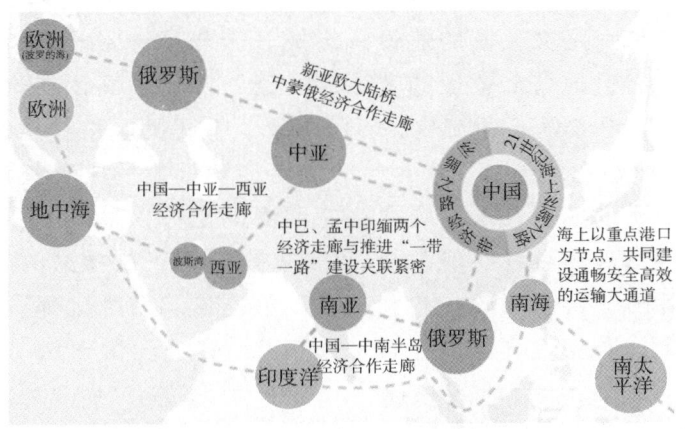

图 1-5　"一带一路"路线图

---

① 中国推动"一带一路"将坚持五大原则. [2015-03-28].http://www.chinanews.com/gn/2015/03-28/7166565.shtml.
② 中国明确"一带一路"框架 贯穿亚欧非大陆. [2015-03-28].http://politics.people.com.cn/n/2015/0328/c70731-26764773.html.

如今，"一带一路"正在推动全球再平衡。"一带一路"鼓励向西开放，带动西部开发以及中亚、蒙古等内陆国家和地区的开发，在国际社会推行全球化的包容性发展理念；同时，"一带一路"也是中国主动向西推广中国优质产能和比较优势产业的重要方略，将使沿途、沿岸国家首先获益，也改变了历史上中亚等丝绸之路沿途地带只是作为东西方贸易、文化交流的过道而成为发展"洼地"的面貌①。这就超越了欧洲人所开创的全球化造成的贫富差距、地区发展不平衡，推动建立持久和平、普遍安全、共同繁荣的和谐世界。

"一带一路"倡议的提出和实施，标志着中国与周边国家及更远的国家建立起一种新型的关系，从辛亥革命以来被动性地融入世界秩序，转入今天主动性布局，将自身发展与塑造一个新的世界秩序结合到一起②；"一带一路"应该是中国和伊斯兰国家的地缘政治和经济合作体，也将成为中国与伊斯兰国家的命运共同体、安全共同体、利益共同体和价值共同体。中国应与"一带一路"有共同文化基础的国家联手打造"大丝绸之路文明圈"，为实现命运共同体和价值共同体服务；中国需要通过一带一路文化圈的建设，形成一个与"一带一路"基础设施规划和贸易大道规划相适应的"一带一路"文化共同体在这个文明圈内，最大限度地激发不同文化、不同国家、不同民族和部落的认同感、凝聚力、自尊心和创造力，整合丝绸之路文明圈内的无限资源，让"一带一路"的建设成果惠及丝绸之路文明圈的全体人民③。

"一带一路"的最终实现，不仅仅是实现中华民族振兴的战略构想，更是沿线各国的共同事业，有利于将政治互信、地缘毗邻、经济互补等优势转化为务实合作、持续增长优势④。在"一带一路"合作中，

---

① 王义桅. "一带一路"有利于世界经济再平衡. [2016-08-24].http://opinion.people.com.cn/n1/2016/0824/c1003-28659960.html.
② 李希光. "一带一路"文明圈建设路径. [2016-06-14].http://www.rmlt.com.cn/2016/0616/429101.shtml.
③ 李希光. 如何理解"一带一路"? [2015-12-08].http://.book.ifeng.com/a/20151208/18220_0.shtml.
④ 叶晓楠. 造福世界的"一带一路". [2015-05-19].http://theory.people.com.cn/n/2015/0519/c40531-27021997.html.

经贸关系是合作的基础。遵循和平合作、开放包容、互学互鉴、互利共赢的丝路精神，中国与沿线各国在交通基础设施、贸易与投资、能源合作、区域一体化、人民币国际化等领域，必将迎来一个共创共享的新时代。"一带一路"的建设不仅有利于"中国梦"的实现，也有利于"亚洲梦""世界梦"的实现，成为有效筑牢中国与周边国家"利益共同体"和"命运共同体"的关键要素，更是助力"大国发展"战略的重要依托[①]。

---

① "一带一路"开拓中国外交新思路. [2014-11-16]. http://www.ssbgzzs.com/ssbg/gjds/201411/t20141116_2292429.shtml.

第二章　创新驱动发展战略的提出背景及意义

"创新驱动"这一概念作为一个国家经济发展阶段,最早是由美国竞争战略之父迈克尔·波特在《国家竞争优势》中提出并使用的,他根据竞争过程分析经济过程,进而把国家经济发展划分为四个阶段,分别是以廉价劳动力、自然资源等生产要素驱动发展阶段、大规模投资改善技术装备的投资驱动阶段,创新能力驱动经济发展的创新驱动阶段以及财富驱动阶段。"创新"一词可以解读为在人类的实践活动中,对于物质世界的不和谐状态进行再创造的一种改革与革新,其包含范围较广,其中科技创新处于核心位置,此外还包括管理创新、制度创新、文化创新、技术创新、知识创新与商业模式的创新等。此处"驱动"是指推动经济增长的主动力。就创新驱动这一阶段而言,意味着要通过创新带动,发挥要素驱动以及投资驱动的最大效益,更好地实现财富驱动。

立足于全球,从国际来看,2008年金融危机是引发新一轮科技革命的导火索,与此同时,世界范围内各个国家都意识到科技创新的重要性,它是调整一国经济结构的关键因素,也是决定该国经济健康有序发展的中心环节。因而,创新驱动发展战略应运而生,各国相继把该战略作为本国发展的战略核心层,提升到国家经济发展的议程之内。现如今,我国经济总量位于世界前列,但是总体来说,生产力水平与发达国家相比仍然不够高,还面临着产业结构调整,经济发展方式转型,国内产能过剩,人口、资源、生态环境不可持续发展等问题,严重阻碍了我国的经济发展,同时对于我国建设并成为创新型国家而言依旧困难重重。要解决经济发展这个大课题,必须找出关键问题所在,解决该问题的推动力量无疑就是创新。

实施创新驱动发展战略具有十分重要的意义,它是应对发展环境变化,把握发展自主权,提高核心竞争力的必然选择。中国工程院院士、浪潮集团有限公司首席科学家王恩东曾说,必须在核心技术上能够突破,才能够形成很强的竞争力。国家赖科技以强,企业赖科技以赢,人民生活赖科技以好。新时期、新形势、新任务,要求我们在科技创新方面有新战略。实现科技创新,路就在脚下。夯实科技基础,在重要科技领域跻身世界领先行列,强化战略导向,创新发展科技难题,同样是建设科技强国所面临的任务①。科技创新从未像今天这样深刻地影响着中国社会,以科技创新为第一动力的全面创新将为中国插上圆梦的翅膀。因此,提出和实施创新驱动发展战略是大势所趋,顺应了科学发展的潮流,推动了整个社会经济的发展,是增强我国科学谋划发展战略的必然要求。

第一节 国际背景

21世纪是创新驱动发展的时代,创新型经济为主导、知识经济为表现形式是其主要经济形态。当前新兴性产业变革与科技革命正在孕育待发,在处于知识爆炸时代的新一轮竞争中,科技创新是经济发展的核心内容,各国都会调动最大的积极性应对此次挑战。与此同时,各国的竞争优劣势将会被重新确立,全球经济格局及世界利益分配也将发生重大变化,为发展中国家追赶甚至超过发达国家的经济地位提供了宝贵的机会。无论是发达国家还是发展中国家,创新驱动战略都受到空前的重视,尤其是美国、欧共体、德国、英国等发达国家纷纷把创新驱动发展纳入强国战略,均力图在国际科技与经济竞争中争得

---

① 建设科技强国的担当与责任.[2016-07-27]. http://ybkj.gov.cn/ybkj/Contents/kpzc/2016/33068.html.

一席之地。

另外，当今世界日益加剧的市场竞争与资源竞争使得全球化的可持续发展成为人类社会需要共同面对的经济难题，市场环境的变化、全球资源的可持续发展、生态环境的保护、人类的医疗健康、生活质量的提升都离不开科技创新的有力支撑，创新驱动发展也必将成为社会发展的必然趋势。

一、市场环境变化催生创新驱动

近些年来，"印度制造""中东后欧佩克"等词汇反复被提及，逐渐成为新时代国际市场环境变化的代名词。

在印度，自莫迪上台以来，一直大力推进"印度制造"。2014年9月26日，印度政府宣布"印度制造"系列新政：改革劳动法律和税收，简化审批程序，吸引各界在印度投资兴业，扩大就业，希望通过印度充足的自然资源和人力资本，将亚洲第三大经济体打造成新的制造业巨头[1]。由此可见印度政府对"印度制造"这一举措的决心和信心。当"中国制造"遇上"印度制造"，"印度制造"的优势主要表现为成本低、劳动力更加廉价，并且其追求零瑕疵、零污染。一位来自南博会的印度皮革参展商曾说过："雇用一名中国工人一天需支付100元人民币，雇用一名印度工人一天只需要支付30元人民币。"除此之外，受历史影响，印度民众的英语普及率较高，思维方式和生活习惯等也与西方国家有相通之处，与其开展贸易更加便利。同时，居于全球领先地位的印度软件服务外包行业可为"印度制造"提供软支撑。其实，近几年以来，南亚以及东南亚地区制造业飞速发展，"印度制造"只是其中的一个缩影。就像阿迪达斯这样的跨国品牌也把在中国苏州的工厂迁离，转移到劳动力成本更低的东南亚沿海的新兴发展中国家。苏

---

[1] 当"中国制造"遇上"印度制造". [2016-07-27]. http://bbs.tiexue.net/post2115267501.html.

州工厂工人的底薪是每月1 500元,加上奖金、保险、津贴、餐费、住宿等,综合薪酬达到3 000元,而在柬埔寨的工厂,服装厂工人的月薪平均为130美元,约合人民币800多元,不及苏州工人的三分之一[①]。这种现象在一定程度上难免对"中国制造"产生一定的冲击,我们不得不承认,在全球产业分工格局中,发达国家将占据产业链制高点,中国制造业主要集中在中低端领域,发达国家产业转移至劳动力成本更低的东南亚国家是我国目前面临的主要压力之一。毋庸置疑,"中国制造"与"印度制造"之间存在竞争,但两者合作共赢的空间也很大。中国国家主席习近平访问印度时曾提到,中国被称为"世界工厂",而印度被称为"世界办公室",双方应加强合作,实现优势互补[②]。在"印度制造"的市场新环境下,中国既面临挑战,又存在机遇,新时代呼唤着我们创新,唯有创新才能更好更快地促进经济发展。

石油输出国组织欧佩克(OPEC)自1960年9月14日成立以来,以协调各国石油政策,商定原油产量和价格,采取共同行动反对西方国家对产油国的剥削和控制,保护本国资源,维护自身利益为宗旨,在近几十年多次使得石油价格暴涨来抗衡美国等西方发达国家,平衡世界力量的作用不可小觑[③]。组织内的14个成员国约控制全球2/3的石油储备并向世界提供40%以上的石油消费量。借此,各成员国得以从石油出口中获取更多的利益,繁荣本国的经济发展。然而,在OPEC最新发布的一份年度报告——《世界石油展望2012》中指出,在世界经济增长放缓的客观条件下,以及受到欧债危机和高油价的影响,OPEC将2016年全球石油需求相比于去年的预测下降100万桶以上,今年预测需求下调至9 290万桶/天。至2035年,全球石油消费预计将达到10 730万桶/天,较去年的预测下降超过200万桶。OPEC认为,

---

① 危险的中国制造. [2016-07-27]. http://3y.uu456.com/bp0i06q3p63z00kc41ztr01.html.
② 莫迪政府推进"印度制造"运动基础设施是硬伤. [2016-07-27]. http://gx.people.com.cn/n2/2016/0225/c229256-27806828-2.html.
③ 李江. 美国石油禁令40年. [2016-07-27]. http://news.hexun.com/2014-06-30/166159109.html.

034 创新驱动
内外市场互动的创新机制与模式

在世界经济面临的不确定性影响下,中美两国工业生产脚步的放缓致使两国石油进口量大幅度减少,全球石油消费预期与冬季石油需求不确定性进一步加大。这对于赖以石油出口增加国民财富的中东发展中国家而言无疑会带来较大的经济冲击。同时,石油作为不可再生资源,总会有消耗殆尽的一天,因此,如不及时对本国经济贸易模式进行改革创新,寻求其他的可持续发展道路,中东石油资源强国今后的发展将步履维艰。

欧洲联盟(EU)于1993年正式成立,欧洲的商品、人员、劳务、资本的自由流通,使欧洲的经济增长速度快速提高,经济一体化促进了该地区的进一步繁荣。经济与贸易繁荣的背后,也隐藏着诸多问题。在英国当地时间2016年6月24日,英国公投结果揭晓,宣布退出欧盟。英国脱欧这一事件的发生致使我们意识到欧洲现阶段面临日益凸显的严峻挑战:在经济领域,债务危机是欧洲经济的头号杀手,席卷希腊等国的国债危机曾使欧洲金融市场陷入剧烈动荡,同时伴随着欧元区失业率增加、私人消费与投资萎缩等问题;此外,欧洲所处的高债务、低增长、竞争乏力等窘境也不容忽视。在政治领域,选举至上逐渐变为欧洲各国的政治生态,致使执政与选举本末倒置,政治家与民众之间的鸿沟日益扩大[1]。从长远来看,西方选民对政治家的信任度将会越来越低,甚至有可能会质疑选举体制本身。执政与选举两者之间存在的不均衡现象,值得人们高度重视。在文化领域,来自中东与北非的难民大量涌入,引发了难民危机和"文明冲突"。在思想领域,近些年来的欧洲同样变化巨大。自文艺复兴以来,欧洲一直保持着言论与思想自由,这也是欧洲社会保持活力与进步的根本保证,但于当下而言,这一自由的权利逐渐被剥夺,将会严重阻碍思想的进步与发展。欧洲目前的发展涉及经济、政治、文化、思想等各个领域的种种问题,不可能逐一攻破,依次解决,因为对于涉及每一个领域的具体

---

[1] 欧洲呼唤全面改革. [2016-07-29]. http://news.xinhuanet.com/world/2016-07/17/c129152990.htm.

问题而言，稍一改就会产生"牵一发而动全身"的连锁效应。面对这种情形，更需要进行一场全面改革，因而改革也就成了欧洲重振雄风的关键词。

二、产业变革和新技术革命呼唤创新驱动

继蒸汽技术革命和电力技术革命之后，自20世纪四五十年代开始，以原子能、电子计算机的发明为标志的第三次科技革命悄然兴起。它使得社会生产力得到空前的发展，世界经济结构以及国际经济格局发生了重大变化，世界范围内，各个国家都使出浑身解数大力发展高科技，力求提升本国在全球格局中的地位及影响力。当前，新一轮产业革命和科技变革正在改变着世界发展态势，建立在互联网、新材料以及新能源等基础上的产业变革即将引起世界产业结构的变化、劳动方式与内容的变化、生产布局和生活方式的变化和社会的开放化。这对我们来说既是一个重大机遇，也是一个重大挑战。机遇稍纵即逝，抓住了是机遇，抓不住就是挑战。习近平总书记曾在讲话中提到："不创新不行，创新慢了也不行，如果我们不应变、不识变、不求变，就可能陷入战略被动，丧失发展机遇，甚至可能整整错过一个时代。"①

任何一次产业革命都必须借助重大技术发明创造的翅膀。放眼全球，尤其是受到2008年国际金融危机的重创，意识到过度依赖以金融业为代表的虚拟经济，脱离制造业实体的危险之后，世界范围内打响了从"去工业化"到"再工业化"的新一轮争夺战，各大国都在积极制定本国的发展战略，将创新资源向"高精尖"产业聚集转移，其中，美、德、英、法等发达国家都在为这次新技术革命做出了充分准备。2012年2月，美国国家科学技术委员会（NSTC）发布了《先进制造业国家战略计划》，提出了实施先进制造业战略的五大目标；同年3

---

① 习近平. 不创新不行 创新慢了也不行. [2016-07-29]. http://wb.sznews.com/html/2016-05/31/content_3537658.htm.

月，美国总统奥巴马宣布投资 10 亿美元用于国家制造业创新网络计划，让全美每个研究所分别负责制造业的一个技术重点，并明确提出"未来的汽车、飞机、风轮机上都要有美国制造标志"；此外，为了确保振兴高端制造业并在知识生产方面占据关键地位，美国同时推出"高端制造计划"（AMI）与"高端制造合作伙伴"（AMP）两项计划，通过"官产学"联合攻关，运用科技创新支撑现有制造产业的升级，在清洁能源技术、医疗卫生、环境与气候变化、信息通信和材料与先进制造领域出台了一系列新的计划与政策措施。2012 年 10 月，在欧盟委员会发布的新产业政策通报中，提出通过"新工业革命"减缓工业比重下降的趋势，并争取在 2020 年实现将工业增加值占到 GDP1/5 的"再工业化"目标；另外，欧盟建立创新技术学院，倡议多在卫星监测环境保护地球安全、微电子燃料电池工艺、医药创新等高端技术领域进行研究创新。2013 年 1 月，俄罗斯经济发展部公布 2030 年国家社会经济长期发展计划，让国家经济走向创新发展之路是其经济改革发展的目标，通过创建具有全球竞争力的环境，鼓励民众积极创业，提高居民生活质量，争取到 2030 年居民生活水平超过欧美等发达国家。2013 年 4 月，德国的"工业 4.0 项目"在汉诺威工业博览会上正式推出，该项目作为德国政府在 2010 年 7 月确定的《高技术战略 2020》中十大未来项目之一，旨在对德国工业领域新一代革命性技术的创新与研发提供支撑。2013 年 10 月，英国政府科技办公室推出《英国工业 2050 战略》，提出了英国制造业发展与复苏的政策，体现了英国为提振本国制造业做出的努力。同年 12 月，法国总统宣布了包括未来高铁、低油耗汽车以及电动飞机与电力推动卫星空间等领域的 34 项工业振兴计划，该套重振工业的模式具有注重实用性和渐进性、注重"政府"与"市场"两只"手"的平衡作用以及注重及时跟进金融配套措施等三个鲜明特征，目标是将全球范围内的竞争优势聚集在一起，以取得未来更高的市场份额。

需要看到，发达国家的"再工业化"，核心内容是重振制造业，但这并不是简单的制造业回归，而是重构制造业产业链，实现制造业的再升级，也是将新兴产业作为发展核心的结构转型①。可以说，发达国家以经济转型为目标的"再工业化"，一方面是保持本国制造业在国际上的竞争与领导地位，另一方面是促使经济与产业结构趋于合理化，进一步推动科技与技术的创新，创造新产业。在这场无硝烟的科技竞争中，中国要想内外兼修实现产业升级，完成从"中国制造"到"中国创造"的跨越，在产业变革和新技术革命的浪潮中站稳脚跟，实施创新驱动发展战略是必由之路。

三、全球经济形势不容乐观

瑞信的董事总经理、亚洲区首席经济分析师陶冬博士认为，2016年全球经济形势估计会延续"四低四分"的趋势。所谓四低，是指全球经济将处于低增长、低通胀、低利率、低贸易增长的状态。四分是指全球四大央行的货币政策开始分道扬镳。今年是全球经济危机过后的第七年，表面上来看全球经济处在脱离危险期之后的漫长复苏期，然而事实上，实体经济复苏远比金融资产复苏弱得多，就业、投资等问题依然存在，经济危机所引发的问题尚未得到根本性解决。

从 2010 年开始，世界经济缓慢复苏，然而几年过去了，世界经济增长依然低迷。2016 年 7 月，国际货币基金组织发布了全球经济展望，再次下调 2016 年全球经济增长预期到 3.1%，比四月份预期又下调了 0.1%，这也是 IMF 在 15 月内第五次调降全球经济增速。世界银行在今年 6 月发布的最新世界经济展望中，将世界经济增长预期由此前的 2.9%进一步下调到 2.4%。如果全球经济增长低于 3%，那么全球经济实际上处于衰退的边缘，再加上 WTO 近期将全球的贸易量下调到

---

① 李正信."再工业化"美国的战略选择. [2016-07-30]. http://intl.ce.cn/specials/zxgjzh/201304/17/t20130417_24297518.shtml.

2.8%,和去年全球贸易增长的幅度相同,连续五年全球贸易的增长低于全球经济的增长。经济下行的压力导致了贸易和投资领域保护主义的抬头,而国家与国家之间宏观经济政策和金融政策的不协调进一步导致了贸易低迷和经济下行,这是结构性问题。2008年各个国家忙于经济复苏,没有时间去做保护主义,但是现在随着这几年经济的逐渐恢复和好转,保护主义的抬头倾向导致当时的同舟共济变为如今的同舟共"挤"。其实,除了这些长期存在的问题,眼下的世界经济想要回到强劲有力、可持续增长的轨道上来,还面临着许多不确定因素,比如说难民问题、恐怖主义以及地缘政治带来的投资低迷的问题。

为此,世界各国都在积极寻求刺激经济发展、促进贸易繁荣的途径,并做出了许多努力。G20峰会的举行就是很好的例证。2016年9月4至5号,G20峰会在杭州召开。这是20国集团第一次落户中国。G20杭州峰会的标志其实是一座桥,它有两层含义,其一,中国是连接世界和20国集团的桥梁;其二,中国在20国集团当中是一个连接发达经济体和发展中国家的桥梁。光鲜的线条不仅寓意着新信息时代的互联互通,也意味着世界期待杭州G20峰会能够成为全球经济增长之桥、国际社会合作之桥、面向未来的共赢之桥。

20国集团成立于1999年,成立之初,只举行财长和央行行长会,自2008年起,才开始举行领导人峰会。该集团旨在推动已工业化的发达国家和新兴市场国家之间就实质性问题进行开放及有建设性的讨论和研究,以寻求合作并促进国际金融稳定和经济的持续增长。20国集团包括阿根廷、澳大利亚、巴西、加拿大、中国、法国、德国、印度、印度尼西亚、意大利、日本、韩国、墨西哥、俄罗斯、沙特阿拉伯、南非、土耳其、英国、美国以及欧盟[①]。G20国土面积占据全球的60%,

---

① 20国集团. [2016-07-30]. http://baike.baidu.com/link?url=8PG0HMhre9_Qzmaw4ZwIwOgrFB2ar7fujuGIC4Sx8kHfP8lGHZS_e7eogN1mD3l16q1wOwRbfgK5YH_fPHSzoi1tvENkG8WzxZsbM2WFqWe_-LHIU8Xe5cxPSLncPrX0.

人口占 2/3，贸易额占全球的 80%，GDP 占到全球总量的 85%，从这组数据不难看出，G20 之所以重要，是因为在这二十个成员国中不仅包括发达国家，也有新兴经济体，它们所占世界经济的比重决定了它们对世界经济的影响力。今年 G20 杭州峰会的议题为创新增长方式、更高效的全球经济金融治理、强劲的国际贸易和投资、包容连动式发展四个方面；峰会主题为构建创新、活力、联动、包容的世界经济。中国"十三五"规划有五个发展理念，它与峰会主题存在一个良好的契合。首先就是创新，没有创新就不能有活力，而没有活力的世界经济是不可能强劲均衡可持续增长的。联动就是全球开放，包容就是共享。世界经济发展到现在都面临着问题，但是我们不可能用一个方案来解决，我们必须要包容。此外，贸易与财经方面，7月10号在上海举办的 G20 贸易部长会议，取得了三项成果，第一建立 G20 贸易投资合作机制，第二制定 G20 全球贸易增长战略，第三承诺继续加强多边贸易体制。贸易部长们承诺，今年年底前，G20 成员全部批准贸易便利化协定，努力将全球贸易成本降低 15%。这不亚于一次大规模的世界范围关税减让。7月23日—24日，在成都举行第三次财长和央行行长会议上，针对全球经济目前存在的结构性问题确定了结构性改革的 9 大优先领域和 48 条指导原则，并制定了衡量结构性改革进展的 12 个指标体系，这些都是实实在在根据目前世界经济存在的问题提出的解决方案。除此之外，还涉及联合国提出的 2030 年可持续发展目标，国际金融架构改革，能源、环境、劳动力市场等与全球经济增长密不可分的话题，为下一步的世界经济发展勾画新愿景，开辟新格局。

  创新驱动发展战略较好地迎合了全球经济的低迷形势，它是中国乃至全世界各个国家的经济发展亟须的战略要求，用创新带动全球经济的健康发展将成为必然选择。

相关链接

朱光耀：对当前全球经济形势的五点判断

新浪财经讯"2016中国金融论坛"于5月20日—21日在北京召开。财政部副部长朱光耀出席并演讲，在演讲中他对当前全球经济形势做出5点判断，以下为内容要点。

一、全球经济虽然在缓慢复苏，但下行压力较大

今年4月，在华盛顿举行的国际货币基金组织（IMF）和世界银行春季会议前夕，2016年第二次二十国集团（G20）财长和央行行长会议于4月14日至15日在华盛顿举行。此前，4月12日，IMF再次下调2016年全球经济增长预期。这是过去这几个月以来，IMF连续下调2016年全球经济增长预期，曾由3.6%下调到3.4%，再于4月12日，进一步下调到3.2%。2016年刚刚过去3个多月，IMF就对全年经济做出3.2%的增长预期，这已经非常接近于2015年全球经济3.1%的实际增长率，而且还有进一步下调的空间，值得警惕。全球经济下行压力仍然较大。

二、贸易增长更为低迷，提高国货质量至关重要

在IMF下调全球经济增长率的同时，世界贸易组织（WTO）把2016年度全球贸易增长率下调到2.8%，与2015年全球贸易增长率持平。这是全球贸易增长率连续3年低于已经低迷的全球经济增长率。而且全球贸易2.8%的增长率也大幅度低于过去20年间全球贸易年均5.2%的增长率。

更具挑战的是，2015年是多年来发展中国家贸易增长率首次低于发达国家贸易增长率。由于发展中国家往往是通过贸易促进本国经济较快速度发展，所以全球贸易的这一新的特点值得高度警惕。

中国要在对外贸易上做更大努力，包括推动一般贸易和加工贸易的转型。在发展实体经济方面，一定要保持住当前的发展势头，保持

住在全球贸易格局中的所占份额。2016年,要通过企业等各部门的共同努力保持全球第一大贸易国的地位;要通过供结侧的结构性改革来提高"中国制造"的产品质量,提高"中国制造"在世界市场上的信用,用质量来保障全球市场中份额的进一步扩大。

客观地说,这个任务非常艰巨。因为现在包括美国、欧盟等在内的西方主要经济体,已从过去"支持经济全球化"的政策立场上表现出倒退到一种相对孤立主义的倾向。无论是在美国大选,还是在西方其他国家的大选中,孤立主义和民粹主义的苗头和倾向都表现得很明显,值得高度警惕。

所以维护多边贸易体制,通过提升产品质量以扩大中国产品在世界市场上的份额就非常重要。

三、货币政策、财政政策和结构改革政策协同发力,以稳定市场预期,增进投资者信心

今年 G20 财长和央行行长会议公报一个最突出的特点就是强调结构性改革。G20 首次提出,要在单个国家和 G20 集体层面,运用结构性改革政策,不能只单纯依赖货币政策。这是一个非常重要的政策宣示。

因为,2008 年全球金融危机以来,发达国家走出危机主要靠量化宽松的货币政策。在利率降为零时,发达国家通过进一步印发钞票来增加货币供应量、增加市场流通性以促进经济复苏。

但是近七年以来,这一政策走到尽头。单纯依靠量化宽松的货币政策,把利率降成负利率也解决不了经济结构中存在的根本问题。所以,各国要运用结构性改革政策,而且一些财政政策有空间的国家,要适度增加财政赤字,提高财政政策的效率。这就是货币政策、财政政策和结构性改革政策的协同发力。

今年,中国发挥 G20 主席国的领导力,在国内大力推进供给侧结构性改革。但是客观而言,改革本身要付出一定的代价,所以在调整的过程当中确实遇到一些难题,需要克服。

现在货币政策方面面临"两难"局面:一方面靠进一步宽松的货

币政策，降成负利率肯定走不通；另一方面，美联储已启动利率正常化进程，就会保持这一势头，那么美联储利率正常化带来的流动性紧缩又对全球市场产生直接的影响，包括对美元、欧元、日元和人民币等货币的汇率都产生了非常大的影响。最近这几天，有迹象显示美联储有可能在6月份再次提高利率，虽然提息幅度很小，还是0.25个百分点，但国际资本市场已经出现了明显的波动。目前，市场非常敏感，主要发达经济体的宏观经济政策，特别是货币政策、财政政策如何调整，对市场信心都起到了非常大的作用。

正是由于目前市场高度的敏感性，市场波动程度往往超过经济基本面的表现，或者说市场波动不能完全反映经济基本面。一些国家经济基本状况总体可以，但是相关市场的波动往往与其基本面脱节。所以，稳定预期、增强投资者信心，也成为G20促进全球经济复苏进程的一项非常重要的政策考虑。

在这个过程中，"宏观经济政策协调"就变得至关重要。这也是G20财长和央行行长会议公报之所以重要的原因。最终公报的形成也是G20所有成员共同努力的结果。

四、新兴经济体面临较大困难

今年，新兴经济体面临着较大困难，尽管其中中国和印度保持着良好的经济增长势头。在4月12日的报告中，主要经济体里面，IMF仅上调了中国的2016年度经济增长预期，印度的增长预期维持不变，西方主要经济体的增长预期全部都被下调了。俄罗斯和巴西两个主要的新兴市场，经济增长预期均被下调，两国现在面临着比较大的困难。

在IMF的最新预测中，俄罗斯2016年经济增长预期被下调了0.8个百分点，由此前的-1%被进一步下调到-1.8%。巴西经济在国内政治和自身经济结构等多方面因素影响下，连续衰退，2016年度经济增长预期由此前的-3.5%被进一步下调至-3.8%。

俄罗斯和巴西是金砖国家中的两个重要国家，而且是全球的重要原材料生产国和供应国。所面临的困境在一定程度上反映出其自身经济结构方面的不合理。所以，结构性改革对这些国家同样非常重要。

近期，原油和铁矿石的价格不断下降，现在虽然有所稳定但未来情况仍很难预测。所以，单一的经济结构，只靠原油出口、矿石出口，不利于一国经济的长期健康发展，即使是资源最丰富的国家之一。在国际经济的大框架下，有关产品价格一旦出现大的波动，其经济就将面临巨大压力。所以，在西方发达经济体面临挑战的同时，一些新型国家经济体也面临着挑战。

五、地缘政治风险对全球经济的冲击在进一步显现

以俄罗斯为例，尽管现在世界总体大趋势是和平与发展，但局部矛盾和冲突仍不时出现，这使得全球经济健康发展的态势不时受到干扰，值得高度警惕。

中国在充分认识风险，保持战略定力的同时，要抓住机遇，首先把自己的事情办好。只有让中国经济健康可持续发展，才能使中国在国际舞台上更加有信心，更加有影响力。不管当前国际经济形势怎么演变，中国作为2016年G20主席国，如何推进G20进程，确保全球经济沿着强劲、可持续、平衡增长的轨道发展至关重要。当前一定要遵照习近平主席的指示，加强同G20各成员的政策协调，形成政策合力来推进全球经济强劲、可持续、平衡增长。

（资料来源：http://finance.sina.com.cn/meeting/2016-05-24/doc-ifxsktkp9274334.shtml）

第二节 国内背景

2010年10月15日—18日在北京召开的十七届五中全会上，"创新驱动"一词作为国家战略首次被写进了我国"十二五"规划当中，强调在产业结构的调整和经济发展方式的改变过程中务必注重创新能力的提升。基于此，站在全球格局的战略高度，考虑到我国未来长远的发展方向，国家新一代领导人在十八大中明确提出"科技创新是提高社会生产力和综合国力的战略支撑，必须摆在国家发展全局的核心

位置",强调要坚持走中国特色自主创新道路,切实实施创新驱动发展战略。习近平总书记明确指出,科技是国之利器,国家赖之以强,企业赖之以赢,人民生活赖之以好。中国要强,中国人民生活要好,必须有强大科技作为支撑。以上事实均充分表明我国将要走以创新驱动为核心的经济发展模式,这也有助于引领和辅助我国建立成为创新型国家。

  根据目前国内的经济发展状况,我国正处于经济发展转型期,在如此关键的时刻,我国同时面临着世界产业变革及科技革命的挑战。改革开放以来,我国经济高速腾飞,经济总量节节攀升,跃居世界前列,科学技术快速发展,科技实力与产业竞争力不断增强,完美地展现了科技创新活动融入新科技革命与世界产业变革的正确性,其不仅提高了人民的生活水平,而且强有力地推动了经济和社会的发展,促使我国进入全面建成小康社会的关键时期。当前,我们不仅要看到经济增长所带来的巨大成绩,更应该清楚地意识到这一成绩主要是依靠国内廉价劳动力、资源环境等要素的低成本优势以及规模化的粗放型发展方式取得的。而今,改革开放三十多年以来,在一味追求经济发展的同时,产业结构不合理伴随的负面影响日益凸显,粗放式发展所带来的高投资、高成本、高浪费、高污染以及低效率、低质量等问题使得经济成就的代价越来越高。国内传统的工业化经济发展模式已然不再适应新时代新阶段的发展要求,新型工业化道路必须要以创新要素为支撑,其中科技创新能力的提升尤为重要,只有这样才能从根本上解决目前所面临的问题,同时可以真正做到转变经济发展方式、调整产业结构。

一、创新驱动发展顺应历史潮流

  我们党在不断深入探索具有中国特色自主创新道路的过程中走了近半个世纪。从1956年提出"向科学进军"的口号、1988年邓小平提出"科学技术是第一生产力"、1995年国务院提出"科教兴国"战略到我党十七大提出建设"创新型国家"以及十八大提出的"创新驱动发展战略",可以看出科技的发展逐渐成为我国经济和社会发展战略的核心与关键。

从我国的发展思想上来看,毛泽东思想带领我国人民取得了新民主主义革命的胜利,并确立了新中国的制度为社会主义制度,提出了优先发展重工业、工业与农业并重的产业平衡发展战略,在社会主义初期建设阶段极大地促进了我国经济的发展;邓小平理论在坚持和发展毛泽东思想的基础之上,坚持解放思想、实事求是,创造性地提出了改革开放的伟大决策,指引我国走出了一条具有中国特色的社会主义新道路。邓小平理论是对中国社会主义建设规律的科学认识,也是改革开放和社会主义现代化建设的科学指南,是党和国家必须长期坚持的指导思想[①];江泽民同志提出"三个代表"重要思想,集中概括了党和国家的所有的理论与实践活动,科学预测了我国社会主义现代化建设的发展趋势,准确判断了我国特色社会主义的依靠力量,它是指引我国新世纪的行军指南;在邓小平理论与"三个代表"重要思想的指导下,以社会主义初级阶段基本国情为立足点,胡锦涛同志提出了科学发展观这一重大战略思想,要进一步转变发展观念、经济增长方式、经济体制、转变政府职能以及各级干部工作作风,才能让科学发展观落到实处,促进国民经济发展。从毛泽东思想到科学发展观,无不体现着中国近几代领导集体的伟大智慧,从这些发展战略来看,我国发展的每个时期所采取的战略思想都良好地契合了当时的国内发展水平与需求,站在新时代的今天,创新驱动发展战略成为新时期的指导思想已是大势所趋。

---

① 邓小平理论. [2016-08-05]. http://baike.baidu.com/link?url=CJKouvtnFwAlrTtX8CBCZMLQgrvALSWs7222VubBZ1lwU2uFDSCZMtYjoI4DcC6SP_0l63yw4gCuhUsYzCsBKEyns-qHovDboxOAjy-GFhwE4Z5dE4Q_q2rkeyQbyZfqBL9JtvNQhXbTOdiURUBMK.

就现阶段来说，由于企业创新难，自主创新能力不强，致使我国国际竞争优势弱化。此外，"十三五"时期，促进创新资源向优势地区的优势企业集聚，加快培育一批创新型企业，使其率先成长为真正的技术创新主体也是发展的主要目标之一。在遵循我国发展规律，紧密贴合人民需求的基础之上，国家提出的创新驱动发展战略是对我国过去指导思想的继承、创新和完善，是符合历史前进方向、具有强大生命力以及不可战胜性的顶层战略。

二、传统发展模式难以为继

在1978年党的十一届三中全会之后，我国的改革开放正式拉开了帷幕，当时根据我国实际国情、结合自身的自然资源及人口优势，国家领导人制订了以投资驱动带动要素驱动的经济发展模式。"以市场换技术""以低成本劳动力换投资""以利润换资本"等鲜明特征成功地吸引了众多发达国家在我国投资建厂和劳动力密集型产业向我国转移。劳动力廉价、土地资源成本低曾一度成为"中国制造"的标签，中国制造遍及世界，由于该发展模式与我国当时阶段发展的水平相适应，在一定程度上促进了国民经济的增长，使我国顺利进入了中等收入国家的行列。

然而，近几年来，这种发展模式暴露出我国多年来累计下的社会深层次矛盾。不断提升的劳动力报酬，逐步衰减的人口红利以及资源环境的客观约束，预示着我国低成本的发展模式将要走到尽头。国民逐年增长的人均工资表明我国低成本优势已不复存在。据世界银行统计，截止到2015年，随着劳动力的增加，国内企业需要再支付1.5万亿美元的成本，劳动力成本随着工资的持续增长使其在国内生产总值（GDP）中所占的比重增加至原来的两倍。"低成本"不再成为优势，一方面会促使发达国家制造业的"回流"：自世界金融危机以来，美国总统奥巴马积极号召美国制造业回流，以增加本国就业改善经济状况；

另一方面也将导致中国制造业岗位减少，失业率上升。

此外，传统粗放型的经济发展模式不仅造成了我国企业生产的高成本、高浪费、高污染以及低效率的严重问题，同时也带来了其他负面影响。首先，由于能源利用效率低下，耗能产业比例过大，终端能源利用率仅为发达国家的 3/4 左右，单位产品能耗较高，可达世界平均水平的 2.2 倍。我国消耗全球 20% 的能源却只创造了 10% 的 GDP，不仅远远低于发达国家，也低于某些发展中国家。与资源的大量浪费相伴随的是对环境的过度污染,我国制造业所排放的污染物高达 70%，在一定程度上也带来了一部分 GDP 损失。其次，片面追求经济高增长的传统发展模式导致我国产业结构不合理，基础性中低端产业仍旧占据主导地位，高技术与高科技产业所占比重较低。农业基础薄弱、工业素质不高以及服务业发展滞后是我国三次产业结构的现状。究其根本，自主创新能力不强是限制我国经济发展最大的短板之一，自主品牌与自主知识产权缺失，核心技术受制于人，产品关键零部件依赖于进口，以牺牲生态环境为代价，出口廉价原材料换取的经济发展终究不能长久。

国内现存的这种矛盾表明我国经济发展的传统运行模式已经与现阶段的经济发展水平不相符合，它也不利于经济的可持续发展，若继续维持现状，我国经济发展将面临进一步的下行态势，引发经济发展的不稳定、不协调、以及不可持续等经济状况。如果中国继续满足于现状，做缺乏创新的中低端制造业大国，"中国崛起"将可能再次被终结而变成一个遥远的梦。基于我国的发展要求，要想取得长远的发展，转变经济发展方式、调整产业结构势在必行。传统的经济模式必须摒弃，其不可能再继续推动我国向高收入国家迈进。我们只有去探索新的驱动力，寻求新的发展引擎，依靠科技的力量，创新驱动发展，加快经济发展的转型，走上科学发展道路，才有可能实现经济的可持续发展。因此，创新驱动发展战略的提出和形成具有历史必然性。这不仅仅是党和国家领导人对当前形势的科学判断，也是重要的战略选择。

三、产能过剩日益严重

近二十年来,产能过剩现象在我国普遍存在。产能过剩是指在一定时期内,某企业在当前技术条件下,运用参与生产的全部固定资产所产出的产品数量,或者理解为企业处理原材料数量的能力大于市场消费能力,即生产能力总和大于消费能力总和。新中国成立初期,生产力水平极为低下,以农业、手工业为基础,工业极不发达,现代工业所占比重仅为10%,工农业总产值较低,人均国民收入在一百元以下。在迅速解决人民温饱问题与恢复和发展经济的迫切需求下,结合当时国内资本供给严重缺乏、劳动力极为丰富的现状,政府审时度势,通过市场调节机制制定宏观政策进行引导,并选择优先发展重工业,以此来带动整个工业化进程的良好发展。

我国曾出现过三次产能过剩时期。第一次发生在20世纪90年代,中国正进入基础设施建设快速发展的时期,对水泥、钢铁等产品的需求量非常大,并且此类行业具有非常良好的外部市场环境,这些大宗商品价格不断上涨且原材料成本降低。因此,社会投资大量涌入此类基建行业,引发了大规模的工业扩张。第二次产能过剩出现在2003年初,截止到2005年,国家发改委指出包括电解铝、钢铁、水泥、汽车等在内的十几个行业均出现了产能过剩的问题,致使相关产业濒临破产。第三次产能过剩在2008年金融危机之后产生,为缓解危机对国内经济带来的消极影响,在2009年,国家出台了十大产业振兴计划,花费四万亿扩大投资,造成地方政府对各地产业进行盲目的投资引导,同类产业重复扩张,导致了产能过剩。直至今天,产能过剩问题仍未得到有效解决。截至2012年底,我国钢铁、水泥、电解铝、平板玻璃、船舶产能利用率均明显低于国际通常水平,其利用率分别为72%、74%、72%、73%和75%。这些产能过剩行业的营业利润呈现大幅度下滑的迹象,许多企业经营困难,面临"去库存化"和"去产能化"的双重压力,但仍有一批在建或拟建项目在投资运营,这将会进一步加剧产能过剩①。

产能过剩将导致产品价格下降、通货紧缩压力增大、宏观经济的不确定性增强。企业投资成本与居民的人均消费预期的下降会导致经济增长的下调压力越来越明显。同时银行逐渐增加的不良资产会使金融风险持续增大。另外，花费大量人力、物力以及财力制造出的产品若不能为社会产生价值、创造财富，那终究是一堆废铜烂铁。这些过剩、落后的产能将严重阻碍经济发展方式的转变。引发产能过剩的根本原因体现在我国经济增长方式的不合理上，其次在于许多产业自主创新能力弱，技术水平低，企业之间的竞争仅仅依靠"数量战"以及"价格战"，而不能凭借"质量战"赢得优势。

四、实现我国可持续发展需要创新驱动

可持续发展作为我国一项新的发展理论，是指在满足当代人需求的条件下，又不会对后代人需求能力的满足造成威胁的发展，它同时也是我国重要的发展战略之一。实施可持续发展战略，有利于国民经济持续、稳定、健康发展，使经济发展与人口、资源、环境相协调，促进生态、经济和社会效益三者的统一，进而实现整个社会的良性循环，各方面的发展持续而有后劲。目前，制约我国可持续发展的因素很多，归结起来主要为资源问题、生态问题以及人口问题。

资源不足与能源危机。据统计，我国2009年一次能源消费总量超过30亿吨标准煤，提前11年打破了"用能源翻一番实现2020年国内生产总值比2000年翻两番"的美好幻想；2010年一次能源消耗总量有增无减，高达32.6亿吨标准煤，位居世界第一；预计到2020年总能耗将达79亿吨标准煤，占目前世界能源总消耗量的一半；2015年，中国原油表观消费量达4.87亿吨，同比增长2.8%，对外依存度已高

---

① 一带一路. [2016-08-08]. http://www.360doc.com/content/15/0507/16/16747674468768567.shtml.

达 57.39%，同时专家预测认为，2016 年对原油的依存度会持续上升；人均土地资源不及世界平均水平的 1/3；石油、天然气资源仅为世界平均水平的 11%、4.5%；我国主要的农作物品种与园艺品种的 90% 以上供应都被国外垄断。

生态环境恶化，自然灾害频发。据环保部门统计数据，2010 年发生的 14 起重金属污染事件一半以上属血铅事件；2012 年全国废气排放量巨大，其中 CO_2、SO_2、氮氧化物含量分别为 105 亿吨 2 117.6 万吨、2 337.8 万吨，烟粉尘含量为 1 234.3 万吨，远远超出环境承载能力。不合理开发利用自然资源造成了水土流失、土壤沙化、盐碱化、动植物灭绝、水体污染、旱涝灾害频发等严重问题。

人口数量、结构、分布不合理。我国人口存在数量众多且增长量大，年龄、性别和收入不均衡，大流量高密度的人口迁移涌入城市导致城市承载压力过大等问题。第六次全国人口普查结果显示，我国大陆总人口为 13 亿 2 281 万人，年均增长率为 0.57%，表明我国人口增长处于低生育水平阶段。同时，调查结果还暴露我国老龄化进程加快，城镇人口比重大幅度上升，流动人口数量增加、劳动生产率低以及人口素质不高等现状。随着计划生育的执行，独生子女越来越多且男女比例严重失调，"空巢"现象冲击着传统家庭模式，社会老化的包袱越来越沉重，养老服务体系与社保体系的滞后也对老年人的生命安全造成了一定的威胁。人口增长导致的交通压力、住房压力、就业问题、环境污染、教育问题同样日益加剧……

还可以看到，在城市化方面，逐渐加剧的人地矛盾是当前亟须解决的问题，这给城市规划建设指出了新的研究方向。在海洋的资源开发、空间利用与安全、海域的管辖、获取信息及处理突发问题方面同样存在诸多问题，国家和公共安全对我国军事科技硬实力提出了迫切要求。

基于此，全面实现我国人口、经济、生态、能源、科技等领域的协调共进，实现可持续发展，走创新驱动发展战略是必然的选择。要改变就资源论资源、就生态论生态、就人口论人口的单一倾向，对资源的开发利用必须考虑到生态环境的承载能力。同时，在致力于寻找干净清洁、安全可靠的化石能源的同时，我们还必须运用科技的力量提升企业对资源的利用率，不断发展先进的可再生能源，用包括页岩气、核能资源在内的高效新能源替代传统高污染的能源，并建立起一套可持续发展的能源新体系。在信息技术、生物技术、航天航空技术、新材料技术、能源技术以及先进制造业技术方面展开深入的研究，真正做到自主创新，也是实现我国可持续发展的重要保障。

五、"一带一路"与创新驱动

2016年是中国"十三五"规划的开局之年，标志着中国进入全面建设小康社会的决胜阶段，到达推进结构性改革的攻坚时刻。在和平与发展的时代主题下，世界多极化、经济全球化、文化多样化、社会信息化成为未来发展的趋势，经济发展依旧是我国各项目标中的重中之重。"一带一路"和"创新驱动"作为"十三五"规划中的两个焦点，对新时期中国的发展起着至关重要的引领作用。

"一带一路"，顾名思义，其为"丝绸之路经济带"与"21世纪海上丝绸之路"的简称，它覆盖了世界60多个国家，涵盖了中国18个省、自治区及直辖市，影响范围较广，是国家级的顶层战略。由于"一带一路"沿线各国国情、自然地理条件、资源、政策等优势各不相同，彼此之间合作的机会空间很大，在政策沟通、设施联通、贸易畅通、资金融通、民心相通等方面为合作的重点。在此平台上，利用现有双多边合作机制，各国政府间不断加强合作，推动区域合作蓬勃发展。"一带一路"将连接起亚欧非三大洲以及附近海域，把活跃的东亚经济圈和发达的欧洲经济圈紧密结合，通过陆上沿线中心城市的支撑，打造国际经济合作走廊，将海上重要港口作为节点，建设高效安全的大宗货物运输通道，进而建立及加强沿线各国经济贸易伙伴关系，构建全方位、多层次的经济互联网络，使各国能够在现有的合作基础上，实现优势互补和经济战略的相互对接。

  "一带一路"与"创新驱动发展"相互联系，可以起到相互促进的作用。一方面，"一带一路"的建设需要科技支撑和创新驱动。共建"一带一路"是我国的倡议，也是沿线国家的共同愿望。从地图上看，沿线大部分国家地处内陆，生产力水平低，经济总量小，生态较为脆弱，干旱荒漠化等问题严重，均需在贸易兴盛的过程中依靠科技创新支撑本国发展模式创新，实现可持续发展。古代丝绸之路的发展史表明：丝路不仅是一条经济贸易之路，更是一条不同科技、不同思想、不同文化的交流融合之路。丝绸之路经济带建设对科技发出了强烈的需求召唤，吸引沿线国家共同开展科技合作与科技交流，面对经济等各方面发展中的共性难题，以提供强有力的科技支撑，研究应对策略。新时期中科院确定"三个面向"即面向世界科技前沿、面向国家重大需求、面向国民经济主战场和"四个率先"即率先实现科学技术跨越发展，率先建成国家创新人才高地，率先建成国家高水平科技智库，率先建设国际一流科研机构为办院新方针。可以说，中科院新方针及其实施，是对创新驱动发展战略的积极响应，丝绸之路经济带建设为中国科学院践行"率先行动"计划，提供了一个很好的契机和实施的载体[①]。

  另一方面，在"一带一路"的大背景下，与其他国家的交流合作，可以更好地激发创新热情，带动创新驱动的发展。"一带一路"本身就是一种战略层面的创新。在新时期我们的对外开放是双向的。以前我们只向发达国家开放，引资、引智、引技术，而在"一带一路"建设过程中，我们应该两只眼睛看世界，既要向发达国家开放，实施"引进来"，也要向发展中国家开放，实施"走出去"。在此过程中，发挥各自的竞争优势，八仙过海、各显神通。在"一带一路"建设的过程中，地理位置固然重要，但自身的创造力和创新能力才是赢得竞争优

[①] 杨星科. 为"一带一路"建设提供科技支撑和创新驱动. [2016-08-15]. http://www.sxdaily.com.cn/n/2015/0519/c266-5682880.html.

势的关键。因此，基于"一带一路"的平台优势，推动我国创新能力的提升显得至关重要。

相关链接

创新驱动是融入"一带一路"的新疆路径

"十三五"时期，新疆的风口就是创新驱动发展。7月30日—31日，2015新疆首届创业创新大会暨正和岛创新大集新疆站活动在乌鲁木齐环球国际大酒店举行。

我们都知道，社会发展是在不断创新驱动中实现的，历史进步也是在不断创新驱动中完成的。当前，随着世界多极化、经济全球化的深入发展，新兴市场国家合作蓬勃发展，和平、发展、合作的时代潮流更加强劲。

新疆作为中国向西开放的重要省区、丝绸之路经济带的核心区，正紧紧抓住国家"一带一路"建设重大历史机遇，扎实推进丝绸之路经济带核心区建设，同样面临着机遇与挑战并存的外部环境，必须积极顺应新形势，进一步凝聚创新驱动、转型发展的共识，紧紧抓住战略发展机遇期，争取在世界经济发展的激烈竞争中占据更加有利的位置，赢得更多的主动权，在推动经济发展过程中，牢牢把握和驾驭世界潮流和趋势，为其发展注入强劲动力和活力。

也就是说，要实现质量更优、效率更高的发展，创新驱动，是新疆现阶段发展机遇期的最重要引擎之一。虽然今日之新疆科技创新有了良好的基础，但与发达省份相比，科技创新的差距和不足仍然比较明显，尤其是科技成果转化能力不强。习近平总书记明确指出："创新不是发表论文、申请到专利就大功告成了，必须落到创造新的增长点上，把成果变成实实在在的产业活动。"这意味着新疆的创新驱动，必须加快推动科技成果转化特别是在疆内转化，形成新的增长动力，以新的发展引擎带动新的经济增长，推动经济社会持续健康发展，为未来发展积蓄强劲而持久的动能，使新疆有足够的实力和能力全面融入、主动对接"一带一路"建设，与周边国家共建亚欧腹地命运共同体，实现区域繁荣、发展、稳定的美好梦想。

也正因如此，新疆维吾尔自治区副主席吉尔拉·衣沙木丁在活动上致辞表示，随着国家"一带一路"的加快推进，新疆作为古丝绸之路要道，将焕发新时期的勃勃生机。"十三五"时期，新疆将大力实施创新驱动发展战略，推进以科技创新为核心的全面创新，努力营造大众创业、万众创新的政策环境和制度环境，激发各族群众创造活力，打造经济发展新引擎，加快创新型新疆建设。

在笔者看来，古今中外的发展规律早已表明，重大机遇往往是一个地区发展的重要"分化期"。机遇抓得好，就可能抢得先机、赢取主动；机会抓不住，就可能步步被动、淘汰出局。处于这种态势之下，简单模仿，走别人走过的路，行不通；因循守旧、墨守成规走自己走过的路，行不通；急功近利走重速度规模、轻质量效益的路，行不通。

新疆要借着"一带一路"的"东风"，全面融入、主动对接，必须打破路径依赖，探索走出一条超越发展的"最优路径"，这条"最优路径"就是创新驱动。在全面进入战略转型发展新阶段、精心打造丝绸之路经济带核心区的关键时期，新疆只有牢牢抓住"创新驱动"这个助推器，不动摇、不等待、不观望、不懈怠，才能以更加宽松、自由、开放、包容的创新环境及体制机制，凝聚创新力量，激发创新活力，履行创新使命，从而奠定新疆在"一带一路"建设中的优势地位，在汹涌澎湃的全球化创新浪潮中立于不败之地。

（资料来源：http://www.xjpeace.cn/cj/fzsp_491/201508/t20150806_808632.htm）

第三节　创新驱动发展战略的意义

从全球经济发展上看，创新驱动发展战略是市场环境变化下的产物，也是产业变革和新技术革命的必由之路。它将会有效地推动世界各国科技与经济的复苏与振兴，使其实现健康快速发展。科技创新与产业变革的深度融合已成为当今世界的未来发展趋势。创新发展成为全球各发达国家和地区的国家发展战略，将促使各国在国际科技竞争、经济竞争中加强合作，取得创新，实现全人类的共同进步与发展。

回首过去，我国一直依赖于以廉价劳动力与充足自然资源的生存优势来增加国民财富。但这种依靠人口与加工密集型产业优势促进经济发展的传统发展模式已经不能满足现阶段我国国情和生产力发展水平以及人民日益增长的需求，我们应该做的就是洞察国际形势，紧跟时代的步伐，以发展科技为基本要求，通过对科技体制改革的不断创新，加快转变国内经济发展模式，及时地提出要以科技创新促进经济发展的新要求，这就是所谓的创新驱动。创新驱动发展战略应运而生，它是目前为止最符合我国社会经济发展的战略，是我国在新经济时代与经济全球化的今天做出的正确选择，它对于我国进一步在国际上树立大国地位，增强与其他国家的交流与合作，对于形成我国国际竞争新优势、推动物质文明的进步、鼓舞民族的自信心，从而进一步推动经济发展具有深远的战略意义。

一、适应经济新常态

2014年5月，习近平总书记在考察河南的行程中第一次提及"新常态"。当时，他说："中国发展仍处于重要战略机遇期，我们要增强信心，从当前中国经济发展的阶段性特征出发，适应新常态，保持战略上的平常心态。"①现阶段的中国发展处于重要的战略机遇期,在经济、政治、社会建设方面均出现"新常态"。但"新常态"主要出现在经济领域。经济方面的新常态主要特征可总结为"中高速、优结构、新动力、多挑战"。自从2012年,我国GDP增速开始回落,2012—2014连续三年的GDP上半年增速分别为7.7%、7.7%、7.4%,告别了过去三十多年来年均10%的高速增长,转为中高速增长的"新常态";国内经济正在由现今的投资出口型向消费主导型转变,由工业大国向服务业大国转变。产业结构的转型升级,必将导致产业结构从失衡到优化的调整再平衡;经济发展的驱动力由过去的要素驱动发展转化为创新驱动发展;各国之间根本利益的不同导致的国内外市场环境的变化对我国而言是一个重大挑战。

  创新驱动发展战略成为经济"新常态"下的发展引擎,有助于我国更好地适应"新常态"。根据国家统计局公布的2016年上半年国民经济运行主要指标数据,国内生产总值的增速保持在6.7%,其他各项指标也在预期之内,国家统计局评价为"总体平稳,稳中有进"。"稳"是指运行态势比较稳,主要体现在四个方面,第一是经济增长稳,其主要指标是国内生产总值GDP的增速处在合理水平,在预期的6.5%~6.7%,与上半年美国经济增长略高于2%、欧盟不到2%、日本刚摆脱零增长,金砖五国中的俄罗斯、巴西、南非的负增长相比,我国的经济增长速度在整个世界经济发展当中增长较快。第二是就业形势稳,从31个大城市城镇调查失业率数据来看,一月到六月的调查均低于去年同期,上半年实现城镇就业717万人,用全年的50%实现全年计划的71.7%。第三是市场价格稳,上半年居民消费价格指数仅仅上涨2.1%,全年物价保持一个基本稳定的局面。第四是收入和消费增长稳,全国人均可支配收入实际增长速度同比增长6.5%,而且城乡居民收入进一步缩小,可促使居民消费,拉动国家内需。"进"的方面是指供给

---

① 当习近平谈论"新常态"时,他在说什么?[2016-08-16]. http://news.ifeng.com/a/20150811/444033480.shtml.

侧结构性改革和转型升级稳步推进。同样表现在产业结构、需求结构、区域协调发展以及五大重点任务落实等四个方面。我们的这种变化是建立在创新与改革的基础之上,"进中有新",比如,新主题、新成果快速增加,新产业、新业态方兴未艾,新产品、新技术迅速发展,新服务、新模式不断涌现。同时,"进上有好",比如,节能降耗成效明显,工业领域通缩压力得到明显缓解,且盈利状况得到改善,民生事业持续发展。然而,长期存在的结构性矛盾和周期性问题依然存在,"稳进新好"代表的上行动力和隐忧困难的下行压力依然焦灼。经济下行导致财政收支的矛盾在加大,金融的风险虽总体可控,但还是有些上升。供给侧改革初见成效,但距离完成的任务依旧艰巨,还需进一步加大工作力度。

可以看到,新常态下经济的增长,将主要依靠人才的培养与科技的进步。创新驱动发展战略的提出及实施,对我国经济增长质量和效益的全面提升以及适应经济新常态意义重大。科技创新所具有的乘数效应,是其他任何方式都替代不了的,它不仅可以把科技成果直接转化为生产力,而且还可以加速转化过程,通过科技对生产力的渗透作用,放大各生产要素的生产力,进而使社会生产力总水平得到提高。

二、提升国际竞争力

目前,全球各个国家之间的竞争关系越来越明显,竞争态势越来越激烈,包括科技的竞争、资源的竞争、领土的竞争、经济的竞争等。其中最重要的就是科技的竞争。中国要想在这场没有硝烟的战争中站稳脚跟,应对国际社会的变化和挑战,就必须建设成为创新型国家,这也是国务院、党中央做出的重大决策。建设创新型国家、提升国际竞争力就必须实施创新驱动发展战略。

世界范围内,包括美国、日本等在内的创新型国家大约有20个。这些国家具备四大共同特征:一是创新综合指数高,科技进步对经济贡献率高于70%；二是研发投入高，创新型国家对科技创新的投入成本占本国GDP的比例一般高于2%；三是对外依存度低，该指标一般低于30%；四是创新型国家获得的三方专利占世界数量的绝大多数。在此基础上，美国、日本等创新型国家依然将创新战略部署放在经济发展的首位。例如，美国在2015年出台《美国创新战略》，从国家发展战略及路径上强调创新的重要性；欧盟出台《2020战略》，旨在促进欧盟更具国际竞争力。尽管改革开放以来，我国的科技发展取得了长足的进步，但与发达国家相比，仍存在较大的差距。我国科技进步对经济的贡献率为39%，对外依存度高于40%，研发投资经费虽在逐年增长，但2014年仅占GDP的2.1%。此外，我国人口优势明显，研究与开发人员的绝对数量很多，但高素质人才占全社会的比重仍旧较低。农业与农村经济科技水平低，工业企业自主研发能力不强，高新技术产业所占比例不高，高科技领域对外依赖度过高等问题均不利于创新型国家的建设。

从国家层面来看，我国只有通过实施创新驱动发展战略，不断提升综合国力，才能在国际竞争中抢占先机，争得一席之地。

三、实现"中国梦"的恒久之源

中共十八大召开以来，习近平总书记于2012年11月正式提出"中国梦"这一重要指导思想和执政理念。习总书记把"中国梦"诠释为"实现中华民族伟大复兴就是中华民族近代以来最伟大梦想"，并且满怀信心地表示这个梦"一定能实现"。"中国梦"的具体表现是国家富强、民族振兴、人民幸福，通过政治建设、经济建设、文化建设、社会建设、生态文明建设五位一体的实施手段，最终实现中华民族的伟大复兴。我国现已进入一个存在更多机遇同时更具挑战性的发展阶段，在不断前进的过程中，无疑会遇到许多困难，然而最害怕的就是安于现状、不思进取的暮气。中华民族伟大复兴中国梦的提出，成为了新一轮的发展指针,向全国人民指明了奋斗目标。它关乎着中华民族与中国人民的根本利益,是每一位中华儿女的共同期盼。

在实现中国梦的进程中,既需要硬实力,也需要软实力。增强硬实力需要经济的发展与科技的支撑,大幅度提高自主创新能力是关键。全面增强创新驱动发展新动力,具有重要的战略意义。李克强总理曾说,创新是人类活力的源泉。通过实施创新驱动发展战略,可以促进经济发展方式的转型,实现经济的腾飞、人民生活的改善、生产力的提高、社会的进步,从而进一步提升综合国力,为实现中国梦夯实基础。这就要求我们在尊重客观规律的基础之上,永葆积极向上的心态,借助创新的力量推动科技登上新台阶,为中国梦的实现提供源源不断的动力。

相关链接

创新驱动发展战略:中国经济持续发展的"金钥匙"

3月11日,中国公司大疆创新在其位于韩国首尔的首家海外旗舰店举行媒体开放日。图为大疆创新的工作人员在旗舰店内向韩国记者展示最新产品"精灵4"无人机。

新华社记者　姚琪琳摄

创新驱动
内外市场互动的创新机制与模式

从推动各行各业创新,到创新驱动发展逐步成为中国的国家核心战略,中国的创新水平不断提高,成绩斐然。"创新"一词,61次出现在今年的政府工作报告中。中国的创新之路越走越宽阔,步伐越走越坚定。

国外专家学者在接受本报记者采访时表示,在"十三五"规划纲要草案和政府工作报告中,中国更加强调深入实施创新驱动发展战略,以创新助力经济发展,这是促进可持续发展、推动中国对世界经济作出新贡献的金钥匙。

稳步迈向创新型国家

强化创新引领作用,为发展注入强大动力。创新是引领发展的第一动力,必须摆在国家发展全局的核心位置。今年的政府工作报告指出,到2020年,力争在基础研究、应用研究和战略前沿领域取得重大突破,迈进创新型国家和人才强国行列。

日本富士通总研首席研究员金坚敏表示,今年的中国政府工作报告强调"创新是引领发展的第一动力"。近5年,中国研发投入年平均增长15.1%,研发投入金额仅次于美国,居世界第二;每万人口国内发明专利拥有量从2010年的1.7件增加到2015年的6.3件;专利申请一跃成为世界第一。从企业层面看,2015年中国研发投入的77%来自企业;每亿元主营业务收入有效发明专利数从2008年的0.13件上升到2013年的0.36件;技术合同成交金额也从2010年的3906亿元人民币增加到2015年的9835亿元人民币。

"中国的专利申请数量增长令人印象深刻,反映出中国创新的活力和开拓海外市场的发展需求。特别是在数字通信领域,中国企业的表现抢眼。"欧洲专利局局长巴努瓦·巴迪斯戴利表示,2015年,中国向欧洲专利局共递交5721项专利申请,较2014年增长了22.2%,再次成为欧洲年度专利申请增幅第一的国家,"中国在知识产权创新上的强劲增长,已成为欧洲专利发展的主要驱动力量之一"。

世界知识产权组织高级经济专家萨沙·文施文森女士表示,总的来说，中国在创新领域的进步之快令人印象深刻。中国政府正在努力将这些强劲的创新应用到更广阔的社会和经济发展中去。新政策更注重发明专利的商业化，鼓励本土品牌和商标的发展，更鼓励本国的创意产业发展，这些举措都将进一步增强中国的创新能力。

新加坡南洋理工大学拉惹勒南国际关系学院高级研究员胡逸山表示："创新是中国经济发展不可或缺的重要环节。中国经济现在处于新常态，正朝着改善质量的方向发展，而创新恰恰就是改善经济质量的一个重要途径。利用好创新的引领作用，可以推动中国经济加速发展。"

"双创"催生更多活力

"十三五"规划纲要草案指出，把发展基点放在创新上，以科技创新为核心，以人才发展为支撑，推动科技创新与大众创业万众创新有机结合，塑造更多依靠创新驱动、更多发挥先发优势的引领型发展。

金坚敏指出，中国创新产出与投入之间存在"鸿沟"，也就是说"创新效率"有待提高。创新中间产出的论文、专利大幅增加，但通过企业中介产生的最终经济成果——附加价值没有成比例上升。中国政府已经认识到科技与经济"两张皮"的问题，并出台多项政策，致力于两者的深度融合。今年2月又出台了促进科技成果进一步转化的新规。创新要解决从量到质、从专利到市场的转变，企业经营者转变思维及提高创新成果应用能力是关键。

韩国国立外交院教授金汉权表示，此次两会，中国提出创新驱动发展战略，包括政府建设、科技先导、体制机制上突破，人才汇聚，营造宽容失败的氛围，弘扬创新文化等，打出组合拳。中国政府主导下的创新驱动发展战略具有长期可持续性和战略眼光。他说，大众创业、万众创新再度被写入中国政府工作报告，"十三五"规划纲要草案也将其纳入创新驱动发展战略。中国政府通过"双创"减少青年失业率，政府工作报告中又提出推动科技创新与"双创"有机结合，推进充满活力的创业和产业活动，这具有深远意义。此外，考虑到中国的产业发展阶段和老龄化问题加剧造成的人口结构变化，"双创"的提出和落实恰合时宜。

德国联邦外贸与投资署中国专家克里斯蒂娜·奥特表示，中国政府非常重视创新驱动。劳动密集型产业只有在生产力显著提高且增幅大于工资增幅时，才能体现出其优势。因此，生产日益自动化，投资也更集中于装备更有效能的新设施。同时，中国政府也制定了雄心勃勃的创新目标。研发、产业界和政府之间更有效的联系，将让中国经济长期受益。

共享持续发展红利

习近平总书记3月5日在参加上海代表团审议时指出，要抓住时机，瞄准世界科技前沿，全面提升自主创新能力，力争在基础科技领域作出大的创新，在关键核心技术领域取得大的突破。

克里斯蒂娜·奥特表示，中国企业越来越重视创新，世界知识产权组织发布的2014年国际专利申请件数统计数据显示，国际专利申请数量前20名中有3家中国企业——华为、中兴和腾讯，而德国公司只有两家。"制造业方面的创新驱动有助于中国开展更多国际合作，例如与德国在信息技术产业、清洁能源产业方面的合作，可以携手共进、一同树立新的标准。"

文施文森认为，中国政府对创新的支持值得肯定，中国近年来决定从注重创新引进和产出的数量到注重创新引进和产出的质量的转变令人鼓舞。创新是中国政府的一项长期战略，它很清晰地体现在政府政策框架和具体行动之中。她表示，研发和创新能力不是一蹴而成的。中国长期坚持创新战略显然认识到了这一点，许多其他中等收入国家可以从中国的政策经验中学习到许多。

金汉权表示，包括韩国在内的许多国家都真心希望中国创新驱动发展战略取得成功，共享中国经济持续发展的红利。

（资料来源：http://finance.huanqiu.com/roll/2016-03/8700318.html）

第三章 "一带一路"主要辐射国家创新驱动发展现状

2015年3月,《推动共建丝绸之路经济带和21世纪海上丝绸之路的愿景与行动》提出了"一带一路"国家合作的主要内容,包括政策沟通、设施联通、贸易畅通、资金融通、民心相通在内的"五通",将成为未来沿线国家间合作的重点领域。"一带一路"贯穿亚欧非大陆,一头是活跃的东亚经济圈,一头是发达的欧洲经济圈,中间广大腹地国家经济发展潜力巨大。丝绸之路经济带重点畅通中国经中亚、俄罗斯至欧洲(波罗的海);中国经中亚、西亚至波斯湾、地中海;中国至东南亚、南亚、印度洋[1]。21世纪海上丝绸之路重点方向是从中国沿海港口过南海到印度洋,延伸至欧洲;从中国沿海港口过南海到南太平洋。

在一项横跨整个亚欧大陆的规划中,怎么可能忽视俄罗斯这个地区最大的国家?苏联时期以来,我国与其就有着千丝万缕的交流与联系。对俄罗斯创新驱动发展的研究,有利于我国从其之前的创新战略的失败中吸取教训,以及从其目前日益强大的创新能力中获取成功的经验。可能成为中国新丝绸之路最大合作伙伴的"邻居"印度,与中国一样都是古代丝绸之路上最大的贸易市场之一,现在也都是金砖国家、新兴经济体。近年来,印度的创新发展世界瞩目,甚至被誉为"软

---

[1] 丝绸之路经济带三条重点线路. [2016-08-16]. http://www.shangxueba.com/ask/Askinfo.aspx?id=9104963.

件超级大国"。而新加坡在 2016 年全球创新指数排行榜中，位居全球第 6（而中国首次跻身 25 强），称冠亚洲。骄人成绩的取得除了靠商业环境成熟，注重知识产权的优势外，新加坡政府对创新的重视和高瞻远瞩也是功不可没。在众多"一带一路"的主要辐射国家中，对这三个国家进行创新驱动发展研究，对我国的创新发展具有重要意义。

第一节 俄罗斯

20 世纪 30 年代，苏联的经济达到了最辉煌的时期。在计划经济体制下，苏联能够迅速集结全国资源投入到科学研究项目中，有效促进了科技创新的发展，使苏联一度成为世界科技领先国家。但这些科技创新大部分用于国防军事领域，对国家社会经济发展的促进作用微乎其微。在勃列日涅夫时期，苏联经历了长达 18 年的经济发展停滞期。到了 1989 年，苏联经济甚至出现负增长，为 -6.1%。随着戈尔巴乔夫的民主化改革加速了苏联的分化，苏联已经名存实亡。于是在 1991 年，苏联解体，俄罗斯联邦独立。此时的俄罗斯经济已经被物资短缺、通货膨胀折磨得奄奄一息。1992 年，俄政府决心一改之前"小打小闹"的改革风格，期望通过"大刀阔斧"的深刻变革重振大国雄风。于是，在年仅 35 岁的经济学家盖达尔的主导下，"休克疗法"在俄罗斯联邦全面展开[①]。"休克疗法"在迅速带领俄罗斯走向资本主义的同时，却导致俄罗斯经济和社会一度陷入灾难性的境地。截至 1996 年，俄罗斯国内生产总值几乎下降了 50%，近一半的人民陷入贫困。1998 年的俄罗斯金融危机标志着"休克疗法"的彻底失败。俄政府这才认识到由计划经济体制向市场经济体制的转型不可一蹴而就。普京上台后，对

---

① 谭武军."数字化俄罗斯"雏形初现. [2010-08-09]. http://www.ce.cn/cys.

俄罗斯1990年代的经济制度做出调整和完善，并制定了"普京计划"。在普京入驻克林姆林宫期间，俄罗斯经济和社会发展取得了惊人的成就。根据俄政府的2020年发展战略，俄罗斯在未来将更注重创新驱动作用，使俄罗斯的社会经济发展转向创新发展的轨道。

一、俄罗斯创新驱动发展相关政策

苏联时期的计划经济体制虽然能够对科技创新发展起到一定的正向促进作用，但这种自上而下的垂直管理模式却也阻碍了科技创新的正常发展。因为，在此情况下，主管部门都是以完成计划的状况作为评价科研机构与创新企业绩效的标准，并以此进行奖赏和处罚的，这不利于激励科研机构与创新企业主动进行科技创新。而且，当时的苏联正大力发展军事工业及相关产业，近80%的科研经费都用于军事，严重限制了国家对民用科技创新的投入，严重制约创新发展。在科研教育方面，考虑到十月革命胜利之初的一大部分科研骨干对苏维埃政权的态度，苏政府将科研院所与大学分离，从而避免这些科研人员对学生造成不良影响。由于具有快速集结资源解决紧急科技问题的优势，这种科研与教学分离的状态在短期内似乎取得了一定的成果。但1930年后，苏联教育与科研分离的程度已远远高于发达国家水平，且不断渐行渐远，直到苏联解体时期，这种状况都未能缓和。

随着经济全球化和俄罗斯经济体制改革，俄政府开始清醒地意识到俄罗斯经济的原料出口模式已达到增长极限，而创新才是驱动社会经济发展的关键。同时，俄罗斯开始重视创新与经济、教育等领域的融合，并制定了一系列的相关政策法规。

从1992年开始，为了依托科技创新摆脱国家贫穷落后的现状，俄政府颁布了一系列促进科技创新的法令，如《俄联邦保护和发展科技潜力紧急措施》《对俄罗斯科学家给予物质支持的措施》《国家支持科学发展和科技开发》等。1995年，俄政府颁布《关于组建科研生产中心的决策》，以大力促进俄罗斯的科技创新。次年发布《俄罗斯科学发展方略》，以及《关于国家支持高等教育与基础科学一体化计划》，提出"科教一体化"的思想。随后，俄政府颁布了自俄罗斯联邦独立以后的首部科技法——《科学与国家科技政策联邦法》，《1997—2000年国家支持高等教育与科学一体化纲要》，提出"提升科技创新对经济增长的贡献"，并强化了"科教一体化"。1998年，俄政府制定了《俄罗斯1998—2000年科学改革构想》《关于将科技活动成果和科技领域知识产权项目引入经济活动中的国家政策命令》，确立了科技创新在社会经济发展中的重要杠杆作用。2000年，为了将科技创新成果有效运用到国家工业发展之中，俄政府将其科技主管部门"俄罗斯联邦科技部"直接更名为"俄罗斯联邦工业科技部"。2001年，俄政府又颁布了《俄罗斯2002—2006年科教一体化纲要》，旨在促进创新型人才的教育和培养。同年，《俄联邦2010年前国防工业体发展的政策基础》《2001—2006年俄联邦国防工业体改革和发展专项纲要》的颁布表明了俄政府军、民科技创新并重的立场。2002年，普京批准了《2002—2005年俄罗斯联邦国家创新政策构想》和《俄罗斯2010年前及未来科技发展的政策基础》，文件明确指出国家的创新政策主要是创新驱动产业发展，并提出构建国家创新系统，大力发挥科技创新对社会经济发展的驱动作用。2004年，俄政府又将"俄罗斯工业科技部"撤并为"俄罗斯教育科技部"，可见俄罗斯早已开始努力将科技创新发展与教育相结合。在2005年，俄政府发布了《俄罗斯联邦2010年前发展国家创新系统政策基本方向》，从而指导建设国家创新系统，并提出要加强科学、生产、教育的积极互动，开展高新技术的研究，努力将创新的成果商品化，从而增强俄罗斯的综合实力与竞争力。之后，2006年俄政府又发布了由俄罗斯科学院制定的《2015年前俄罗斯联邦科学与创新发展战略》。该战略提出要同时提高创新的积极性和科研成果的利用率，并明确具体规划：2011年实施技术创新的企业数量达到15%，2016年达到20%；增加工业品中创新产品所占比重，2011年要占15%，2016年要占18%；2011年工业品出口中创新产品比重要达

12%，2016 年要占 15%。2008 年，俄联邦政府通过《2009—2013 年创新俄罗斯的科研与科学教育人才联邦专项规划》。2009 年，为推动科研院所和高校开发的大量科技创新成果产业化，俄总统签署了《关于修改有关国家拨款科研和教育机构成立科研成果产业化实体问题的相关法令》。2010 年，俄罗斯联邦经济发展部公布了创新发展战略草案。2011 年，俄政府出台了新版本的《俄联邦 2020 年前创新发展战略》，该文件提出要不断完善国家创新体系，加大对创新事业的投入，并为俄罗斯详细制定了 2020 年经济发展的具体路径、实施方案、期望目标等。

由此可见，通过一系列政策的制定实施和机制的调整、完善，以及对创新驱动发展战略的构想，俄罗斯已初步建立起国家创新体系。从创新驱动国家发展的效果来看，俄罗斯已取得了一定的成就。比如，俄罗斯已然建立了一整套科研创新的体系，包括俄罗斯风险投资公司、俄罗斯技术发展基金和斯科尔科沃基金等，旨在为创新项目吸引各种资金，确保整个创新投资链条的连续性；俄政府还利用税收优惠政策等手段为实施创新的企业注入动力。但在一些方面，俄罗斯也仍然存在很多问题。例如，俄罗斯的创新成果商业化能力不强的问题仍然很严峻；其关于知识产权的审查、保护的相关法律法规尚不健全。

二、俄罗斯创新驱动发展机制

苏联时期，自上而下的体制、充足的国家资金支持、大量的优秀科研学者都在很大程度上保障了其创新事业的蓬勃发展。然而时移势迁，这样的体制所带来的问题也逐渐暴露出来。比如，创新（尤其是科技创新）与教育、经济等其他领域完全隔离；创新事业的资源配置严重不均；创新成果大部分被封锁于军工领域，得不到广泛运用等。

随着俄罗斯采取一系列政策对创新研发组织进行改革，俄罗斯打破了国家计划对社会资源配置的垄断，使其国家的创新机制有了重大的改变。市场竞争机制被引入到创新战略之中，并成为创新战略得以实现的重要条件。俄罗斯首先逐渐转变创新活动的驱动机制，即由原来的国家行政引导逐渐转变为市场机制驱动；在对创新活动的资助分配问题中也引入了竞争机制；完善专利制度以促进创新成果的商品化；加强企业、高校以及政府之间的联系与合作。简言之，就是俄罗斯越来越重视市场驱动力对国家创新战略的作用。

然而，由于受到众多因素的影响（如俄罗斯转轨后的经济性质等），俄罗斯的创新运行机制实际上还是以政府调控为主导。俄罗斯在完善多元融资机制，政府财政政策，立法保护、创新机构项目以及人才队伍建设在内的科技创新运行机制，都体现了俄罗斯政府在科技创新中的主导作用。在政府的宏观调控之下，俄罗斯形成了多元的创新项目融资机制，并相应地完善了创新优惠机制（涉及政府采购、税收、补贴等），加强了有利于创新成功的知识产权保护机制等。

（一）融资机制

显而易见，资金支持对于促进国家创新发展而言具有举足轻重的作用。因此，为了实现创新驱动发展战略，俄罗斯为本国的创新研发提供了以政府预算拨款为主的包括多种资金渠道的融资机制。一方面，政府主导的融资机制具有有效引导国家创新发展方向的优势；另一方面，这种机制也易导致企业逐渐失去投入创新研发的动力。然而，目前俄罗斯政府仍然需要加大对创新研发的投入。

1. 政府资助

近年来，俄罗斯政府对创新研发的财政支持逐年增长。俄政府设立的创新相关资助基金的种类很多，包括促进科技创新发展的基础科学基金（RFFR）、人文社科基金（RHSF）等；专门激励科技型小企业创新发展的基金等；专门资助促进经济社会发展的高新技术项目的联邦生产创新基金等。

除了对创新研发进行直接财政拨款以外，俄罗斯政府还引入了竞争性的基金资助机制，且这部分竞争性的融资比例将逐年增加。因为，竞争机制能够促使国家选择更好的创新研发项目进行投资，并以相对公平、透明的手段来促进国家的创新发展。但俄政府对创新研发的实际资助是有限的，如每年仅资助400家创新型中小企业，资助金额约为18亿卢布。因此，俄政府对创新驱动发展战略的经济支持难以在短时间内产生较大的创新效应。

2. 国内风险投资基金资助

虽然政府直接对创新项目进行投资分配在一定程度上对国家的创新发展战略有很大的促进作用，但政府直接的投资分配却因为容易受到政治动机的影响而存在效率低的问题。根据对国外先进经验的分析可知，风险投资基金比政府直接的投资分配更能促使国家的创新事业发展。

早在1990年，俄罗斯就已经出现了促进企业创新的风险投资基金。俄政府还分别于1999年和2002年制定了《科技领域风险投资的主要发展方向》和《风险投资企业发展构想》，将风险投资基金引入创新研发的融资机制当中。然而实际上，从投资的企业发展状况来看，风投的对象多数是已经发展得很成熟的企业，而少有才起步的中小企业；从投资的行业来看，主要的投资都用于金融、原材料出口等行业，而少有支持中小企业的创新研发，且这些投资的主要来源是外资。为了改变这一现状，俄罗斯政府于2006年后划拨了150亿卢布（约5亿美元）正式组建国家风险投资基金，主要用于投资中小企业的创新研发和高新技术项目等非政府投资基金所不愿涉及的领域。

然而，由于俄罗斯创新研发的风投市场还不成熟，股市的发展还不完善，这导致风险投资企业对创新融资产生的效果并不明显。俄罗斯政府所创立的风险投资基金主要是直接投资基金，很少在企业首次公开募股（IPO）上进行投资。出现这种情况的原因主要有两个，一是许多俄罗斯企业本身缺乏对风险投资的了解，而降低了对风险投资的整体需求；二是一般来说，企业的管理者都不愿意失去对企业的控制权，因而也阻碍了企业对风险投资的使用。另外，高额的资金提供税和管理服务税等因素都是阻碍俄罗斯风险投资发展的重要原因。

3. 国外基金资助

俄罗斯政府为弥补国内创新研发资金不足的问题，逐步开始引入国外相关基金的资助，如福特基金、斯宾塞基金、欧亚基金等。这些基金一般在俄罗斯设有机构，并每年对俄罗斯国内的创新研发活动投入大量资金。2004年，整合了俄罗斯王朝资金、欧洲马达基亚加基金等多种国内外资本的新欧亚基金成立，旨在大力支持俄罗斯的创新项目。一方面，国外资金的资助在一定程度上缓解了俄罗斯政府支持本国创新研发的经济压力，也有利于减小俄罗斯国内的政治经济环境变化对其创新发展的影响，从而促进俄罗斯创新发展的稳步前进。但另一方面，这些国外资本背后的一些其他因素（如政治动机等）也将对俄罗斯本国创新研发的发展方向产生一定影响，甚至可能影响到俄罗斯整个国家的社会经济发展。

（二）政府采购、税收、补贴机制

1. 政府采购机制

市场需求是企业实行创新发展的动力。因此，政府对创新产品的大量采购能够扩大创新产品的市场，降低其市场风险，对企业的创新研发具有促进作用。例如，俄政府每年对国防军工品进行大量采购，有的采购任务甚至几年前就对外发布，极大地增强了军工企业的生产和发展动力。

俄政府分别于2002年和2005年发布了《俄罗斯联邦科技投资政

策的基本方向》和《关于商品交付、工程实施、公共和市政需求公共服务的命令安排》，两个法令都在法律上鼓励政府机构对企业的创新产品进行采购，并针对采购行为制定了相关规定。2010年，俄政府又颁布了《关于为国家和市政需要提供商品、完成工作、提供服务的订购分配联邦采购法修正案》，该法案降低了中小企业参加政府采购招标的保证金额度，旨在促进中小企业开展创新研发活动。然而，俄罗斯的政府采购模式是以自主创新产品认定为基础，即仅仅针对《创新产品目录》中市场上现有的创新产品实行相关的优惠政策。不难理解，这种政府采购模式未能在源头处对创新研发进行激励，导致其对企业创新研发的拉动作用较为有限。

2. 税收机制

优惠的税收政策同样是有效激励企业自主创新的国家财政手段，对企业创新产品的研发与推广都有一定的促进作用。为此，俄罗斯政府也不遗余力地制定了多种鼓励创新研发的税收优惠政策。从1998年通过的《1998—2000年俄罗斯科学改革构想》到2007年的《关于民法第2部分为资助创新活动创建有利的税收条件的修正案》，再到2011年发布的《2011年和2012—2013年税收政策基本方向草案》都对从事创新研发的企业实行降低税收等一系列的优惠政策，甚至对斯科尔科沃中心实行专门的税收制度。

相关链接

探访俄罗斯"硅谷"斯科尔科沃创新中心

新华网莫斯科2015年2月28日电（记者 张继业）位于俄罗斯首都莫斯科市郊的斯科尔科沃创新中心被称为俄罗斯"硅谷"，是俄政府2010年确定的俄国家级高新技术孕育基地。日前，新华社记者探访了仍在建设中的该中心。

内外市场互动的创新机制与模式

当记者一行驱车来到斯科尔科沃创新中心时，映入眼帘的是一片热火朝天的工程建设景象，迎接记者的摆渡小巴依旧燃烧着化石燃料，还没有像项目设想的那样采用纯电动清洁能源。

负责接待媒体的泰西娅介绍，承担斯科尔科沃创新中心主要功能的建筑群到今年年底才能基本建设完成，到2020年斯科尔科沃创新生态城计划总建筑面积将达到250万平方米，为入驻科技园的企业提供实验室、工作和居住场所。

"除了没有瑞士大型强子对撞机那类的科研设施外，其余实验基本都可在斯科尔科沃完成，"她介绍，科技中心的一些建筑拥有特殊设计，比如为微电子实验设计了防震地基、绝大部分能源由太阳能提供等。

现在已经有一些企业进驻了创新中心。如丹麦大型跨国工业制造商丹佛斯公司已经入驻，还有飞机制造商波音公司、计算机芯片制造商英特尔公司等将分别于今明两年入驻。另外，这里还吸引了大量创业企业。

按计划，斯科尔科沃创新中心将打造集科学研究、技术实现、商业生产于一体的系统，其中最重要的三个组成元素为：斯科尔科沃大学及园内其他高等研究所、负责技术实现的小型创业企业，及将科技成果批量生产的大型跨国公司。

斯科尔科沃科学技术大学由美国麻省理工学院参与创立，将有15个研究中心，200余名教授和1 200名学生。该校有基础教育和进修教育两种培养模式，面向全世界招收学生。学生在这里学习期间有和入驻企业充分接触的机会。

对于企业，创新中心提供了一系列优惠政策。比如这里的企业为研究人员收入缴纳的税款最多不超过其工资的14%，而俄罗斯的平均水平可达30%。园区优先发展的项目将无偿获得土地使用权，园区内创新企业还将享受长期的税收和海关优惠政策。

这吸引了许多创新项目。斯科尔科沃创新中心投资基金董事伊诺泽姆采娃向记者介绍，去年创新中心开展"启动之旅"创新项目海选活动，在全世界27个城市吸引了数千名科研人员参赛。现在已经入驻园区的约60家创业企业拥有外国创始人。去年全年，该中心申请知识产权总计1 000余项。

在将科研技术转化成商业产品方面，斯科尔科沃创新中心基金会高级副总裁别洛夫认为，一个重要和有效的手段就是同大型企业、国家部委开展紧密合作。这不仅包括前面提到的一些进驻园区的国际大型企业，还有俄本国的石油、天然气、铁路等行业的大型公司，在政府部门牵线搭桥下，都已在为5至10个创业型企业入驻斯科尔科沃创新中心提供解决方案。

据介绍，斯科尔科沃创新中心同中国合作也十分频繁，它与中国同类园区如中关村、清华科技园等有科研生产方面的合作。该中心还参与了中俄两国交流的大项目。去年，中国陕西省政府与该中心等机构共同签署《关于合作开发建设中俄丝绸之路高科技产业园的合作备忘录》。该项目采取"一园两地"的建设方式，在中俄两国各建一个园区，通过"请进来、走出去"战略，促进中俄双方企业互到对方国家投资发展。

现在人们关心的一个问题是俄罗斯卢布贬值对园区有什么影响。别洛夫表示，从整体来看该中心各项建设没有因经济危机而放慢脚步，将有资金按照合同源源不断地注入，保障科研生产活动顺利开展。

（资料来源：http://news.xinhuanet.com/world/2015-03/01/c_1114476921.htm）

事实上，优惠的税收政策对实施创新研发的科研机构和企业而言具有重大的作用，其作用堪比国家直接拨付科研经费，极大地降低了科研机构和企业实施创新研发的经济压力。然而，俄罗斯政府的这些优惠的税收政策的主要对象是已形成规模的成熟企业，对于创新研发能力不强和正在进行创新研发的企业来说，优惠不足。同时，俄罗斯税收优惠政策具有明显的地域性差异，导致税收腐败，以及同行业企业的竞争缺乏公平性等问题。

3. 创新补贴机制

一直以来，俄罗斯政府对高校实验室的补贴力度巨大，旨在形成一种良好的创新环境，并借此吸引大量的国内外优秀的科研学者。俄罗斯政府还根据企业不同的发展阶段，对斯科尔科沃中心的企业也进行相应的财政补贴。与前文介绍到的政府的采购、税收优惠政策相似，政府补贴也为创新研发提供了经济上的助力，提高了创新研发人员的效率与激情。

（三）创新的法制保护机制

不用于一般的研发和生产活动，创新研发具有高风险性、知识密集性、公共产品性等特点，因此国家提供的法律保护（如知识产权保护等）对国家创新事业的发展来说至关重要。为此，俄罗斯正逐步强化知识产权保护等一系列相关法律法规，以努力培养出一批拥有创新优势的具有国际竞争力的本国企业，促进创新经济发展，进而从根本上改变俄罗斯的经济增长方式。近年来，俄罗斯大力完善调控创新研发的法律体系，一改市场化经济转型初期严重不足、缺乏对创新活动立法调控的局面，为创新活动创造了良好的法律环境。

知识产权的保护问题正逐步成为影响国家实现创新经济战略的最不稳定的因素。苏联时期，一切知识产权归国家所有，导致专利发明缺乏动力，发明专利也不能迅速转化为生产力，严重制约了创新研发活动的运行与发展。市场化经济转型以来，为弥补知识产权保护的相关法律法规的缺失，俄政府先后出台了《俄罗斯1998—2000年科学改革构想》《俄联邦商标法》《俄联邦专利法》《确保保护知识产权的措施》等一系列保护知识产权的法律法规和条例。尤其是2005年发布的《俄联邦2010年前创新体系政策发展基本方向》，着重强调了知识产权成果商业化的重要性；2005年通过的《关于科技成果支配权》法令赋予了科研机构和企业对科技成果更大的自主权。俄罗斯加强对知识产权的保护，不仅有利于将创新活动成果纳入到经济循环中，还能保护发明者的知识产权。

俄罗斯政府除了加强对知识产权的立法保护，在创新的其他方面也制定了相关的法律法规。1995年，俄罗斯总统叶利钦提出政府应从政策法律方面给予创新研发更多的经济支持，并专门成立"俄总统科技政策委员会"。俄政府于1996年发布的《俄罗斯科学发展方略》在总结借鉴西方国家科技发展的基础上，奠定了俄罗斯首部科技法《关于科学与国家科技政策联邦法》的理论基础。1999年，俄政府又颁布了《关于创新活动和国家创新政策法》。2001年，俄罗斯"总统科学与高技术顾问委员会"成立，该机构的职责是对科技领域的法律法规进行审查，并制定科技优先发展的方向。由此，既保证了政府对创新科技发展的引导，又为科技创新提供法制保证。2004年，俄罗斯成立教育科技部，该部门也需要为创新活动制定相关的法律法规。

由此可见，俄罗斯对创新活动进行立法保护的进步很大。诸多的法律法规的制定，从创新预算到机构组织，再到成果产业化等都为俄罗斯的创新活动提供了相应的法律依据，促进了法制化的进程。然而，这些法律法规的实际执行则是整个创新活动法制化的重点与难点。

（四）创新机构运作机制

根据俄罗斯原有的计划经济体制，创新研发的运作开始于政府对于研究项目的决策，然后由政府指定各研发机构进行创新研发，再由政府进行组织转化。因而，一段较长的时间里，俄罗斯的创新相关的服务机构项目发展几乎停滞不前。随着俄罗斯的市场化经济转型及创新相关政策的完善，科学城、企业孵化器等创新服务机构如雨后春笋般争相发展，为产学研有机融合提供了桥梁，极大地促进了俄罗斯创新经济的健康发展。

1. 科学城

"科学城"一词最早出现于 1991 年的城市问题研究中，是专门设置科学研究和高等教育机构的一种卫星城。俄罗斯的科学城历史可以追溯到 20 世纪 30 年代，当局为提高国防能力和国家竞争力决议建设一批大型科研生产联合体，旨在大力发展航空、航天、核武器等领域。自然而然地，以这些科研生产联合体为基础形成了城区规模的居民区，促进了大量人才和生产资源的聚集，为苏联快速工业化发挥了重要作用。

1995 年，第一个有关科学城地位的法律草案形成。1997 年，俄罗斯总统叶利钦签署了《关于科学城作为科学和高新技术城发展的措施》法令，对"科学城"做出了相应的法律解释，授权联邦政府研究国家扶持方式，并在奥布宁斯克市试点。1998 年通过的《俄罗斯联邦科学城地位法》以及 1999 年通过的《关于科学城资格认定和注册细则的决议》，都为科学城的健康发展提供了法律基础，基本完善了俄罗斯振兴科学城的立法工作。

俄罗斯最初创建科学城旨在解决与国防有关的具体课题，享受政府直接资助，但存在专业领域窄、与外界隔绝等特点。俄罗斯现在的科学城在经济和管理方面的情况发生了很大变化。但由于历史遗留问题的存在，俄罗斯科学城主要依赖政府优惠政策的扶植、国外资本的投资和地方的推动作用，与现代经济过程和生产需求相对脱节，缺乏自主创新机制。于是，相当数量的科学城已成为社会的负担。目前，俄罗斯实行科学城地位授予 5 年为期限的机制。一旦科学城的研究方向脱离国家优先领域清单，其科学城地位将被取消。

科学城为俄罗斯的科技创新发展获得一定的国际声誉做出了贡献，吸引了外国投资者，有助于创新企业融资。另外，科学城还可以成为科学、教育和产业发展自然融合的中心。例如，超过 70%的科学城有自己的高等教育机构，其研究是教育过程中一个自然组成部分。

同时，科学城在一定程度上稳定了科技队伍，有利于对科研人员进行教育培训，提高其科研水平，使俄罗斯多年积累的大量科研成果加速产业化运行，促进所在地科技与经济的有机结合，成为俄罗斯发展高新技术产业的创新基地。但是，科学城由于受到财力、人力、市场经济、行政环境等因素的制约，也影响到俄罗斯科技创新的发展。

2. 经济特区

2005年，俄政府颁布了《俄联邦经济特区法》，并组建了专门的俄联邦经济特区管理署为入驻企业提供一站式服务。为了推动能源经济向创新经济转变，高科技创新企业在这些由政府创建的经济特区里备受推崇，而房地产开发、矿产资源开采加工和木材加工等传统产业则被政府严令禁止。俄罗斯的经济特区在加速发展高新技术产业和加工工业的同时，也为吸引外资起到了重要作用。《俄联邦经济特区法》颁布当年，俄政府就收到43个城市和地区的72份参与提案，经过长达4个多月的层层筛选，圣彼得堡、托木斯克、鞑靼斯坦叶拉布加、杜布纳、泽廖诺格勒、利佩茨克6个城市成为首批经济特区。2006年的《俄联邦经济特区法》修正案在既有的技术推广型和工业生产型特区类型基础上，增设了旅游休闲型和港口物流型两种类型的经济特区。截至2013年，俄罗斯已建成27个经济特区。

俄罗斯经济特区内的企业享受着政府多种优惠制度。例如，经济特区内的企业免征5~10年的土地税和财产税，其进出口税的减免力度也很大，详见表3-1。经专家估计，这些税收优惠可为俄罗斯经济特区内的企业节约近30%的成本。除此之外，对于投资经济特区的企业，其税收优惠力度更强。俄政府为增强投资者的信心，甚至在《俄联邦经济特区法》中规定，在投资协议有效期内，不利于入驻企业的俄联邦及其地方法律法规的变更一律对其不适用。

表 3-1 俄罗斯经济特区与非特区区域内企业税收优惠政策对比

税种	经济特区的企业	俄境内其他的企业
利润税	15.5%～16%	20%
财产税	0%（5～10 年）	2.2%
土地税	0%（5～10 年）	1.5%
交通税	0%（5～10 年）	1 马力：10～150 卢布
保险费	14%（科技研发特区）	34%
外国商品进口	免缴海关税、增值税	缴纳海关税、增值税
俄国商品出口	缴纳海免缴海关税，退增值税	关税、增值税
一站式服务	提供海关、税务、移民注册等一站式服务	—

3. 科技园

科技园是集聚了大量高新技术企业的产业园区，其模式与发展因"国"而异，也因其主要功能不同而被称为科技孵化园、高新技术产业区等。例如，美国的加利福尼亚大学科技园（即"硅谷"）聚集了斯坦福大学、加州大学伯克利分校和加利福尼亚大学等美国一流大学，并以其良好的创新环境和周到的配套服务吸引了大量科技创新企业，甚至不乏惠普、英特尔、苹果、思科、英伟达、朗讯等大公司，形成了融科学、技术、生产为一体的美国的电子、计算机中心。

俄罗斯的科技园最早出现在 20 世纪 80 年代末的高校之中，但当时的人员经验、基础设施都较为薄弱，因此对创新的促进作用十分有限，缺少严格监管，出现了许多不规范的运行问题。自俄罗斯转轨以来，俄罗斯政府逐渐意识到创新企业的发展对高新技术产业和国家经济增长的重要性。于是，科技园在俄罗斯的莫斯科等诸多大城市中大力发展，旨在大力服务创新企业，促进创新成果的产业化（图 3-1）。1996 年，俄政府通过的《国家支持小企业经营活动纲要》以及科技园协会发布的《1997 年促进科技领域创新活动行动纲要》都对俄罗斯的创新活动加强了相关的调节及约束。科技园从一个创新想法、一项创新发明对创新企业进行培育,直至企业能应对各种市场挑战进入成熟期,提供了包含资金、场地、设备、市场开发、广告宣传等一系列扶持。这些创新企业独立之后,可以选择留在科技园,也可选择入驻技术创新中心。

图 3-1 莫斯科大学科技园

俄罗斯的这些科技园为科研人员提供了良好的工作和生活环境,为创新企业的发展提供了资金、服务等一系列便利。这不仅能为创新企业留住人才,还能充分调动科研人员创新研发的积极性,帮助创新企业快速成长并健康发展。长久以来,俄罗斯的科技园已经产生了较好的经济效益和社会效益,但是,科技园也面临着资金短缺、回报周期过长等不利于发展的因素。2016 年,俄罗斯总理梅德韦杰夫召开发展科技园工作会议,提出发展科技园不仅能够使俄罗斯发展非资源产业,而且也能给国家带来不少收入,这对目前俄罗斯的经济形势来说具有现实的意义。目前,俄罗斯共有 78 个科技平台,生产面积 700 万平方米,创造了 10 万个工作岗位;共有工业型科技园 18 个,容纳了 930 间高科技公司;计划 2020 年前增加 49 个工业园和 22 个工业科技园,这将新增加 7 万个工作岗位,工业增加值达 3 120 亿卢布,新增税收 400 亿卢布。

4. 设备共享中心

前文中也提到，虽然俄政府一直为俄罗斯的科研机构和创新企业扫平创新障碍，但仅凭政府的一方之力是远远不够的，这些实施创新活动的机构和企业仍然面临着缺乏采购资金的困难局面。尤其是缺乏采购新设备的资金，再加上花费在创新研发上的必须费用，导致许多中小型企业和科研机构都难以采购到大量的、价格高昂的研究设备。这种情况足以影响到俄罗斯创新研发的效率。

考虑到高质量的科研设备对创新企业与科研机构实施创新研发的重要性及必要性，俄政府创立了设备共用中心作为促进创新企业与科研机构发展的物质基础支持，也作为推动科学教育事业发展的支持。这些设备共享中心可以帮助那些没有能力购买昂贵科研设备的机构和企业，同时还为其免去了相应的维护费用。因此，俄罗斯的设备共享中心有效地解决了一些企业和机构的设备采购资金缺乏的问题。

（五）创新人才培养机制

经过苏联解体以及后来的俄罗斯激进的市场化，俄罗斯的社会经济与创新发展都遭受了严重的打击，由此导致了大量创新人才的流失，对俄罗斯创新研发活动的开展造成了很大的阻碍。近年来，随着俄罗斯政局稳定和经济发展，再加上俄政府颁布了一系列利于创新人才的激励和培养的政策法规，俄罗斯的创新人才正逐步出现回流势态。

为了稳定及培养创新人才，俄罗斯政府先后出台了《俄联邦保护和发展科技潜力的紧急措施》（1992年）、《俄联邦国家科学中心法律地位授予条例》（1993年）、《俄罗斯科学发展方略》（1996年）、《俄联邦科学和国家科技政策法》（1996年）、《俄联邦2010年前及更长期科技发展政策原则》（2002年）等百余项法律法规。俄罗斯还积极探索多元化的创新人才资助机制，俄政府、民营企业、基金组织，以及外国的基金组织都为从事创新的人才提供了资助。俄政府自2005年起每年建立 500 项总统资助金,以支持国内 35 岁以下青年硕士副博士的科研工作;每年建立 100 项俄联邦总统资助金,以支持 40 岁以下青年博士的科研工作。俄罗斯的民营企业四金属公司、西伯利亚石油公司也参与到对创新人才的资助中,每年对博士资助 5 000 美元,对硕士资助 3 000 美元。事实上,多元化的科技融资模式在一定程度上改善了俄罗斯的科研环境,激励了科技人才的回流。

在人才培养方面,高校、企业、机构中心对创新人才的培养发挥了重要作用。俄政府还常常组织青年专家、学者以及政府官员到世界一流大学进行学习,在加强创新方面的技能的同时,也为国家的创新环境做宣传,吸引国外的创新人才。俄政府于 2005 年发布的《俄联邦 2010 年前创新体系政策发展基本方向》明确提出了人才培养的基本策略,扩大人力资本投资,使人力资本成为经济增长的核心要素。

合理的年龄结构对创新人才队伍而言也很重要。苏联时期,国家科研人员的平均年龄约为 38 岁,年龄结构基本合理。当时,如日中天的科技创新事业也是吸引大批有才能的年轻人的重要因素。然而,当政府将市场机制引入创新研发领域,大部分的年轻科研人员离开或不愿进入科技领域,俄罗斯科技人才逐渐呈现出老龄化趋势。于是,近年来俄政府一直采取一定的政策吸引年轻人到科学领域工作,科研人员开始呈现去老龄化的趋势。

三、俄罗斯创新驱动发展模式

创新模式是整个创新过程中技术、组织、推广等方式的总和。俄罗斯的经济性质及其发展阶段决定了俄罗斯的创新模式为政府主导模式。前苏联的计划经济体制使得创新模式完全由政府计划主导。后来俄罗斯的市场化经济转型虽然或多或少使创新事业得以市场化,但并未促进创新研发活动的蓬勃发展。随着俄罗斯对市场化经济的认识进一步加深,俄政府又重新开始主导创新研发的方向。

由于俄罗斯特殊的历史背景和经济形态，其政府主导型的科技创新模式也有自己的特点。俄政府主要通过俄罗斯科学院和高校的科研院对创新研发进行领导，并不断增加创新研发预算拨款额度。同时，俄政府还调整了科研拨款的相关政策，优先拨款给重大的基础性研究和开发研究，而将应用学科推向市场。在政府主导下，俄罗斯的创新研发活动主要通过大企业来完成，**60%**左右的创新成果是在大型企业中实现的。这些创新成果大部分直接受到俄政府的资助，因此，在企业创新研发的过程中，政府的意志对创新活动的发展方向起到绝对的主导作用。俄罗斯的这些大企业并非普通意义上的大企业，它们更像是政府创新意识的践行者，其创新活动并不完全以市场需求为根据。俄罗斯的企业真正发展成为创新主体的路还很长。俄政府对创新领域的介入还表现在对创新环境的培育，以及在构建国家创新体系过程中的主导作用。某种程度上，正是俄政府对创新活动的主导使俄罗斯某些领域的创新成果具有较强的国际竞争优势。

一直以来，俄罗斯注重基础性研究和高新技术产业的发展，其航空航天、核物理、军工科技等传统领域均处于世界领先水平，在海洋学、新材料、计算机应用软件等领域也拥有先进的创新水平。在政府的主导作用下，政府计划与市场调节同时存在并发挥作用，为俄罗斯的创新事业取得一定成绩提供动力，但因两者未能有机结合，又对创新发展产生了一定的影响。

四、俄罗斯创新驱动发展战略目标

俄罗斯的经济社会发展面临着来自国内外的多重因素的影响与挑战，无论是国外的经济全球化环境还是国内的经济发展阶段都迫切需要俄罗斯走向创新驱动发展的道路。

(一)创新战略的提出

以技术、知识为核心的创新经济的飞速发展对各国的现代化进程以及世界经济的发展都产生了重大影响。在这样的大环境下,严重依赖原料出口的俄罗斯经济的发展举步维艰,而与此同时,美日欧等国家却凭借着创新能力优先占据了各个高新产业的高地。而且,创新能力已逐渐成为衡量一个国家综合竞争力的重要因素之一,俄罗斯迫切需要通过提升本国的创新能力来改变在国际分工中的劣势局面。同时,从俄罗斯自身角度出发,俄政府早已认识到仅仅依靠自然资源来维持长期的经济增长是不可能的,想要追赶并赶超领先的创新国家就必须更好更快地培养本国的创新能力,发挥创新的驱动作用。

2008年,普京在离任前夕的俄罗斯国务委员会扩大会议上作出了《关于俄罗斯到2020年的发展战略》的报告,报告对俄罗斯的"发展版本"进行了严厉批评,并指出:"尚未摆脱惯性地依赖于依靠能源原料的发展版本……沿着这个版本,我们就不可能在提高俄罗斯公民的生活质量方面取得应有的进步。更有甚者,我们势必不能保障国家的安全,也不能保障国家的正常发展,势必将使国家的存在本身受到威胁……为了避免事情沿着这个版本滑下去,唯一现实的选择就是国家的创新发展战略,这一战略就是发挥人的潜能,最有效地发挥人的知识和才能,不断改善技术和经济成果,以及整个社会的生活。"在政府的预算立法方面,该报告及之后的修订版将某些类别的创新合同与计划纳入常规预算;在反垄断方面,进一步简化了兼并、收购等程序,改善了税收条件和服务环境;在税收方面,为中小企业的创新相关活动制定了大量的优惠政策。报告中还明确指出创新驱动发展战略的重点在于改变资源经济发展模式,从创新工业入手走出一条俄罗斯的特色创新发展道路。

梅德韦杰夫继任总统后也肯定了普京的创新战略,并在2009年的国情咨文中提出了"实现俄罗斯全面现代化"的远大目标,而实现这个目标的首要任务就是大力发展创新经济。"事实上,俄罗斯不应在此问题上再做拖延,单纯提高旧的经济增长已没有意义。俄罗斯必须对所有的生产领域实行技术革新和现代化,在扩大资源开采的同时,还要重视新的技术、工艺的应用。这是关系到俄罗斯能否在当今世界实现伟大复苏的问题。"

另外,通过对美、日、韩等创新型国家的研究可以发现,创新战略的实现离不开政府的调控作用,即使是在完善的市场经济条件下。国家应将创新上升为国家战略,并适时对创新机制的设计、创新模式的选择、创新政策的制定做出调整,培养国家的创新文化和国民的创新精神。不可忽视的是,政府所制定的创新战略应符合本国的基本国情。俄罗斯政府提出的"再工业化"的渐进转型之路是符合俄罗斯国情的。事实上,俄罗斯已为创新发展积累了诸多有利因素:市场机制的引入使创新市场更加活跃;国家创新体系的基本建立及相关政策法规的颁布促进了科技、教育、经济、军事与创新的相互融合;多种创新机制相互配合发挥作用。诚然,俄罗斯的创新发展还存在着许多问题,但这些因素已为俄罗斯的创新战略及目标的实现提供了坚实的基础。

(二)创新战略的内涵

俄罗斯主要采取了三种创新战略:一是"接长"战略,即努力学习国外先进创新经验,并结合本国的优势科技、工艺等,稳步增加新产品的竞争力;二是"借用"战略,即开发发达国家的创新产品,利用本国的创新潜力独立完成其吸收、消化、应用的创新过程;三是"转移"战略,即通过购买国外最新高新技术专利来开发有竞争力的创新产品,并销往国际市场。俄罗斯的创新战略的重点并非是三次产业之间的结构优化,而是通过结构重组、升级及现代化进行工业创新,即"再工业化"。由此可见,俄罗斯的创新战略的重点是工业领域的创新,其核心是发展高新技术产业,并用高新技术武装、优化传统工业,从而提高劳动生产率。

(三)创新战略的前景

事实上,俄罗斯的创新基础较为雄厚,尤其是扎实普及的基础知识为创新研发事业奠定了坚实的基础。航天、信息、核技术等领域的竞争优势也为俄罗斯的创新驱动发展战略提供了很大的支持。俄罗斯丰富的自然资源更为创新提供了物质基础,不仅大大降低了创新研发的成本,还增强了创新产品的竞争力,有利于促进国家创新事业的蓬勃发展。富足的自然资源在某种程度上还可以起到稳定国内政治经济的作用,使创新发展不受政局、经济动荡所累。然而,俄罗斯的创新形势仍然十分严峻。面对日益激烈的国际市场竞争、数额巨大的创新研发投入等国内外的因素,俄政府想要沿着既定的创新路线发展,就离不开政府对创新的引导。

俄政府曾先后颁布了《1998—2000 年俄联邦创新政策构想》《2002—2005 年俄联邦创新政策基本构想》《俄联邦 2010 年前及未来科技发展纲要》《2015 年前俄联邦科学与创新发展战略》《2030 年前俄联邦创新发展战略》等国家创新战略。2009 年,俄政府创建了"现代化与技术发展委员会",由总统亲自负责,调整、制定经济现代化和创新方面的国家政策。2012 年,普京再度出任俄罗斯总统,再次强调并着重发展创新事业。普京认为:"如果国家的创新能力不足,不仅会导致国家在众多领域中处于被动地位,还会使国内的企业、人民可获得的全球红利越来越少。俄罗斯必须在新水平、新技术的基础上巩固航天、核能的地位,振兴航空、船舶、仪器仪表等重点行业。我认为我们必须制定发展新兴产业的'路线图',并按其改善投资氛围,其中包括复合材料和稀土金属、生物技术和基因工程技术、IT 技术、工程设计和工业设计。"由此,俄罗斯的创新之路已成为整个社会的共识。

随着近年来俄罗斯的外债规模下降、外汇储备增加,俄罗斯的整体经济状况也大有改善。创新发展会促进经济的繁荣,同时良好的投资和金融环境也是发展创新事业的重要支撑力量。据世界银行数据可知，俄罗斯联邦 1989 年的 GDP 为 5 065 亿美元，2015 年已高达 13 260 亿美元，其经济水平的上升在很大程度上支持了政府对创新研发的投入，促进了俄罗斯在创新之路上不断前行。

政治方面，普京推行威权的政治理念，整理了各政党之间的问题，培育杜马中的中间政治力量。日益稳定的俄罗斯政治环境为创新战略的实现保驾护航。根据世界银行统计的全球治理指标（The Worldwide Governance Indicators，WGI）显示，虽然俄罗斯的治理现状与创新型国家（美国）存在很大差距，但也有了一定的进步，政治稳定性、政府效率在不断提升，如图 3-2 所示。

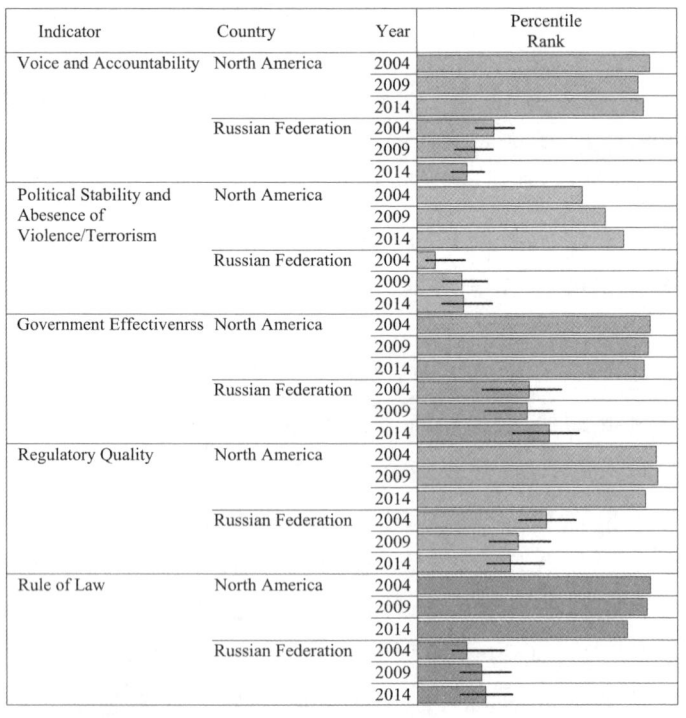

图 3-2 俄罗斯、美国全球治理指标对比图
（资料来源：http://www.worldbank.org/）

俄罗斯的创新驱动发展战略的实现离不开西方及其他创新国家的技术与资金上的支持，同时西方及其他地区的许多国际问题也需要俄罗斯的参与、合作。这样，新形势下的国际关系为俄罗斯走创新之路营造了较好的氛围：欧洲成为俄罗斯重要的能源销售市场；中国的崛起为俄罗斯分担了来自美国等国家的战略压力；俄罗斯平衡务实的外交政策也为创新发展提供了有利的外部环境。

由此可见，俄罗斯准备走出一条由政府引导的再工业化的渐进型创新之路，这条道路存在有利条件，也存在诸多的制约因素。最终俄罗斯能否摆脱资源经济的严重束缚，进入到创新型国家行列，还无法做出预判。

第二节　印　度

近年来，作为世界第二大人口大国，印度的发展让世界瞩目。自2004年起，印度年均GDP增长速度超过了8%。虽然在2008年受国际金融危机的影响，印度的经济增长速度放缓。但在2014—2015年，其GDP仍然实现了7.2%的增长，其经济走势也被国际金融机构普遍看好。由于印度GDP的增长速度几乎达到世界平均增速的3倍，主要受国内投资、储蓄驱动的印度经济的稳定增长已成为国际上经济学者们的关注焦点。如果能将其经济增长的原理有效论化，那么世界上数量众多的贫困国家将因此得到巨大的帮助。

随着经济的发展，印度的创新活动也逐渐发展起来。例如，印度的制造企业通过创新研发来降低生产成本。作为新兴经济体，印度采用"甘地式创新"，使其社会经济发展呈现出极强的包容性。这种包容性为印度带来了稳定的经济、民主的价值以及充满活力的文化等，使印度日益繁荣。

创新能力早已成为衡量一个国家国际竞争力的重要指标。而当人们谈及创新的时候，总是将目光投向美国、日本，以及欧洲各国，却对我们的这个"老邻居"视而不见。印度作为我们的"老邻居",创新事业发展十分迅猛,被智库"经济学人信息部"评价为最具创新性的国家,其创新排名从 2002 年至 2006 年间的第 58 名已提升到了 2009 年至 2013 年间的第 54 名。印度还在世界经济论坛发布的"全球竞争力指数"中被肯定为最具创新性的国家。

一、印度创新驱动发展相关政策

近年来,印度政府提出"从服务业大国迈向创新型国家"的发展战略,并实施了科学规划国家创新战略,完善创新相关法律法规,强化创新相关机构的管理协调能力等一系列促进创新发展的举措。印度政府以中长期科技规划为政策工具,自 1958 年印度政府出台的第一套中长期科技政策《科协政策决议》以来,印政府已于 2013 年推出了第四套科学技术和创新政策,推动包容性创新发展。第四套科学技术和创新政策中明确指出创新是未来社会、经济财富的主要来源,提出了要"依靠科技创新实现国家发展雄心"的思想。

一直以来,印度都十分重视科技创新。自 1947 年印度建国以来,印度政府根据不同时期的战略需求共出台了四套中长期科技政策:1958 年的《科学政策决议》、1983 年的《技术政策声明》、2003 年的《科学技术政策》以及 2013 年的《科学、技术与创新政策》。将以往的三套科技政策与第四套做比较,以往的三套科技政策在全面建立现代科学体系的基础上,协同大学和研发机构建设了大量的科技基础设施;而第四套科学技术和创新政策则推出科学、技术与创新协同作用的发展理念。

第四套科学技术和创新政策文件《科学、技术与创新政策》着重强调了创新发展与经济发展的关系,以及二者相关促进政策应相辅相成、相互促进。文件中指出,创新不应该只是科学技术的附属物,而应在社会经济的各个领域、环节、工序中全面地贯彻创新精神,从而获得领先的竞争力。于是，印政府决议大力发展国家创新体系。印政府颁布的《科学家创新收入提成法案》规定了创新研发人员可以从其研发的知识产权收入中得到最小收入，保护了创新研发人员的切身利益，激励其进行创新研发，且极大地推动了公共研究机构知识产权的产业化。印政府尤其重视创新与社会和谐之间的关系，运用创新成果来解决印度当前面临的困难，如食品安全问题、全民医疗问题、能源独立问题等。同时，印政府将高新技术创新与困难民众的生计问题并重，旨在走出一条创新与包容性经济政策相融合的发展道路。

无论是对企业，还是一个国家来说，普遍的观点认为发展创新的成本是巨大的。创新活动不仅需要投入大量的资金，还需要大批创新人才、设施资源等。考虑到印度目前依然相对贫穷的国情，包容性创新理念的提出为印度的创新发展道路提供了一个较好的解决方案。印政府将"十二五"规划的基调定为：快速、可持续、包容性的增长。包容性创新理念是将创新与经济结合的新型创新理念，该理念将印度科技部门的思维方式从"为了科学的政策"转变为"为了人民的科学政策"，将印度科技部门的创新评价方式转变为判断其是否为基层人民提供实惠且便利的产品、服务等。为了贯彻这一创新理念，印政府专门设立印度包容性创新基金，主要资助有关教育、农业、健康、纺织和手工业等社会民生领域的创新研发活动、项目。

另外，为了不断强化国家对创新活动的管理协调能力与力度，印政府首先对科技部的职能进行强化，将科技部长提升为副总理级别（印度中央政府的部长分为三级，由高到低分别为内阁部长，相当于我国副总理或国务委员；国务部长；部长），即在2011年将科技部长提升为内阁部长级别，极大地凸显了印度政府对科技创新发展日益增加的重视程度。其次，2010年，印政府成立了专职推动国家发展为创新型国家的国家创新委员会，其主要职责是制定促进创新发展的相关战略，加快构建印度的创新生态系统。再次，印政府还效仿美国国家科学基金会，成立了负责资助大学和国家实验室等研究机构的印度科研与工程研究委员会，并设立了一大批创新资助机构与基金。

印度也同样重视创新人才的教育和培养，印度的"十一五"规划（2007—2012）印证了这一点。为了营造有利于创新战略的法律环境，2008 年，印度科技部颁布了《国家创新法》，从法律层面对创新研发活动的支持进行了明确的规定。同时，印政府还制订了与国际惯例接轨的《新专利法》，该法的实施大大提高了专利审批的速度，法律文件还新增了保护计算机软件、医药产品等行业专利的条款，强化了对个人、组织申报专利的支持。2011 年，印政府发布了《高等教育与研究法案》以加强对高等教育、职业教育、技术教育的管理。《科学、技术与创新政策》文件中也强调培养创新人才的重要性。2013 年，印度的创新委员会联合人力资源部设立了创新奖学金，教育和激励大中小学生创新，并设立专门的创新课程和工作坊，在每一个区级教育建立创新中心，将创新渗入到大中小学以及研究院的教育体系中。

二、印度创新驱动发展机制

目前，"创新驱动发展"俨然成为各国提高国家竞争力的路径选择。无论是发达国家还是发展中国家，要想在全球创新竞赛中抢占优势，就必须制定和实施一系列创新政策，以提高自身的创新能力。印度的国家创新体系在国际上已得到公认，并且在经济论坛发布的"全球竞争力指数"也证明了印度是最具创新性的国家。

为实现"依靠科技创新实现国家发展"的目标，印度政府在国家和部委两个层面都加强了科技创新的规划部署。印度总理辛格宣布2010—2020 年为印度"创新的十年"，并推出"印度十年创新路线图（2010—2020）"。在印度国家"十二五"规划（2012—2017）中进一步明确了科技创新的具体目标和指标。到 2017 年印度要成为全球科技六强，2020 年要成为全球科技五强，详见图 3-3。计划 2017 年研发投入占 GDP 的比例要提高到 2%。另外政府要建立创业团体，扩大创新基础，推动创新产品和服务的推广。

第三章 "一带一路"主要辐射国家创新驱动发展现状   091

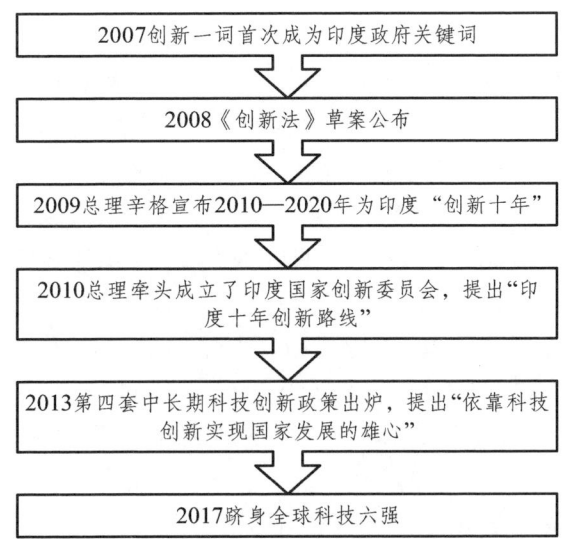

图 3-3 2007 年以来印度政府强化创新的重大举措

根据印度历年"五年计划",可以发现印度政府对重大关键技术领域的选择和投资具有战略持续性。在印度中央政府的资助中,原子能、航天和海洋勘探是重点领域。在"十二五"规划中,印度科技部遴选出 IT、制药、航天、工程等重大关键领域加大研发投入,致力于建造世界级基础设施。如,超级计算机部门计划建造千兆级计算机,推动印度实现进入超级计算机世界前五强国家行列的目标。

印度政府专门设立了国家创新委员会,该委员会主要开展了如下工作:

(1) 建立全面的组织体系。在每个邦和行业部门都建立地方创新委员会,积极鼓励有条件的城市也建立市创新委员会,创新委与印度议会合作,以每个议员为单位,建立"一议员一创意"的竞争机制,调动议员在其选区征集来自草根创新创意的积极性,并给予奖励。

(2) 设立跨部门常态合作机制推动创新。通过发掘草根创新、产业创新、教育创新和社会创新,推动前景好的创新成果实现商业化和规模化生产,如创新委与喀拉拉邦和中央邦政府合作,在两个省份开展创新活动。

（3）以集群形式推动创新。创新委与印度中小微企业部、地方政府以及技术产业研究部门联合创建医学、粮食加工、竹业、汽车零件、铜器、家具、生命科学等七个产业集群中心以及德里大学、瓦多达拉萨亚基劳王公大学两个大学集群创新中心，完成试点之后将向全国推广。

（4）加强创新的宣传普及，调动人民的积极性。委员会于每年年底出版题为《向人民报告》的工作报告，利用各种方式向上至议员下至普通百姓宣传创新。如2012年11月开展了"印度大挑战"计划，专门为金字塔底端的人群普及创新知识。通过信息技术手段和社交媒体宣扬创新。比如设立印度创新门户网站，在推特上举行虚拟视频会议。

另外，印度国家创新委员会下设创新基金，资金以公私合营模式（PPP）由政府和私营部门投入。创新基金将采取伞形基金（基金中的基金）模式，将现有的创新各方和网络纳入其中。

（一）创新协调管理机制

创新是一个复杂系统工程，国家需要重新建立一系列的管理协调机制来，推进创新。

印度中央政府的部长分为三个级别：内阁部长最高，参与中央决策，相当于我国副总理或国务委员；国务部长次之；再就是一般的部长。近年来，印度政府十分重视科技工作及科技引领经济社会发展，把科技部长提升为内阁部长。

2009年，制定该国经济增长五年规划的印度计划委员会专门设立了一个创新专家组，用创新推动印度的经济增长。国家创新委员会的使命是要设计相关机制和制度，发掘草根创新、产业创新、教育创新和社会创新，推动前景好的创新成果实现商业化和规模化生产。其重要工作内容之一是负责制定"印度十年创新路线图（2010—2020）"，帮助建立适当的框架，以利于印度创新发展。

印度政府推动IT和汽车产业发展都运用了集群方法，效果显著。如今，印度国家创新委员会以集群方式推动成立大学创新集群和产业创新集群。创新委员会与印度中小微企业部、地方政府以及技术产业研究部门联合创建医学、粮食加工、竹业、汽车零件、铜器、家具、生命科学等七个产业集群中心以及德里大学、瓦多达拉萨亚基劳王公大学两个大学集群创新中心。值得注意的是，印度所选择的产业集群大多数是传统产业，显然印度是希望利用产业集群实现传统产业升级。

类似于美国国家科学基金会，印度科研与工程研究委员会主要负责资助在大学和国家实验室里的研究机构，其经费有所增加，资助职能进一步增强。印度政府意识到，无论是传统的科学支持机构还是大型灵活的经济部门都不能充分地支持创新，如果他们想在以技术为驱动的经济竞争中繁荣发展，就需要设立创新型基金。因此，印度政府设立了包容性创新基金等多项创新型基金。

（二）创新人才培养机制

印度政府认为培育人才是创新的根本保障。印度政府采取了一系列措施，来建立人才培养体系，完善教育体系，鼓励人才培养，激励大学生开展研究。

计划建立14所创新大学，旨在强化大学自主权，鼓励大学在新兴领域大胆探索，吸引身居国外的印度籍科学人才回国，进一步提升教育的质量和国际化水平。提出2017年前实现将全国研发人员全时当量提升66%的目标。为此，主要从培育和引进四类人才着手：青年人才、女性人才、理工科人才以及海外印度裔人才。推出青年科学人才资助计划，注意培养在科技创新部门中的女性人才。特别注重培养青年人才，在2017年之前投入5亿美元，对优秀高中生给予补助，接受资助的学生规模为100万人。

设立科技人员学术休假制度，把原来专属于美国大学教授每七年一次的学术带薪休假推广到科技领域，鼓励科学家和技术人员在此期间开展商业冒险实践或者专心提炼创意。把科技创新融入教育体系，设立专门的创新工作坊和创新课程，教育和激励学生参与创新；在每一个区级教育和培训机构建立创新中心；设立全球第一家"元大学"（meta university），对印度的国家知识网络进行整合，促进跨学科创新。

三、印度创新驱动发展模式

印度的包容性增长以让更多的人享受全球化成果为目标，使印度民众（尤其是贫困人口）随着国家经济的增长而受益。例如，通过创新模式，为贫穷学生提供免费午餐，减少失学率；为贫困人口提供一些基本医疗服务，减轻其医疗负担等。而印度的"甘地式创新"就是印度政府为实现包容性增长所推出的具有印度鲜明特色的创新模式。"甘地式创新"主要是利用有限的资源开发出更多的产品和服务，然后将这些价格低廉的产品和服务销售给更多的人。因此，"甘地式创新"不是一味地追求产品和服务的新功能、高品位，而是追求新的商业模式和新的组织形式等来实现更低廉的价格，从而实现购买人群可负担，以及产品和服务的可持续。对企业而言，"甘地式创新"意味着通过改变战略定位、商业模式、运营管理来降低成本。一般认为"甘地式创新"分为三种模式，即商业模式创新、产品创新和获取型创新。

顾名思义，商业模式创新就是通过对商业模式进行创新，使更多的人可以享受到新的产品和服务。例如，在2002年前，印度移动通讯服务商 Bharti Airtel 一直采用高价策略，导致公司一度陷入财务困难。公司的管理层逐渐认识到，高昂的价格阻碍了公司将产品与服务推向更广大的消费者，使其巨大的沉淀成本无法得到弥补。因此，Bharti Airtel 决定进行创新，将目标用户群扩大为整个印度的民众。在财务状况并不乐观的情况下，公司开展了一系列创新活动，如只保留基本核心业务，将其他投入大的业务外包；与传统消费品的销售商进行合作，低成本而快速地打通销售渠道；与竞争对手合作，分担昂贵的基础设施费用等等。Bharti Airtel 一改传统的商业模式，发展至今，已成为印度最大的移动通讯服务商。

相关链接

印度 Bharti Airtel 公司与中国移动合作开发 5G 通信服务

据印度媒体报道，印度最大电信运营商 Bharti Airtel 与中国移动于 3 月 3 日在巴塞罗那共同签署了 MOU，两家公司将合作开发 5G 通信服务。根据签署的 MOU，两家公司将在 5G 通讯设备、数据存储及漫游、智能手机、Mifi（便携式宽带无线装置）、用户端、USIM（第三代手机卡）等领域开展合作。

中国移动是全球市值最大的电信运营商，客户总数已突破 8 亿，其中 4G 用户数已达 9 000 多万，4G 基站开通数量已经达到 70 万个，移动 4G 网络已覆盖超过中国国内的 300 个城市。印度 Bharti Airtel 公司是印度最大的电信运营商，也是发展中国家中非常重要的跨国电信运营商，在 20 多个国家运营网络，用户规模超过 3 亿。Bharti Airtel 还是印度首个部署 4G 网络的运营商，目前在印度 15 个城市提供 4G 业务。

Bharti Airtel 总裁 Sunil Mittal 在接受采访时表示："印度和中国的手机用户占全球近三分之一，而且现在两国的移动通信增长都处于爆发阶段。此时两国的两家主要移动通信运营商能够携手合作开发下一代移动通信技术服务可谓是正逢其时，有利于两国共同占领下一代移动通信市场的制高点。"

（资料来源：http://www.fmprc.gov.cn/ce/cein/chn/gyyd/t1253746.htm）

产品创新是将印度实际国情与先进的科学技术融合来设计、生产产品的创新模式，旨在使企业在保持低成本生产产品的同时快速扩大受众的规模，从而获得高额的利润。例如，印度塔塔集团推出的 NANO 系列轿车无疑是以低成本实现"甘地式创新"的典型代表。塔塔集团希望能为所有印度民众提供一种安全的、价格低廉的汽车，使更多的印度家庭放弃相对危险且不舒适的摩托车。NANO 就应运而生了。NANO 被称为世界上最便宜的汽车，从动力性到各种配置，NANO 都省到了极致：没有空调系统、助力转向、防侧撞保护横梁、保险杠、收音机和副驾一侧的反光镜，且只有一个雨刮器。设计者为了减轻车身重量并节省成本，NANO 汽车的轮胎中甚至没有内胎……如今，NANO 已成为印度的国民车。

获取型创新即企业对创新项目进行投资开发，或者直接从外部引进创新型的产品和服务，从而使企业以较少的资源来为消费者提供更多的价格低廉的创新服务，同时也有利于企业自身创新能力的提高。例如，前文提到的印度的塔塔汽车公司推出的售价仅 2 000 美元的 NANO 汽车就是塔塔公司与众多企业技术合作的成果：在汽车造型和外部设计上，与意大利的 I.DE.A 研究所合作；在新型引擎管理系统上，与德国的 Bosch 公司开展合作；在座椅系统技术上，与美国的 Johnson Controls 公司合作……

由此可见，与采取传统创新模式的企业相比，开展"甘地式创新"的公司衡量绩效的指标不再仅仅是利润、销量和成本等，而更重视社会责任。事实上，传统意义上创新总是因为其高技术含量和高昂的价格，使大多数低收入人群和一部分中等收入人群都望而却步，无法享受到科技发展所带来的社会福利，造成社会的非包容性。对于大多数企业来说，传统的创新模式也意味着高投入、高收益，以及高风险。而"甘地式创新"则很好地为印度解决了传统的创新模式可能导致的问题。"甘地式创新"更多地追求低价格的创新，不会因为创新研发投入的费用而导致过高的价格，同时"甘地式创新"的创新投入远远低于传统创新模式，这也意味着企业承担更小的风险，符合印度包容性增长的要求。

四、印度创新驱动发展战略目标

为实现"从服务业大国迈向创新型国家"的国家战略,印度政府对创新工作进行了安排部署。在国家战略规划层面,印度总理辛格宣布 2010—2020 年为印度的"创新十年",并计划在全国专门建立 14 所国立创新大学。随后,印政府还成立了国家创新理事会,负责制定并推出"创新十年"相应的"印度十年创新路线图",旨在建立起合理的框架体系来促进印度特色的包容性发展,并在全国范围内鼓励创新意识与创新精神的形成,激励全民创新的热情。印度的"十二五"规划(2012—2017)更明确了印度创新战略的具体目标:到 2017 年,印度科技地位要提高到全球第六,并在 2020 年成为全球科技前五强;实现 GERD(Gross Domestic Expenditure on R&D,即研发支出总量)提升至 GDP 的 2%;印度的科学出版物占全球比重从 3% 提高到 5%;专利申请数量翻倍等。

与此同时,印度政府选择重大关键领域持续加强了一系列产业的战略部署。印度"十五""十一五""十二五"连续三个五年计划都明显注重太空、火箭、核电、信息、生物技术等关键领域的创新工作,建立了一批极具竞争力的汽车、能源、钢铁,以及规模巨大的电信和通信市场,赢得了国际社会的瞩目。印度的"十二五"规划还建议国家实验室的经费拨付优先考虑这些领域,尤其是原子能、航天和海洋勘探等更是印度中央政府资助的重点领域。

相关链接

印度"创新创业"为何这么火

印度,或许是亚洲地区除了中国之外,如今创新创业发展最火热的区域。根据市场数据显示,2015 年,印度吸引了超过 90 亿美元的海外投资,成为全球创投最火热的市场之一,更超越了前 3 年的总和,并且孕育出数量上仅次于美国和中国的独角兽企业。

这个目前网民数量超过 4 亿人，仅次于中国的世界第二大互联网市场，吸引着越来越多具有全球眼光的投资人。尽管与中国目前的市场规模相比，印度仍有不小的差距，但已经有人预言，亚洲市场的创新创业环境 PK，未来将是中印两国之间的较量。

从目前来看，印度尽管在近些年的互联网发展速度非常快速，但受限于本身基础设施的薄弱，印度的固网、物流、电商等行业发展也受到了阻碍。不过在移动互联网技术兴起的现在，很多印度创业者干脆直接跳过了 PC 端网页，直接从 APP 开始做起。2015 年 4 月，印度最大电商 Flipkart 甚至关闭网页版，只在手机 APP 端开展业务。

也正因为如此，印度正迎来 APP 的创业高潮，印度政府也高度重视这一趋势。今年年初，印度总理莫迪正式启动了"印度创业，印度崛起"的创新创业计划，由政府牵头，给出高达 90 亿美元的创业基金数额。在世界创业独角兽公司中，来自印度的公司比例占到 5.7%。

除此之外，印度当地孵化器也给创业者们提供了不少福利。印度孵化器 Innovation Society CEO、印度安德邦首席部长 IT 顾问 Nikhil Agarwal 介绍，在印度，创新创业氛围已经成了气候。为了推动印度的创新创业发展，他们推出了"阿塔尔创新计划"，试图搭建一个集聚全球先进的孵化器、加速器、创投机构和基金以及各类创业企业和创业者的推广平台，尤其是集中在科技领域。

这一计划也得到了印度政府的支持，仅在 2014—2015 年，印度政府就给这个计划注入了约 2.5 亿美元的资金，而在今年，这一数字有望达到 10 亿美元。

这个计划具体又是怎么支持印度青年人创业的呢？Nikhil Agarwal 介绍，计划内包含了各类孵化器项目，例如针对学生，他们给学生每人提供约 3 万美元的资金支持，让他们能够使用实验室内的 3D 打印机等设备；而针对创业者，如果有好的创业项目，他们的孵化器会一次性提供150万美元的资金支持,并且提供相应的设备帮助他们的项目孵化成型。

中兴软创(印度及南亚区)企业和政府商业部总经理 Prasoon Sharma 表示,印度的创业者对中国投资人也非常欢迎。例如印度第二大的电商平台 Snapdeal,阿里巴巴和富士康便共同向他们投资了5亿美元。在对比中印两国的创业环境差异时,他指出,在宏观经济实力、市场规模、用户基数和基础建设等方面,印度跟中国还存在差距。

不过,随着全球创业风投环境趋冷,印度也受到了波及。印度不少科技创业公司不得不选择冻结招聘,甚至裁员来缩减开支,以应对越来越难的融资局面。

对此,印度风投公司 Helion Venture Partners 联合创始人阿加沃尔表示,这个行业目前的估值远高于其真实发展水平,企业必须更加关注基本的收支平衡,而不是无休止地追逐成本增长。

Kae 资本合伙人巴塔查里亚称:"资本方在现阶段表现得非常谨慎。有些资本在 2014—2015 年投资的项目进行得不算顺利,现在投资人会在投资前进行详细的评估。过去一两年资本方都是闭着眼睛就敢投钱。"巴塔查里亚表示,这一现象恐怕将会再持续几个月,投融资市场会在 2017 年年初恢复活跃。不是因为印度市场不够好,而是投资人变谨慎了。

赛富资本的管理经理格洛克·戈埃尔表示,虽然今年上半年的投资额下降了很多,但交易数量却比去年同期(380笔)增加了不少,这是一个积极的信号。"所有市场都有波动,但没必要担心太多。有些初创公司最终会死掉,这也很正常。但是那些有着良好商业模式、成本控制合理的初创公司会活下来。而且在风险投资机构变得谨慎之际,很多天使投资人仍然很活跃。"

(资料来源:http://paper.chinahightech.com/html/2016-08/08/content_20485.htm)

第三节 新加坡

新加坡共和国由一个主岛（新加坡岛）和60多个小岛组成。新加坡岛是其中最大的岛，南北宽约23公里，东西长约42公里，国土面积仅有719平方公里，开车环岛一周的时间不到一个小时。根据2014年的全球金融中心指数（GFCI）排名报告，正是这样一个国土面积如此之小的新加坡成为继纽约、伦敦、香港之后的第四大国际金融中心，日交易量高达700亿~800亿美元。新加坡也是亚洲重要的服务和航运中心、世界第二大海运中心，每年可容纳4.5万多艘船来此停泊，吞吐量7亿多吨。同时，新加坡还是世界第三大石油提炼中心，日产量约100万桶。新加坡人没有外债，人均年收入为5万美元以上。这样一个富足的国度的发展大致可分为三个阶段，如图3-4所示。

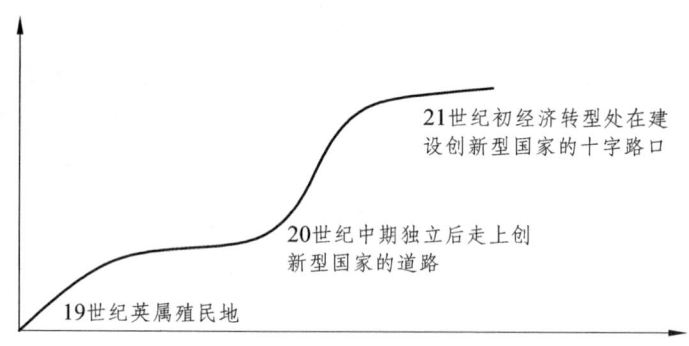

图3-4 新加坡发展阶段

19世纪初，新加坡沦为英国殖民地。直到20世纪中期，新加坡才因委身于马来西亚联邦而完全脱离了英国的统治，从而取得自治地位。1965年8月9日，新加坡终于脱离马来西亚，宣告独立。新加坡当时的最高领导人李光耀经过了初期的政权巩固之后，就开始大刀阔斧地实施改革，使新加坡走上了一条创新型国家的道路。根据2014年《全球竞争力报告》，新加坡的全球竞争力已排世界第二。在经历由"劳动密集型产业"转为"资本、技术密集型产业"，再转向"知识密集型与创新产业"之后,新加坡成功转型,成为以知识经济为基础的东南亚乃至全球的创新中心。新加坡的创新产业以高科技制造业、知识密集型服务业为主,这些高科技制造业、知识密集型服务业对新加坡的经济发展做出了巨大的贡献。

相关链接

新加坡:一个新的创新国度?

最近我在新加坡参加一个创业者大会期间,一家当地从事客户服务聊天工具开发、名为 Zopim 的创业公司以 3 000 万美元卖给位于旧金山的客户服务软件公司 Zendesk,而这家公司已经申请了在美国 IPO。Zopim 的成功退出,在新加坡当地创业圈内引起一阵兴奋。

这桩并购从金额来看不仅在美国硅谷,而且在中国也不足大惊小怪。新加坡人之所以兴奋,很大程度上是因为创业者出自新加坡大学,公司成长于当地的创业机构及孵化器,而且早期投资是政府的种子基金,可以说是新加坡本土创业公司的典型。

新加坡年轻人愿意创业吗?这个拥有 500 多万人口的城市国家,以富裕、整洁、高效而闻名于世。这里的人们彬彬有礼,墙上找不到涂鸦。我在想,水至清则无鱼,年轻人受到良好教育,循规蹈矩,毕业后可以到政府当公务员、到金融机构当高级白领、在国有企业或跨国公司里体面地生存着,为什么要创业呢?而且新加坡的市场太小,中国随便几名辍学的大学生,合伙制作一个手机应用,不出一个月其用户数可能就会超过新加坡的整个人口数。哪个风投愿意在这么小的市场下注却无法退出呢?

新加坡从政府到大学都已经意识到其缺乏创业与冒险精神。对比另一个小国以色列,新加坡各方面的条件要优越很多,但以色列表现出更强的创新能力。新加坡政府在研发及教育方面持续加大投入力度,期望尽快转型为创新型经济,但将科研成果与专利商业化,新加坡需要一大批创新者、创业者与颠覆者。

针对其市场狭小,我请教了新加坡的一些企业家和教育家:新加坡可以学习以色列,为更大的市场创新,从更大的市场退出。以色列自己成为硅谷研发的后院,风投主要来自硅谷,而退出主要是华尔街。新加坡国立大学常务副校长陈永财博士告诉我,以色列有特殊性,如其创新机制与军方需求之间的密切关系,以及犹太人在美国金融界甚至军政界广泛的影响力。但有一点是共同的,这两个小国的市场都无法支撑一个独立的创新体系。正如其在全球自由贸易时代成为转口贸易中心一样,新加坡必须在全球创新坐标上寻求自己的新定位,成为更大市场的创新和创业的新的枢纽。对于新加坡来说,中国应该是比美国更具前景的市场。新加坡国立大学已经在中国苏州建立了研究院,在这里进行针对中国市场的创新研发、技术转让及企业孵化。

新加坡在创业、创新领域多年不懈的投入开始结果,尤其是新加坡国立大学的企业机构(NUS Enterprise),创业教育与创新孵化持续多年,近几年陆续有一些小公司成功退出,正在迎来收获期。陈永财告诉我说,企业机构2002年设立,到目前已经与八个海外创新中心城市的最著名大学建立合作项目,包括硅谷、费城、上海、斯德哥尔摩、印度、北京、以色列、纽约等地。国立大学每年选取有明确创业计划的学生,向每个地方送20位左右,在当地大学学习,并且必须到当地的初创公司申请到带薪的实习生职位,为期一年。

该项目被称为"体验式创业教育",这些学生回到新加坡,就像一批创业与创新种子,经过优化之后,重新植入新加坡的创新土壤,他们把各地最新的创业文化、技术、商业模式,以及梦想带回新加坡,形成了一个非常活跃的创新部落,不断有新的思想碰撞、相互激发,有一部分人很快就进入大学的孵化器。新加坡国立大学坚持十余年,已经渐成气候。负责国大企业机构项目的CEO曾莉莉女士,曾经是一位成果丰硕的医疗科学家和精力充沛的投资人,多年从事生物医药领域风险投资。她告诉我说,企业机构总共培养了1 500名学生,从中产生了180家初创公司,其中有约100家目前还在成长。国立大学的企业机构成为新加坡的创业"黄埔军校"。

新加坡政府正在加大创新投入的力度，为其创业者提供更好的技术，许多创新企业针对东南亚这个周边大市场获得成长空间。日本电商巨头乐天去年曾以 2 亿美元收购一家新加坡视频网站 Viki——新加坡人口讲英语、中文、马来语，使其创业人才具备了独特的文化优势。

新加坡被称为亚洲的瑞士，会成为亚洲的以色列吗？

（资料来源：http://edu.sina.com.cn/a/2014-05-16/1158243273.shtml）

一、新加坡创新驱动发展政策

纵观新加坡的历史与国情可以发现，其实新加坡并不比其他国家更具创新发展的优势，唯一可以利用的是建立资本竞争制度和廉洁政府以保证创新发展的效率与方向。新加坡的自由资本制度要求国内各个经济领域向国外资本全面开放，并不对国外投资做出特别的约束，实行内外投资一视同仁的政策，因此国外资本在新加坡国内的各个经济领域，尤其是制造业领域享有充分的投资自由。

为了给企业创造自由竞争的市场环境，新加坡不实行国有化、反垄断法、进出口配额限制等政策方针，各种经济成分实行统一所得税率，即使是国有资本也必须参与市场竞争，遵循优胜劣汰的市场法则。

虽然新加坡实行自由度极高的资本自由竞争制度，但这并不意味着新政府对经济的运行放任不管。在实行市场经济自由化的基础之上，新加坡对社会经济的运行进行了积极干预和调控，形成了一套独具特色的制度。有学者将这种制度比作"竞技场外的教练"，即新政府充当的并不是"裁判"角色，而是在规则既定的条件下为赛手们（独立自由的企业）出谋划策。此外，新加坡人民行动党政府具有极强的社会经济建设意识，效率享誉世界，为新加坡的现代化建设发挥了强大的引导作用。由此看来，新加坡一方面实行资本自由竞争制度，为国内外资本提供了一个公平开放的竞争平台；另一方面又注重政府对经济社会的调节作用，使国家的发展不偏离战略方向。这样的政策制度为新加坡吸引了大量的国外资本，为建立国家创新体系奠定了基础。

在新加坡经济发展初期，外国资本进入的新加坡进行投资的很少。1959年，新加坡的外资总额是5 600万新元。1967年，其外资总额也才上升到3亿新元而已。但在1967年以后，外资逐年猛增，国外资本如同滔滔江水向新加坡奔涌而来，至1974年已高达30.54亿新元。事实证明，新加坡的政策奏效了。直到1979年上半年，新加坡的外资已超过50亿新元。在1972年到1977年这几年间，新加坡的累计净投资额中外资所占比例竟高达四分之三。如此巨额的外资投入无疑为新加坡的发展以及新加坡创新国家战略的实现起到了决定性的作用。

相关链接

上升五个名次 全球外商投资首选地 新加坡再入十大

据新加坡《联合早报》5月5日报道，在最新出炉的调查中，新加坡重返全球外商直接投资（FDI）的十大首选投资地点。

这项调查由美国科尔尼管理咨询公司（A. T. Kearney）进行，新加坡今年在外商直接投资信心指数榜上排名第10，较去年的第15位上升五个名次，但仍略低于2014年的第九位。

31%的受访高管人员对新加坡未来三年的经济展望比去年更乐观。

科尔尼东南亚主管兼合伙人蔡纯毅指出，新加坡已发展成为区域金融中心。"本地拥有强劲的经济、稳定的政治环境、清廉的系统和受过良好教育的人才库，这些都是吸引全球企业到此投资的原因。"

蔡纯毅说，新加坡长期被评为最容易做生意的地区之一，许多全球企业选择在我国设立区域总部。新加坡作为亚细安成员国的身份，也有助于吸引看好亚细安十国发展潜力的公司到本地投资。

科尔尼外商直接投资信心指数调查从1998年起展开，通过监测各国发展的主要趋势，并根据各国政治、经济和监管体系的变化对未来几年外商直接投资的影响排名。今年1月的调查面向全球504家公司的高管人员展开。

调查显示，国内市场规模、劳动力成本、监管透明度以及廉洁程度，是影响高管决定是否投资的主要因素。

美国、中国和加拿大在信心指数排行榜名列前三名，美中这两个世界最大经济体四年来都保持相同排名，加拿大的排名则比去年上升一个名次。

报告指出，受访者仍然看好美国经济前景，但有投资者担心中国今年的经济形势将急转直下，如果市场持续波动，他们对中国的投资信心将减弱。

另外两个进入前10名的亚洲国家则是排名第六的日本，以及排名第九的印度。如果算上排名第七的澳大利亚，排行榜前10名中有一半是亚太国家。除了中国的排名保持不变，其他上榜亚太国家的排名都上升。

调查也显示，去年的全球外商直接投资额同比激增36%至17 000亿美元（约23 100亿新元），是2007年以来的最高水平。大多数受访高管认为，外商直接投资在近期内对增强企业盈利能力和竞争力将发挥更大影响。超过70%的受访企业计划在未来三年提升外商直接投资额。

新加坡统计局数据显示，截至2014年，我国外商直接投资累积为10 246亿元，前三大投资来源是美国、日本和英属维京群岛（British Virgin Island）。

（资料来源：http://sg.mofcom.gov.cn/article/zhengt/201605/20160501312036.shtml）

根据美国加利福尼亚大学教授Manuel Castells 在《在一个开放的世界经济中的城市国家的发展：新加坡的经验》一书中的分析，新加坡经济增长的主要源泉包括资本、劳动力和总生产力三个方面。新政府对外资的大力吸引无疑为新加坡的经济增长提供了重要动力。除此之外，引入外资的同时，随着一批批跨国公司在新加坡投资并设立研发中心，大量的创新人才、技术、设备也被带到了新加坡，为新加坡创新型国家的建立起到了很大的积极作用。

同样地，新加坡政府也清楚地知道培养本国创新人才对实施国家创新战略的重要性。其实，一直以来，新加坡都将完成全民教育作为政府的首要任务。除了制定义务教育、教育津贴等优惠政策外，新政府每年都投入大量的教育经费，且逐年增加经费的额度。此外，新加坡还很重视全民素质的提升，专门成立"成人教育促进局"来推动新加坡职业教育的发展。20世纪末，在政府的推动下，一大批专业职业培训中心为迅速提高新加坡人民群众的文化素质、技能水平、创新意识等发挥了极大的作用，使新加坡能够聚集足够多的人力资源投入到创新发展战略中来。新加坡政府不仅注重本国人才培养，也制定了各种优惠政策来吸引人才。新加坡国立大学校长施春风表示："要吸引人才到国立大学，高薪聘用人才也在所不惜。要有选择地发展不同的研究领域，配合国家的发展需求，这些领域是资讯科技及电脑科学、金属工程、生物科学等创新性学科。"

经过短短30多年的发展，新加坡已率先从发展中国家中脱颖而出，跻身现代化文明国家行列，也被世界公认为政府主导型的创新型国家，形成了以电子制造业、化工制造业和工程业三大支柱产业为核心的国民经济体系。

二、新加坡创新驱动发展机制

（一）政府资助机制

1. 国立研究基金

新加坡研究、创新及创业理事会（RIEC）下设国立研究基金会，负责资助长期性的战略科研项目，执行经由RIEC批准的研发、创新与企业发展计划，并对这些计划进行资源配置；同时，协调国家大型研究架构下不同部门的研发计划，以提供一致的策略纲要与指导；此外，还负责制定政策与计划，推动新加坡完成研发的战略任务。

根据研发活动的目标不同，国立研究基金会进行创新研发的投入方式有两种：一是国立研究基金会选定一些影响到国家总体经济发展及比较优势的重点产业部门，并对这些领域的研发项目给予资助，实施如"战略研究计划""国家创新挑战计划"等；二是通过吸引和培养科研人才，培育全社会创新和创业精神，以提升整体创新研发的实力和水平，如实施"卓越研究与技术企业学园计划""卓越研究中心""竞争性研究计划"等。总之，新加坡对这些创新研发活动的投入几乎涵盖了研发的不同阶段，具有全面性。

2. 学术研究基金

1994 年，专门支持大学进行创新研究工作的新加坡学术研究基金成立，且基金预算逐年递增。学术研究基金也有两种投入方式：一是按研究生毕业人数的比例在高校中进行分配，而高校可以自行决定该基金在学校内的再分配；二是高校的研究人员通过竞争获得，立项资助经费一般为 50 万~100 万新元。同时，为确保投入资金的使用效率，新加坡教育部每 5 年指定科研质量评估小组对各高校的整体科研质量进行评估。

3. 创新研发津贴计划

新加坡政府设立了多种不同的创新研发津贴计划，如"科技企业商业化计划""企业技术能力提升计划""新技术培训计划""企业研究奖励计划""新加坡-以色列工业研发基金"以及"清洁能源研究计划"。顾名思义，这些计划均有各自不同的资助领域、申请资格和条件等。例如，"企业研究奖励计划"主要鼓励并协助在新加坡注册的公司与机构在新加坡设立创新研发中心，并发展企业自身的创新实力，从而增加公司的竞争实力。资助主要针对在新加坡注册的商业企业或机构。

（二）税收优惠机制

一直以来，为鼓励企业加大对创新研发的投入，新加坡政府对创新研发活动实行低税收政策。

在工业化发展阶段，新加坡政府就对进行创新研发的企业提出可享受 2 年的免税优惠，期满后还可享受减税 2 年的优惠政策。对于在新加坡设立研发机构并进行创新研发活动的跨国公司提供 10 年的免税期。2008 年，新加坡政府分别出台了"放宽限制的研发税收扣减计划"（IRAS）、"研发税收减免计划"（RDA）和"初创企业研发激励计划"（RISE）3 项促进创新的税收优惠计划。"放宽限制的研发税收扣减计划"提出从 2009 评估年度起，政府不再限制对创新研发费用的税收扣除，即使企业已经享受了其他优惠政策，仍然可以进一步申请扣除。2010 年，新加坡财政预算案首次推出了"生产力及创新优惠计划"（PIC），有效期为 2011—2015 估税年。该计划认定企业员工培训、研究与开发、知识产权注册、获取知识产权、设计以及自动化 6 个项目为创新活动，即企业对这几个项目进行投资可享受相等于开支 400%的税额扣除，每个项目的开支上限为 40 万新元。

三、新加坡创新驱动发展模式

经济的增长总是伴随着成本的提高，持续增长很难一再依赖有形资本的积累和投入。特别是金融风暴后，面对国际形势的重大变化，新加坡深刻地感觉到以往的发展模式已经不再适用了，必须牢牢抓住知识经济带来的机遇，逐步转变成创新发展的模式。

于是，新加坡政府开始了一系列的创新举措。新加坡于 1991 年成立了科技局并制定了国家科技发展计划，计划周期为五年。第一个五年计划是 1991—1995 年，政府共投入 20 亿新加坡元，目标是建立和完善研究设施，包括建立公共研究所和科学园区，以资助的方式鼓励本地企业投入研发，更新技术。1996—2000年的第二个五年计划共投入40亿新加坡元，目标是招募大批研究和工程技术人员，创造良好的研发环境，提高本地加工业的技术水平和创新能力，促进技术成果转化。政府对研发投入的增长幅度近乎每五年翻一番。2001—2005年的第三个五年计划共投入70亿新加坡元，其中，基础和应用研究领域投入50亿新加坡元，以应用研究为主，用于资助公共研究院所和大学研究项目。20亿新加坡元用于风险投资、技术转移和创新创业。五年内设定的目标是：集中有限资源形成优势领域；鼓励本地企业从事技术开发；建立技术转移知识产权体系；吸引国际人才培养本地人才并重；加强国际合作，实现双赢多赢。

前两个五年计划完全是投入性的，由于起步较晚，还需要一个积累的过程，但已能看出一些后发优势。其特点是：起点较高、领域前沿、投入集中。公共研究所一共有12家，研究领域集中在电子信息、制造技术、精细化工、生物医药等领域。

新加坡科技局于2003年提出了研究开发三大资本战略，即所谓的人才资本战略、专利资本战略和工业资本战略，与我国的科技发展三大战略有两点是一致的。我国提出的三大战略，是着眼于通过对战略的实施最终实现发展目标，而新加坡则是从资本投入与产出的关系入手，以实现资本增值最大化为目的，更加市场化。

在创新创业方面，为鼓励技术发明人创业和中小企业技术创新，新加坡政府近5年来对相关的法律和规定进行了重新检讨和修订，出台了一系列重大举措。例如建立风险投资基金，与风险投资商共同投资技术起步公司；按比例支付中小企业的技术更新和技术咨询费用等；允许个人利用组屋住宅（在限定的行业）创办公司，大力弘扬创业文化；扶持创新产业的发展；发起了多项融资计划，牵线搭桥，设法解决小企业融资难的问题，力图改变本地中小企业不受重视，"二等公民"

的地位形象。

2004年通过的《公司竞争法》为所有参与竞争的企业画一条平等的起跑线，无论本地外资、规模大小、国有或私人，创造了公开透明的竞争环境，提高了公司竞争、发展的活力。

由此可见，新加坡的创新发展总是与政府的影响和介入联系在一起，这是因为其具有独特的背景渊源。新加坡独立时面临的形势非常严峻，困难重重，主要表现为：落后的经济基础；有限的国内市场；教育不普及；高失业率；种族冲突；无社会和居住保障；面对外来威胁。

贫穷落后的现实迫使新加坡把吸引外资作为发展经济的核心策略。吸引富国投资，不仅是出于尽快摆脱生存危机的考虑，更是出于保证自身安全的考虑。如何吸引外资是新加坡当时面临的最大挑战。新加坡的做法是：政府以补贴的方式鼓励外资落户。事实证明，这种做法是奏效的。但用于补贴的资金从何处来呢？在这个问题上，新加坡有其独到的做法：通过强制推行个人储蓄中央公积金来解决国家资本的来源和积累问题。中央公积金不仅为吸引外资提供了补贴来源，同时也为兴建政府组屋（相当于我国的经济适用房）提供了资金支持。

在初创的1965—1973年，新加坡利用优越的地理位置，以补贴的方式加大了对外资的吸引力度，重点发展转口贸易和劳动密集型产业。外来直接投资的不断增长，推动了当地的经济发展，创造了更多的就业机会；大力兴建政府组屋，不仅实现了"居者有其屋"，而且有力地拉动了国内消费市场，即使人民安居乐业又有助于国家资本——中央公积金的扩大积累，形成了特有的经济发展的良性循环模式。

随着形势的变化，虽然后来新加坡的政策有所调整，但基本模式并未改变，而是在原有基础上逐渐完善。例如，1974—1985年，随着经济形势的好转，国家步入快速发展轨道，新加坡在贸易转口占经济主导地位的基础上，开始发展加工业，出现了国内劳动力资源短缺的问题，经济的增长在很大程度上依赖于外来雇佣劳动力。当时的政府一方面通过制定移民法，利用廉价外来劳工解决劳动力不足的问题，另一方面通过提高中央公积金的缴纳率，限制本地劳动力成本的增长速度。

1986—1997年，针对房地产投资过热和劳动力成本增长过快等问题，新加坡大力发展服务性行业，将服务业作为推动经济发展的"第二引擎"，特别是金融和信息资讯服务业的快速发展，把新加坡变成地区金融和信息中心，使其具有贸易和金融的吸纳和辐射能力。

1998年后，亚洲金融危机使国际形势发生了巨大的变化。面对中国和印度的崛起，以及高昂的土地和劳动力成本，原有的发展模式遇到了挑战，其经济政策的调整，主要集中在利用成熟的经济体制，积极发展知识型经济产业，鼓励国民创新创业，政府努力营造良好环境等方面。

四、新加坡创新驱动发展战略目标

20世纪90年代以前，新加坡政府并不重视国家的创新发展，每年投入到创新相关活动的研发经费不到国内生产总值的1%。随着外部环境逐渐转向知识经济发展，新加坡也开始重视并加强国家创新活动的发展。

自1991年以来，新加坡政府连续发布并实施了5个科技五年规划（表3-2），分别为《国家技术发展规划》（1991—1995）、《第二个国家科技规划》（1996—2000）、《科技规划2005》（2001—2005）、《科技规划2010：创新驱动的可持续发展》（2006—2010），以及《研究、创新、创业2015：新加坡的未来》（2011—2015）。这些连续而有效的政策的实施，使得新加坡的创新经济在短短的二十多年时间里获得长足的进步，并成功步入研发密集型国家的行列。

表 3-2 新加坡 5 个科技五年规划对比

时间	科技规划	预算（新币）	领域
1991—1995	《国家技术发展规划》	20亿	信息技术、微电子、电子系统、制造技术、材料技术、能源与环境、生物技术、食品和农业、医疗科学
1996—2000	《第二个国家科技规划》	40亿	先进制造技术、微电子、新材料、生物和药品、信息技术、环境
2001—2005	《科技规划2005》	60亿	信息与通信、电子制造、生命科学
2006—2010	《科技规划2010：创新驱动的可持续发展》	135.5亿	电子、信息通信与传媒、化学制品、工程
2011—2015	《研究、创新、创业2015：新加坡的未来》	161亿	电子、生物医药、信息通讯与媒体、工程、清洁技术

1989年，新加坡政府发布了《新的起点》(*The Next Lap*)，提出要重视创新研发，加强发展高新技术。

2010年，新加坡提出未来十年的总体发展目标——将新加坡建设成为"善用高技能人才的创新型经济体和独特的国际大都市"。为了实现这个目标，新政府还制定了七大发展战略：第一，是提高新加坡整体的精神、全社会的创新精神；第二，把新加坡发展成为环球和亚洲枢纽，新加坡国土面积虽小，但是其辐射的市场很大，可以从中寻求突破性的发展；第三，建立有活力的多元企业生态；第四，强化研究技术，推动研究开发成果商品化，支持最终能够给新加坡带来价值创造的研究开发；第五，克服能源短缺的缺陷；第六，提高土地的利用效益，克服土地面积狭小这个基本国情；第七，打造独特的环境都市。该战略对增强创新精神，加强创新成果的商品化等促进创新活动发展的要求都提出了具体的规划。

2013年年底，领导国家研究、创新与创业理事会的新加坡总理李显龙宣布了"研究、创新与创业计划"，即提出在未来五年，政府将拨款3.3亿实施研究、创新与创业计划，继续把新加坡打造成一个知识经济体。其中，1.3亿将用于发展网络安全研发项目；2亿将用于医疗诊断、语音和语言、薄膜和添加层制造这四个创新项目之中。这项举措将为新加坡的创新工作提供更多的高薪职位并吸引更多的外资。

新加坡的第四个科技规划明确提出"创新驱动的可持续发展"；第五个科技规划被直接命名为《研究、创新、创业2015：新加坡的未来》，充分说明了科技发展在新加坡的重要战略地位。自1990年至今，新加坡政府在创新研发方面的预算投入增长了8倍，可见新加坡政府不断加大创新事业的发展力度，详见图3-5。另外，新加坡政府自李光耀时代就坚持走"精英治国"的路线，人才培养一直以来都是新加坡创新战略中的重点。且不同时期，新加坡政府会根据全球创新发展趋势和国家的实际特点，制定不同的创新战略，选定与调整不同的重点发展领域等。

图3-5　研发支出比重图

相关链接

新加坡正崛起成为下一个科技中心

新加坡当地的氛围特别适合创业，政府对创业给予补贴，并减免税收，当地对创业的热情也很高涨。再者，新加坡是进入东南亚科技市场的快捷通道。虽然东南亚互联网普及率不是很高，但是印度尼西亚、马来西亚和越南的手机用户已经越过桌面电脑阶段，成为各种新服务的拥趸。

现实世界的模拟城市

这个国家或者城市到处都是崭新的建筑和塔吊，数量惊人。随处可见一些具有儿童文学家苏斯博士笔下梦幻色彩的现代摩天大楼——轻松活泼的屋角、弯弯曲曲的天台、俯冲下来的屋顶。我入住的酒店像镀铬的梯田。而著名的滨海湾金沙酒店看上去就像是三栋摩天大楼头顶上扛着一块巨型冲浪板准备下海。酒店周围最吸引人的景点是50米高的混凝土金属巨树，这些巨树安装有太阳能电池板，树内种有来自世界各地的植物。所有这些都是我上次在1999年来新加坡时所没有的。这个城市充满生机，一直在不断扩张。自从这个国家建立以来，已经依靠围海造田增加了四分之一的土地面积。

独立硬件开发商Bunnie Huang在2010年从美国移居新加坡，目的是为了更接近中国硬件生产合作伙伴。他把新加坡形容为现实版的虚拟城市。正如他所说，政府官员把有限的土地当作游戏平台。大楼建起来了，规则设定了，政府开始收税和选择优先发展的重点，然后在一边看着游戏怎样玩下去。当他们想出新的优先发展重点，他们会再次扭动旋钮和转盘。

新加坡复杂的鼓励和刑罚制度使得政府对这个国家的控制又进了一步。新加坡政府为两家赌场的开设铺平了道路，其中一个就是2010年开放的金沙湾赌场。赌博业为新加坡带来的收入已经超过了拉斯维加斯。为了防止其国民染上赌瘾，政府向国民收取100新币的入场费，而外国人则可以免费进入。政府控制国家的另一件事就是：为了提高长期以来一直在下降的出生率，新加坡国民生孩子将获得数万新币的退税、育儿补贴、政府给予的"婴儿花红"；只有已婚夫妻才能搬进大部分国民居住的廉价公共住房公寓。

各种花样的规定影响了人们开展业务的方式。比如，为了控制汽车保有量，新加坡向新车征收6万新币的附加费，于是诞生了P2P私家车租借服务公司 iCarsclub。高额附加费虽然限制了人们购车和在 iCarclub 共享汽车，但是拥有汽车所带来的高额税收让新加坡成为汽车共享的理想市场，因为拥有汽车成本非常高，大部分人负担不起。这家公司已经从包括 IDG Ventures 在内的投资者那里获得了7 000万美元的融资。

而且，这些规定也影响了国际科技公司进入新加坡市场。Uber 在 2013 年进入新加坡，目前落后于当地领先的公司 GrabTaxi，因为后者更紧密地融入到现有的出租车系统。Uber 遇到的一个阻碍是，基本车型丰田凯美瑞的价格都非常高，这种汽车在新加坡售价为12万美元，交得起这笔钱的人不大可能去做专车司机。

供职于风投公司 Golden Gate Ventures 的风险资本家温尼·劳里亚（Vinnie Lauria）卖掉了在硅谷的创业公司之后，跟妻子一起周游世界，最后在东南亚安顿下来，并在新加坡创立了一家公司。

如同在任何一家大公司内部一样，意见分歧，特别是公开表达分歧，在新加坡是不被容许的。

资金涌入

这种一心专注向前的劲头让新加坡从零起步发展到成功打造了一个初创公司社区。其中较大的初创公司有游戏硬件公司 Razer（这家公司很快就会上市）、游戏网络 Garena 和打车软件 GrabTaxi。这三家公司的估值都超过10亿美元。新加坡迄今为止最成功的公司是 Viki，这个视频网站在 2013 年以2亿美元的价格出售给了日本乐天。全球科技企业孵化器 Rocket Internet 也扶持了两家在新加坡运营的大型电子商务初创公司，分别是 Lazada 和 Zalora，这两家公司在 2014 年的营收都超过 1 亿美元。

除了支持本土创业公司外，新加坡政府还寻求向国外科技公司投资。新加坡主权财富基金之一的 GIC 在 2014 年领投了 Square 的 1.5 亿美元融资，还参与了印度电子商务公司 Flipkart 的最新一轮融资。另一家新加坡主权财富基金淡马锡则投资了另一家印度电商 Snapdeal。

同时，国外基金也在涌入新加坡。四年前，硅谷创投巨擘红杉资本（Sequoia Capital）开始把东南亚当作向印度初创公司扩张的试验床，这样做的假设前提是发展中国家市场拥有很多共同点，其结果是非常成功的，红杉资本最近开始从新加坡直接对东南亚进行投资，分别投资了移动交易平台 Carousell 和房地产搜索网站 99.com 等几家当地公司。

不像国际上其他科技初创公司蓬勃发展的地区，新加坡没有由新加坡人创立、专门为新加坡人服务的公司。这样的公司不可能存在，因为新加坡不是一个足够大的市场。整个国家面积只有半个洛杉矶那么大，人口只有 500 多万，因此新加坡的科技公司只能寻求向外发展。

（资料来源：http://tech.qq.com/a/20150704/002954.htm）

第四章　国外先进国家创新驱动发展借鉴

习近平指出:"创新是国家和企业发展的必由之路。""十三五"规划提出:"深入实施创新驱动发展战略。"可见,创新是国家崛起的基石,是国家创新驱动发展必经的过程。在新一轮的科技革命中,世界各国都在以科技为核心推动创新发展,尤其是美国、德国、英国,其创新能力更是有着世界性的影响。系统总结大国崛起的创新历史经验与教训,对我国全面建成小康社会、实现中华民族的伟大复兴具有重要的借鉴作用。

第一节　美　国

导读 G20 国家创新竞争力:美国居首位

由社会科学文献出版社、国务院发展研究中心管理世界杂志社、中国科学技术交流中心、中共中央党校国际战略研究院、中智科学技术评价研究中心、福建师范大学等单位联合在京发布了《G20 国家创新竞争力黄皮书:二十国集团(G20)国家创新竞争力发展报告(2015—2016)》。报告显示:美国、英国、日本位列 G20 成员的前三甲,其中中国在 G20 中排名第 9 位,这是 G20 集团中唯一一个进入前十名的发展中国家。"该报告的研究成果与 8 月 15 日世界知识产权组织发布的国家创新力指数的成果有相通之处,两个不同的评价体系互相印证了中国创新程度的提升,我们提出的'全球创新制胜之道'的理念和大家的想法不谋而合……"世界知识产权组织中国办事处主任陈宏兵在接受中国经济网记者采访时发表了上述观点。

获悉，该黄皮书根据二十国集团（G20）各成员创新发展的实际，构建了 G20 国家创新竞争力评价指标体系（由 1 个一级指标、5 个二级指标、33 个三级指标组成）和数学模型，对 2013—2014 年（由于国际数据一般要滞后两年，因此本报告所能采集到的最新数据截至 2014 年。由于科技创新持续影响的时间较长，这一评价结果可以作为评价各国当前创新能力的重要依据）二十国集团（G20）各成员国的国家创新竞争力进行评价分析，为 G20 各成员提升国家创新能力提供参考依据。

在本评价期内，中国国家创新竞争力得分增幅比较显著，上升了 2.6 分，远高于 G20 国家创新竞争力得分的平均变化水平（+0.5 分）；中国是发展中国家中创新竞争力排名最高的国家，说明这些年中国实施创新驱动战略取得了明显成效，有力地提升了国家创新竞争力。通过对比 2013—2014 年 G20 国家创新竞争力得分变化情况可以发现，G20 国家创新竞争力的整体水平呈现上升趋势，这说明这些年 G20 各成员为了尽快从经济危机的困局中摆脱出来，实现恢复性增长，都采取了"科技创新成为各国实现经济再平衡、打造国家竞争新优势的核心"的创新战略，有力地推动了创新能力的提升。

（资料来源：http://news.ifeng.com/a/20141119/42517366_0.shtml.2016-8-30）

一、制度孕育创新的土壤

（一）市场经济体制

美国是世界上经济实力最强的国家，在世界经济格局中居于重要地位。从阿波罗登月旅行，到高科技产品的研发使用，再到可口可乐及快餐等遍布世界各地，美国的市场经济迸发出巨大的能力与活力。

企业是美国市场经济活动的主体，多以合伙制、公司制、单人业主制形式来从事生产经营活动，为社会提供相应的产品和服务，从而形成市场经济基础的自由企业制度。自由企业制度核心是个人财产神圣不可侵犯，个体自由选择如何处置自己的财产。在自身利益的驱动下，个体自然会将财产使用在最有利可图的领域。在自由企业制度下，每个独立的个体都有权创办和经营企业，决策企业的生产经营方向、产品的价格、生产经营的规模等。当然，自由企业制度的也并非排除政府对企业的管理。政府服务于企业的生产经营活动，而非直接干预企业的内部事务。在企业、政府、个体之间，借助多种法律关系来调整企业与企业、企业与政府、企业与个体、政府与个体之间的利益关系，构建一种契约关系，维护三方利益。

在市场经济发展过程中，始终遵循平等竞争的原则，即市场机会人人平等。只要是美国公民，人人都有权创办企业，人人都有权进入某一行业。正是由于整个社会都营造着平等竞争的氛围，就为美国的经济发展创造了自由竞争的环境，即有能力者才能赢得胜利。为了防止某些行业被垄断组织控制，1890 年，美国颁布了"反托拉斯法"。对于垄断程度过高的大型垄断公司，借助法律手段将其分解成小公司，降低其垄断程度；对于限制或妨碍竞争的不公平商业行为，政府予以制裁，保证消费者利益和整个行业的生产效率。

在美国市场经济中，大中小企业在共同发展的同时也保持着相互竞争的态势。其中，大型企业占据主导地位，大型企业数量虽然较少，但营业收入比重较大；中小企业则起着补充的作用，营业收入所占比重虽小，但数量居多。并且，中小企业资本密集程度虽低，却可以提供大量的岗位，解决就业问题。面对中小企业竞争能力弱、筹资困难等问题，美国政府对其采取了一系列扶持政策来鼓励其发展。

在过去二三十年的经济发展过程中，美国也一直在产业结构优化的道路上努力前行，形成以服务业为主、金融投资为核心、大宗粮食出口、以高新科技为引擎的格局。首先，是对农业的调整。美国是世界上第一大农产品出口国，其农产品不仅能满足国内需求，还大量销往海外。加之，以农业为核心的配套体系、科学技术和管理模式的提升，将农业所需的大量劳动力转移到制造业和服务业中，创造更高的利润与价值，使美国发展成"农业综合经济体"，推动了美国经济工业化和城市化的进程。其次，是服务业的高度发展。美国服务业范围广泛，不仅包括银行和其他金融证券业、保险业、外贸、公共事业、电讯业，还涉及其他信息技术产业、教育、医疗等。各项服务业提供了充足的资本，创造了大量的工作岗位。美国经济的"服务业化"并不意味着第三产业对第一产业和第二产业进行挤压，而是三大产业协调发展，这种发展模式促使了美国经济保持长期稳定的增长，维持经济霸主地位。图4-1为美国自1947年来三大产业增加值变化图：

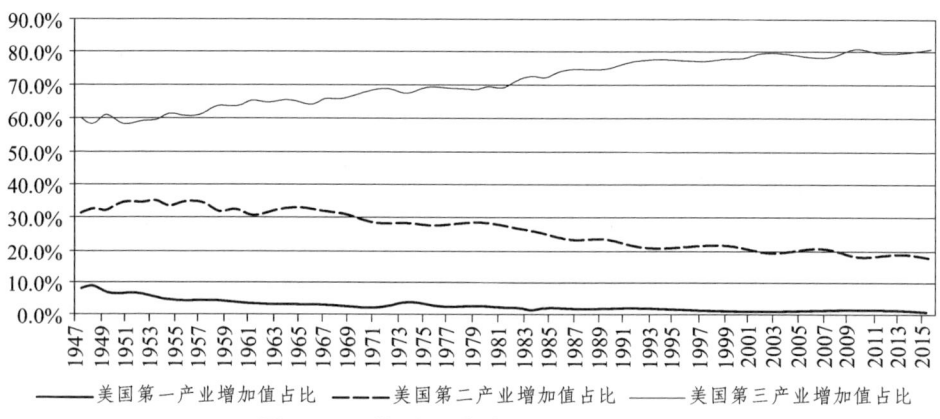

图 4-1 美国三大产业增加值占比

早期经济发展时的"西进运动"、南部逐渐形成的"阳光地带"、农业中形成的玉米带、棉花带等不同农业带，是美国最早的区域分工。随着市场经济的发展，美国地区间的分工及生产力布局也愈发合理化。在自由市场环境下，企业根据市场需求，而不受政府地区壁垒的限制，自主选择适合地区经营的产品，充分发挥各地区的优势。当然，政府也会进行少量的干预，如资助落后地区、扶持某些地区的新兴产业部门，合理化安排各区域的经济结构。

随着商品和劳务进出口贸易的发展，大量资本的输入和输出，美国市场经济的国际化程度不断提高。美国先后与加拿大、墨西哥签订协议，着意构建北美自由贸易区，构建一个集商品、资金和劳务于一体的自由流动市场，扩大市场范围及容量，增强其在世界市场中的竞争力，力图成为世界上最强的区域性自由市场。

（二）相关产业政策

美国政府以财政政策、税收政策和信贷政策间接调控经济，产业政策是市场存在缺陷时的补救性措施，是独立于政府政策的工具。产业政策的重点是培养市场机制无法创造的条件，推动创新和先进技术产生，保持技术领先地位。对于企业无法承当的技术研究，而又对经济增长起着关键作用的技术，如投资回收期长、企业不愿涉足、或投资前期所需巨额资金、企业不具备开发条件，政府才会干预并予以资助，推动创新和先进技术产生。

美国产业政策严格受到国会和预算法的限制，美国国会可以改变总统的政策，或者迫使总统采取行动，或者否决总统的裁决。凡是涉及政府的预算、机构设置与撤销、重要规章制度的制定，均需经过国会的批准方可生效。另外，通过最高法院的违宪审查，有效地约束政府干预的随意性和灵活性，从而达到控制行政权力的目的。美国的产业政策关注的是如何将新创意或技术产品化，创造商业价值，提升产业链的竞争力，故具产业政策的立法围绕技术的研发进行（如1982年的《小企业创新发展法》、1984年《国家合作研究法》《1992年小企业技术转让》等）。因此，美国政府会出钱支持普适性技术研究，支持基础性技术（技术平台）开发。如，通过资助国防技术，建立强大的政府研究开发体系，通过国防技术扩散带动一批重要的新兴产业和整体产业技术的突破；通过空间技术上的突破，为美国在航天、卫星通讯、计算机、电信等工业领域的绝对优势奠定了基础。

由1890年颁布的《谢尔曼反托拉斯法》、1914年颁布的《联邦贸易委员会法》和《克莱顿法》构成的美国反托拉斯法形成了市场中的竞争环境，为技术孕育与经济创新创造了条件，在一定程度上具有调整市场结构的产业政策功能。

（三）人才培养及引入

随着经济全球化和知识经济的发展，高层次的人才成为各国的稀缺资源。世界上公认的创新型国家有20个左右，美国作为如今世界上唯一的超级大国，其科技创新能力在全球范围内一直居于首位。而成为世界科技中心的关键在于，美国政府极其重视国民教育，系统化地培养科技人才，积极引进国外先进人才，为经济发展提供智力支撑。

从实际出发，美国的人才培养模式也发生了一系列变革。从1983年追求优异教育和和平的教育改革运动，到2000年联邦政府建立统一的教育标准和相应的责任制度，到奥巴马政府强调建立更为严格的标准和评价体系，以保证所有学生均达到基本的能力水平。虽然人才培养模式随着时代的发展做出了巨大的调整，但美国教育一直保持重视学生个体的个性化发展和创新精神的培养。美国教育制度的变革围绕基本质量标准与创新能力和高端科技人才的培养两者间的协调展开，力图用知识和技能来武装下一代，为美国建立居世界首位的人才队伍。

21世纪以来，美国出台了一系列吸引国外科技人才的政策及法案，主要包括：

第一，通过颁布"优惠制"移民政策吸引高端人才。首先，美国针对高端人才制定特殊的移民政策，如1990年出台《家庭团聚与就业机会移民法》；其次，引入海外人才绿卡制度；再次，修改短期工作签证的条例，增加签证发放数额。为留住杰出的高端人才，美国还授予非美籍专业工作人士永久居住权，甚至准许带家人一起生活。

第二，设立基金，实施各类援助计划。首先，政府为高科技和尖端行业设立专项基金，并主动为基金获得者办理入籍或绿卡手续，使其继续为美国效力；其次，与世界上其他国家或地区相互利用各自的优势资源，签订技术合作协议。

第三，加大对海外留学生的扶持力度。政府推出大量的公费留学项目，并为外国留学生设立种类繁多的奖学金；为吸引更多稀缺留学生留美，政府还为应届的海外留学生办理滞留签证；美国还会通过合作亚久、科研资助、学术讲座等形式邀请国外专家到美开展研究。

第四，重视猎头产业的发展。美国设立海外研发机构，利用海外兼并来聚集高级管理人才。

（四）知识产权保护

美国在对知识产权的保护上，不管是在立法、司法、执法的过程中，还是在意识形态或公众保护方面，都构建了一套成熟的知识产权保护体系，也正基于此，知识产权都得以重视，创新水平不断提升，国家综合实力长盛不衰。

在知识产权的立法方面，版权法、专利法和商标法都有对应的联邦法律；在商业秘密方面，美国仍在研究是否应制定联邦法律，目前只有州法律。在结合美国实际的情境下，美国知识产权的立法也具有自身的特征：第一，专利法没有实用新型类，只分为外观设计、发明和植物专利。第二，美国几乎所有的企业均有注册，虽然法律并未强制要求。究其原因，企业注册可以让全国皆知，发生争辩时可申请法院保护，并且在注册商标上被告只适用联邦法律进行抗辩，保证诉讼更加公平。第三，版权法的保护期限由最初的 14 年大幅度延长至作者终身及亡后 70 年。

在知识产权的司法方面，也分为联邦法院与州法院两组体系。加之，美国是判例法国家，因此，在审理案件时，法官在"遵循先例"的基础上，又不完全拘泥于判例。尤其是前例不能适应新环境时，就必须根据实际改变先例的应用范围，采用"区别技术"，允许法官"造法"。

知识产权在美国占有重要的地位，目前至少有 24% 的产业属于高度依赖知识产权的密集型产业。2011 年，这类知识密集型产业产生的经济附加值占美国当年 GDP 总额的 1/3。因此，在知识产权执法工作上，美国一直保持高度重视的姿态。首先，知识产权执法机构健全，分工明确，每个岗位均配备充足的工作人员，联邦政府中众多机构或直接或间接参与执法工作，全方位提供知识产权的执法服务。其次，执法严苛，尤其是针对大规模的行为或可能危及公众安全的假冒侵权行为，执法措施更为严厉，以震慑不法分子。除健全的执法机构、充足的人员配给外，美国政府为知识产权保护提供技术支撑。如，美国开发出专门的网络监管软件，与微软等大公司携手，深挖假冒线索，严厉打击涉嫌侵权的假冒信息。

（五）自由文化

美国哈佛大学教授约瑟夫·奈最早论述软实力（Soft Power）理论，他认为："软实力是一个国家文化和意识形态的吸引力，是通过吸引力而非通过威逼利诱来达到理想结果的能力。它之所以发生作用是靠着使其他人确信，他们应该追随着你，或者使他们与导致你欲要之行动的规范和制度保持一致。这种吸引力主要来源于国家植根的文化，而文化又以影响人类生存生活方式的意义而系统存在。"

文化的核心是价值观，它透过一系列行为及态度加以反映，是促使人们行动的内源动力。美国人普遍相信在任何群体之中，总有些人才能非常出众、有领导活力，一旦时机成熟，即会显露自己，这就是美国文化中的机会均等。作为美国公民是值得骄傲、自豪的，是幸福的，因为美国是一个民主、自由、平等、强盛、伟大的国度，开拓进取是富民强国的必经之路，只要注重实际，勤奋工作，每个人都会有平等的成功成才机会。正是在这样的价值观念的支配和驱使下，美国民众凝聚起来，实现了经济腾飞和强国之梦，弘扬了美国精神。

随着信息技术的高速发展，网络正在扩大现实存在的物理空间。美国也抓住了这一历史机遇，借助网络的优势，将美国的文化传播至网络世界中，以便快速地向世界各国、各地区展现其价值观，进行思想文化渗透，通过先行姿态取得优先话语权，从而进一步发挥美国领先全世界的主导优势。

（六）对外贸易制度

美国自 19 世纪末、20 世纪初接替英国成为世界经贸强国以来，已成为持续领先时间最长的国家。仔细研究易发现，美国在制度创新之路上不断完善，最终形成了以法制为基础、权力制衡为特征的现代民主政治制度；以自由竞争为基础的市场经济运行机制；以保护私有产权、保护发明专利权的法律制度体系，不断提升民众开展技术革命的主观能动性和技术创新的创造性，彻底摆脱了南部奴隶制及英国封建专制时期的影响。

2008 年金融危机爆发后，作为美国国家经济和外交政策重要组成部分的对外贸易政策也发生了相应的变化。一方面，自 2010 年开始，美国逐步扩大跨太平洋伙伴关系协定（Trans-Pacific Partnership Agreement, TPP），目前已达成具有以下特征的整体框架：全面的市场准入、充分的区域合作、广泛的横向议题、全新的贸易挑战及有生命力的自由贸易协定。一方面，TPP 的扩大促进了各成员国间的贸易与合作投资，加快了各国经济发展与创新水平，也创造了就业的繁荣。另一方面，美国与欧盟建立贸易与投资关系，削弱两者间的非关税壁垒，从而提供更多的商业和工作机会。

美国稳定的宪法及不断发展完善的宪政成为一切制度创新发展的基础，这也是美国自新中国成立以来保持政局稳定、经济持续发展的根本。美国在世界上首创的以成文宪法为核心，以最高法院司法审查为制度保证的宪政体制是美国的立国之本，保障了美国国内各个领域的稳定发展。

即使站在世界创新前沿，美国仍不断坚持创新，这既是其自身发展的需要，也是世界发展的趋势所向。可以说，世界的发展，就是创新的过程，各国已经开始在创新的道路上你追我赶、各显神通。因为，在这瞬息万变的时代，不创新就意味着将会掉队。

二、创新机制

(一)官产学研互动网络体系

作为世界上最具创新力的国家,全球 1/3 以上的工程师和科学家、50%以上的基础性研究、绝大部分原创技术、70%以上的诺贝尔奖均来自美国。作为全球创新的标杆,研究其创新机制对其他国家建设创新体系具有参考价值。

1987年,弗里曼最初提出国家创新体系的概念:由公共部门和私营部门共同构成的网络体系,这些部门机构相互作用,从而促进技术的研发、改进和传播。政府、企业、高校、科研机构、非营利性科研机构等组成的"官产学研"互动网络体系是国家创新体系的对象,各个机构部门相互配合补充,高效运转。

政府为国家科技创新体系设置了相关部门及机构,各机构的主要职能是借助政策或计划,支持知识生产特别是战略性研发,引导企业创新和产业发展,完善知识产权制度、相关法律法规和各类标准,营造一个创新型国家的氛围。

大多数企业重视科技人才,甚至投入数千亿美元吸引高端人才,他们是美国进行技术创新的主体。企业紧靠市场,应用知识、产出技术,提供满足市场需求的新产品、新服务或新工艺,从而实现技术创新。

高校是技术人才的孕育地,也是知识创新的主力军。居世界首位的高等教育体系,使得高校不仅培养出无数的高等级人才,还进行着百分之八十以上的基础研究,不断碰撞出新思想,研发出新技术,向社会注入新的科学知识,为企业新技术的产出提供源泉。

科研机构负责与国家息息相关的基础研究和关键技术的开发。非营利性机构对美国经济社会的发展起着补充作用,负责承担政府和企业委托的科研工作。中介机构支持技术创新的商业化转化过程,保障中小企业技术创新的成果。

不同的创新主体分工明确，各司其职，但在执行任务的过程中又不是完全独立分割的，而是借助合作伙伴关系相互协作、共同进步。政府与高校、企业合作，一方面，有坚实的基础研究做支撑，为企业解决了人才和技术支持问题，加速了技术创新商品化的步伐；另一方面，三者间的合作获得的资金支持帮助学校更新科研设备，检验师生的科研成果，打造高科技集中区。

（二）其他创新作用机制

美国国家创新体系的各活动主体相互作用，共同推动国家创新步伐。先进的股票市场，完备的立法、司法、执法体系以及备受推崇的创新文化是保障美国科学技术居世界首位的重要因素。资本市场体系提升了国家科技创新水平，完善的立法、司法和执法体系奠定了稳定股市的法律基石。

利用股票市场推动国家科技创新，在美国已有150多年的历史。自1850年兴起铁路股票购买热潮后，证券市场向以股票市场为主的方向转向，并不断提升着科技创新水平。正是在股票市场的作用下，一批又一批的高新技术企业获得资本支持，引领世界发展。企业发展所需的资金通过发行股票获取，因此，股票市场直接影响着国家的产业结构。同时，股票市场大幅度提高了企业的资本化水平，尤其是针对高科技创新企业。较低的上市门槛自然吸引了大量全球各地的企业向美国转移。并且，股票市场提供的大额资金支持加速了美国智力资本的周转率。美国股市吸引着全世界的高级别智力资本，大量资本被投放在探索人类、便捷人类的问题上，致使美国在创新上的竞争力越来越强。最后，高效的注册制和退市制度帮助美国形成良币驱逐劣币的股市。注册制降低了企业融资的难度，夯实了新生企业的资本基石，提高了各类风险资本投资的积极性；退市制规范上市公司的发展积极性和自律性，构建了上市公司、投资者和中介机构三者间的约束制度。

三次经济危机的爆发，加强了证券市场的监管立法，重塑金融监管体系，遏制了投机行为，加快了资本市场法制系统化的步伐，营造了健康的资本市场。在美国，证券法的核心目标是投资者的利益，集体诉讼制度规避了虚假信息的散播，为投资者利益提供了保障。随着创新文化深入人心，中产阶级数量逐渐庞大并在社会上持续、稳定地发展，创造价值。

相关链接

三大机制成就硅谷辉煌

硅谷的成功背后有着三大机制：创新机制，包括技术创新、商业模式创新、体制创新、市场创新；创业机制，创办新企业，催生新产业；创富机制，用好金融市场，创造财富，运作财富。

硅谷的技术创新、发明和商业模式创新，体现在各类新兴产业领域里：软件业，以甲骨文、Adobe等颠覆IBM软硬件捆绑的销售方式为代表；互联网业，以谷歌、雅虎、eBay等颠覆微软向最终用户收费的方式为代表；云计算、移动终端又带来商业模式创新。硅谷的制度和组织创新，体现在以创新人才的知识为资本化的过程中。例如，在科技公司强调生产关系中人的作用；知识合法转化为财富的机制；股权、期权制使员工持股占比达 10%～15%（一家大公司有几十亿资产在员工手中）；LLP、LLC等创业型企业组织形式出现等。还有硅谷的文化创新，主要是指：鼓励冒险、容忍失败的硅谷文化；开放和宽松的创业文化与环境；机会均等、不迷信权威、以结果为导向的精英体制等。

硅谷创新文化（300336，股吧）和价值体系的十大表现是：以人为本，能者为上，英雄不问出处；容忍失败，硅谷建立在失败的基础上；容忍"背叛"，高跳槽率；团队精神；嗜好冒险；开放架构、知识共享；热衷改变自己；痴迷于产品而不是金钱；机会均等，人人有份；分享利益等。

如何衡量硅谷的创新？硅谷创新能力的经济指标是：创新点子的数量（专利授权数）；用于创新的风险投资额；由此带来的经济增量。在全球的 124 个国家和地区中，专利数日本第一，上海第四，硅谷第六，但是其他指标（用于创新的风险投资额以及由此带来的经济增量）均是硅谷第一。

硅谷能够形成如此创新机制，也是世界其他各地学不到、模仿不了的机制，其关键的创新要素源自于集聚优秀人才、高端人才、创新人才；打造了世界一流大学；鼓励创新活动；提倡发明创造，保护知识产权；各种鼓励创新的激励机制；资金投入（天使、风投、战略投资）以及大学与企业、政府互动等。

从硅谷的经验分析，可以有这样的观察点，即地区创新能力的三个观察点：风险投资走向，是衡量地区持续发展能力的重要指标；M&A（并购）和 IPO（上市）数量，是衡量地区培育高价值企业的能力的重要指标；新增企业数（创业），是地区吸引企业落户的能力（硅谷每年新增企业近万家）。

硅谷的创业机制包括：吸引企业来创业的政策、法规和制度环境；扶持创业的资金投入；鼓励创业精神；因地制宜，规划打造本地支柱产业；营造为支柱产业服务的专业服务行业；产业政策倾斜，培育龙头企业。硅谷创业机制的主要观察点包括：新增创业企业数量；"瞪羚"企业数量（高速成长的科技企业、年增长以 100%为单位）；亿、十亿、百亿美元企业统计；支柱产业、产业聚集簇群的形成等。

硅谷的创富机制，主要有以下几大要素：融资管道畅通，是指天使、风投、PE 等融资管道畅通；产权交易平台完善，以 M&A、OTC、IPO 等资本市场交易流的实现为代表；对于知识产权创造经济效益的激励机制，知识即财富的认知；促使创新创业进入国际金融舞台的机制等。创富机制是硅谷保持区域竞争力，领先于全球任何一个区域的核心关键。分析硅谷的创富机制，主要有以下观察点：本地区引入风险投资的数量及其他融资管道；国内外风投机构进驻情况；境内外上市企业数量；企业员工平均产出水平；本地企业在500强排名；企业家富豪榜等。这些方面硅谷都遥遥领先全球其他任何一个区域。可以说，硅谷的创新、创业、创富的三大机制，合力驱动了并造就了硅谷的今天。

（资料来源：为什么美国也只有一个硅谷. 中国证券报，2015-06-08）

三、创新模式及战略

在三次工业革命的背景下，美国一次又一次经历着创新模式的变革，同时，也赋予了"创新模式"更为丰富的内涵。创新模式的变革，主要指正在推进的创新实验室模式，此次变革始于奥巴马政府提出的"再工业化"，这一次变革并不是简单地回归制造业，而是希望通过本次创新模式的大变革从实质上增强美国的竞争力。

在"再工业化"的进程中，"电子墙"将替代现有的电子显示系统，移动照明设备将成为新一轮节能技术革命的推手，纳米传感器将使绝大部分微型充电产品被淘汰，模块化媒体技术将彻底改变传统的手段，无线电力传输等产品将替代现行的许多习惯性用品，可编程催化剂可能对生物工程、制药工业产生根本性影响，超通讯技术可能无需无线运营商而实现点对点通话。一大批新技术已然诞生，许多创新成果也应用在军事方面，新一代技术也将建立起美国在下一轮市场竞争中的领先优势。

近两年来，美国将企业与各大学、国家实验室的合作作为重点，在高校建立创新实验室。主要内容包括以下方面[①]：

第一，重点培养年轻人的创新冲动和创新能力。美国决策者认为，

---

① 陈建勋. 美国创新模式变革对上海的启示.[2016-9-15]. http://opinion.hexun.com/2013-01-17/150284186.html.

第三次工业革命使得产品升级换代的周期大大缩短，产品一般两年就会更新一次。每一次产品的重大更新，也预示着原有的核心技术被快速淘汰。因此，年轻人在大学学习的很大部分基础知识到毕业时已经过时了，造成了极大的浪费。更何况，传统的、学院式的教学按一个模板培养人，教出的仅是大批高级蓝领，而创新竞争需要的是领导潮流的人才。鉴于此，美国许多大学把创意和实现创意的能力作为培养学生的主攻方向。在创新实验室中，把激情激励、善于想象以及辨别、判断、捕捉机会作为重点教学内容。同时，鼓励学术自由、人的个性心灵释放，在鼓励打破传统的宽松环境下，创意受到了尊重。

第二，鼓励学科嫁接和知识再造，提升使用知识、组合知识、开发知识的能力。创新实验室没有严格的学科或学科分类，大部分为跨学科的探索，如把数字技术与话剧结合研发数字话剧，把人工智能与医学结合研究智能化人工器官，把化学与电学结合研究导电油漆等。绝大部分创意的实现不可能靠单一学科的知识，而学科"嫁接"会产生大量机会。创新实验室的教学提倡知识加工，即在大量已有知识的基础上深层次地开发。知识加工是科技与经济结合的最佳选择和出路之一，大学生要学习知识，更要掌握使用知识、组合知识、开发新知识的能力。

第三，建立研发链、产业链、市场链贯通的完整创新链。美国创新实验室追求高价值的成功，明确把创新定义为：从创意到形成价值的全过程。因此，研发的起始阶段就注重研发链（基础、技术、推广）、产业链（产品、小试、中试、产业）和市场链（商品、流通、销售、服务）的衔接，瞄准市场，系统集成。

第四，创造支持年轻人进行创新活动的制度环境。美国创新实验室特别注重专利维护和市场策略设计的研究，如核心专利申请、专利策略规划、市场网络搭建等。这些研究既解决了创新的前景问题，也提高了学生能力和水平，更重要的是，让创新的阶段性成果增值。一个学生的好创意,就转换成他几年的学费;一个相对成熟的创新成果,能够使得参与者在学生时代就享受到丰厚的市场回报。

世界上有 80%左右的研究是效率低下的,其原因在于没有研究"正确的问题",即没有对未来的设想和明确的方向。因此,需要采取逆向思维:从市场需求反向推进学习。从消费端、市场端的"逆向创新",市场需求是研发活动的最基本动力,因此,高度重视市场需求是美国目前制造业发展的特征。美国政府也正在加强创新生态系统的建设,积极推动数据的开放和科研成果的共享,优化商业环境,推行专利制度改革,保证充足的科技人才供应,重视网络安全和生物安全,打造具有竞争优势的"软性"制造业。

相关链接

2015年版《美国创新战略》六大重要信号

为实现持续创新,解决美国面临的最紧迫挑战(确保更多的美国人健康、长寿;加速向低碳经济转变等),促进经济增长,共享未来繁荣,2015 年 10 月,美国国家经济委员会(NEC)与白宫科技政策办公室(STPO)发布新版《美国创新战略》。此前,奥巴马政府先后分别于 2009 年、2011 年发布《美国创新战略》。在 2015 版《美国创新战略》中,政府已经确定了额外的政策,以支撑创新生态系统,给所有美国人提供好处。

2015 版《美国创新战略》承认联邦政府在投资美国创新基本要素、激发私营部门创新、赋予全国创新者权利方面的重要作用。该战略描述了奥巴马政府如何通过三套战略计划扩建这些重要的创新要素。这三个战略计划的重点为创造高质量就业岗位和持续经济增长、推动国家优先领域突破及建设创新型政府服务大众。2015 版《美国创新战略》具有 6 个关键要素,并针对 6 个关键要素提出具体战略行动。

1. 投资创新基础要素

美国创新生态系统的基础是指那些联邦投资为创新过程提供了基础信息的领域。具体行动包括：（1）在基础研究方面进行世界领先的投资；（2）推进高质量的科学、技术、工程、数学（STEM）的教育；（3）开辟移民路径以帮助推动创新型经济；（4）建设一流的 21 世纪基础设施；（5）建设下一代数字基础设施。

2. 激发私营部门创新

通过解决阻碍创新活动的市场疲软以及确保对实验和创新友好的框架条件，联邦政府能够授权于私营部门的创新者。具体行动包括：（1）加强研究与实验税收抵免；（2）支持创新的企业家；（3）确保适当的创新框架条件；（4）将公开的联邦数据授权于创新人员；（5）从实验室到市场：联邦资助研究的商业化；（6）支持区域性创新生态系统的发展；（7）帮助创新的美国企业在国外竞争。

3. 营造一个创新者的国家

通过下列行动，联邦政府能够帮助更多的美国人成为创新者：（1）通过激励奖励利用美国人民的创造力；（2）通过制作、众包及公民科学挖掘创新人才。

4. 创造高质量就业岗位和持续经济增长

技术创新是美国经济增长的关键来源。在下列优先领域协调联邦工作，对就业岗位和经济增长有重大影响：（1）加强美国先进制造的领先地位；（2）投资未来产业；（3）建设包容性创新经济。

5. 推动国家优先领域突破

在国家优先领域创新的最大化意味着确定重点投资领域能够取得变革性结果，以满足国家和世界面临的挑战。这些优先领域包括：（1）对重大挑战；（2）用"精准医学"概念治疗疾病；（3）通过"脑计划"加速发展新型神经技术；（4）推动在卫生保健方面的突破性创新；（5）采用先进车辆显著减少死亡事故；（6）建设智慧城市；（7）推动清洁能源技术，提高能源效率；（8）开发先进教育技术，推动教育技术革命；（9）发展空间技术，取得突破性进展；（10）致力于计算新领域；（11）到2030年，利用创新消灭极端全球贫困。

6. 建设创新型政府服务大众

借助于人才、创新思维及技术工具的适当组合，政府能够为民众提供更好的服务。具体行动包括：采取创新的工具包解决公共部门问题；在联邦机构的创新实验室培育创新文化；通过更高效的数字服务传递，为美国民众提供更好的服务；提升政府解决社会问题的能力，推动社会创新。

（资料来源：苟桂枝. 2015 版《美国创新战略》释放六大重要信号. [2016-9-15]. http://opinion.hexun.com/2015-11-02/180279982.html.）

第二节　英　国

2008 年以后，世界金融危机的影响使得经济低迷的英国不得不重新审视自身地位，对创新给予了极高的关注。英国可以称得上是世界上最早的创新型国家，近二十年来，其演进过程主要经过了 20 世纪 90 年代制定科技遇见计划、21 世纪初的十年发展规划（2004—2014）与后金融危机时代强调创新引领科技经济发展（2009 年至今）三个阶段。

英国创新驱动发展独具特色。它以英国深厚的科学基础和人文文化为根基，历史上以牛顿为代表的伟大科学家带领了英国在包括物理、生物、数学、化学、医学等自然科学与技术领域取得了非凡的成就，以大卫·李嘉图、亚当·斯密和罗素等西方文化的先驱在哲学与社会科学方面为人类思想文化的进步指明了方向；它强化基础研究，英国是仅次于美国的科技强国；它注重创新与学术自由，科学家对学术保持着自由探索与不屈不挠的钻研精神，是英国在自然科学等领域保持世界领先的保障；它倡导"服务与创新全过程"的创新文化，这是英国创新文化建设的核心。

一、创新制度

(一)经济体制

作为资本主义的发源地,英国是最早进行工业革命和实现工业化进程的国家,也是自由市场经济体制的起源地。然而,进入 20 世纪以来,英国的市场经济体制发生了巨大的变化,现已成为以私人资本所有制为主体,经济决策结构高度分散,市场机制为资源配置的主要方式,政府对经济的调节比较有限的现代自由型市场经济体制,具有典型的混合经济体制特色。英国经济的改革一方面减少了政府管制,另一方面提高了产品与劳动力市场的自由度,资本形成效率不断提升。

英国市场经济运行中的所有制形式主要包括国家资本所有制以及私人资本所有制。国家资本所有制形式在开展国有化的进程中形成,而公司所有制和个人资本所有制构成了私人资本所有制形式。在企业结构上,英国与美国具有相似性,即垄断企业居于核心地位,公司制、合伙制、单人业主制等组织形式组成了企业在自由企业制度下的基本结构,小企业围绕大企业进而构成市场经济的主体,推动市场经济的运行。自由的企业制度致使企业管理者在依法办理登记、承担纳税义务的前提下,可以充分发挥自主权,做到在企业的生产经营方向、产品定价、生产规模等方面自主决策,自负盈亏,自担风险。

英国自由的市场形式是现代市场经济体制的运行基础,英国劳动力市场实行的是自由雇佣制,工人与雇主之间可以双向自由选择。英国现代自由型市场经济体制之所以有别于历史上自由放任的市场经济体制,是因为受到政府的宏观调控的影响,英国数百年市场经济的运行发展,形成了一整套约束市场与企业行为的规章制度,政府干预和调控经济的手段主要表现为政府通过制定一系列政策,通过间接性的经济调控改变供求关系干预价格,进而完成任务。经济政策包括财政政策、外汇与汇率政策、收入分配政策、货币金融政策、科技政策等。

实施社会保障制度也是英国市场经济的重要组成部分,是保障市场经济正常运行的关键环节。西方发达国家的社会保障制度起源于英国，主要包括社会保险、社会补贴、社会救助以及医疗保健四方面内容，覆盖了居民生活的方方面面。它使得社会公民的基本生活有所保障，享受到国家提供的多方面社会服务。

（二）产业政策

政府制定的产业政策可以概括为三方面。首先是对衰落的传统产业进行合并，并对其进行现代化的技术改造，提高技术水平以及设备性能。其次是支持新兴产业的发展，包括化工、电子、高技术产业在内的新兴行业在英国的未来发展中极具前途。最后就是依靠先进的技术和装备扶植并带动其他产业的发展。

金融业与服务业是英国产业中的重中之重，除此之外，先进制造业在英国的地位同样很重要，为了保持先进制造业的国际领先优势，英国政府出台了一系列产业扶植政策，主要涵盖四个方面：第一方面是信息和投资。针对企业，政府推出开放的政策计划并提供强大的信息和资金支持，为企业的商业运营保驾护航。自 2002 年开始，制造业咨询机构正式启动，现已完成数万个项目，效率不断得到提升，附加业务的增多，无形之中就带来了数亿乃至数十亿的收益。第二方面是先进制造技能。先进制造业所必需的高超、灵活的技术要求劳动力资源应具备协同工作的跨学科技能，为此，政府采取系列措施培养劳动力资源，提高他们协同工作的跨学科技能。第三方面是新技术应用。近年来，一套新型多功能的平台技术在英国先进制造业领域悄然兴起，由于它们处于起步阶段，应用空间有限且经济效益低，英国政府创立由企业主导的技术委员会来激发此类具备巨大潜力的产业创新。另外，委员会还通过资助合作研发、知识转移合作伙伴关系等方式促进先进制造业的发展。第四方面为特殊产业的挑战。先进制造业内的大多数领域或多或少都存在一些发展障碍，但不同部门面临的发展障碍有所不同，某些特殊产业也许会由于初期投资大、回报周期长等因素亟须政府的支持，如航天航空产业、特色农业、旅游地产等。

（三）人才培养

正是依靠先进的科学技术与高素质人才，英国引领了十九世纪的工业革命。而如今，英国的各领域技术人才以及专业人员的比例依然保持了世界领先水平，人文与基础学科的传统地位岿然不动。英国人口总数仅占世界人口的 1%，但科技论文却占世界论文总数的 8%，论文引用率排名世界第一，为 13%（郑海燕，2005）。截至 2013 年 10 月，英国有 121 位诺贝尔奖得主（大部分为科学奖），仅次于美国的 344 位得主。

英国在人才战略方面一向奉行全球化的人才观，对人才的流向不设限，采取自由放任的宽松政策。优良的学术氛围与创业环境为优秀人才的发展和能力的展现提供了一个良好的平台，由此吸引了大量人才的涌入。同时，这种现象很大程度上也依赖于英国政府的人才政策。英国政府于 1993 年 5 月制定的科技白皮书——《实现我们的潜能——科学、工程与技术战略》和于 1994 年 4 月制定的《政府资助的科学、工程与技术展望》这两份文件的出台成为科技发展的重要标志。

政府非常重视对人才与企业的奖励，实施了一系列政策对优秀人才、科研团队进行奖励支持。"发挥我们的潜能"奖励计划，旨在奖励与工业界建立良好合作关系的科研人员；由政府提供 CASE 基金的科学与工程合作奖励计划，通过各研究理事会资助那些参与工业界主导的各科研项目研究的在校学生。"联系"计划支持那些所谓"有价值"的发明和以提高人民的生活质量为目的实用科技研究，陆续投入资金为五亿英镑（政府 50%），有上千家企业和二百多家科研单位涉及其中。小型企业研究与技术奖励计划关注少于五十名雇员的小企业，政府最多可资助项目预算的 75%或 45 000 英镑；对于少于二百五十名雇员的中型企业，政府可给予其最多不超过项目预算的 30%或 20 万欧洲货币单位（约合 147 000 英镑）的资助。政府共资助 2 500 多个类似的项目。公众认知计划是一个科普计划，主要是支持并资助英国科技促进协会等组织的有关活动，以提高人们对科学技术的认识[①]。

英格兰人是英国的主体民族，此外，英国还包括爱尔兰人、诺曼底人等少数民族。在培养少数民族人才、提升少数民族文化素养上，英国政府同样做出了许多努力，在法律、规划、管理上面均体现出各民族政治地位平等共同发展的政策特征，可以概括为立法为先、推崇多元文化、科研与工作能力并重。政府对少数民族高层次人才的培养立法上包含了语言和受教育权利两个方面，公布实施了《民族关系法》《教育与民则关系法》《1993年威尔士语言法》以及《教育改革法》等。这些政策比较明晰、可操作性强且法律约束力大。英国社会推崇的多元文化主要体现在制定规章制度，培养少数民族人才时推行多元文化理念，实施多元文化教育进一步引导多元文化社会的形成。对于研究生的教育，英国比较注重科研能力与实际工作能力的培养，常采取企业与高校联合培养的方式。对少数民族教育的重视不仅有利于促进各民族的和谐，更为社会培养了一大批优秀人才，在推动科技发展方面的作用巨大。

（四）知识产权保护

1623年，英国颁布《垄断权条例》，标志着世界上第一部正式专利法的诞生。英国是最早运用法律来保护知识产权的国家，它之所以成为现今世界科技投入产出比最高、文艺创作最繁荣的国家之一，重要原因就是它建立并完善了知识产权保护体系。

英国对知识产权的保护特点鲜明，主要表现为以下三个方面：

（1）英国是世界上最早有意识并且颁布法律条文保护知识产权的国家，自17世纪初期至今四百多年历史中，知识产权的保护已经深入人心。

---

① 中国商务部. 英国科技政策. [2016-9-15]. http://www.twwtn.com/detail_106451.htm.

（2）英国对知识产权的法律保护体系比较完善。属于英美法系的英国主要以判例法为主。但是为了与知识产权本身的特点相适应，实现对知识产权最充分的保护，政府制订了一系列的成文法。不仅仅在立法上，法律体系的健全同样体现在执法与司法的公正和公平上。例如，20世纪九十年代初，为了满足中小企业在商标、专利以及外观等方面的需求，英国政府还专门设立了专利地方民事法院，在产权纠纷的解决方面提供了强有力的法律支撑。英国于1932年、1977年、2013年分别设立了专利上诉审裁处、专利法庭以及知识产权企业法庭等部门，形成了一套较为完整的知识产权审判体系。

（3）英国知识产权局作用巨大。根据国家知识产权局官网信息，2007年4月，英国专利局更名为英国知识产权局。产权局为了更好地保护知识产权，制定了一系列详细规则，详细规定了各知识产权项目的审批程序，并附带有一套量化标准。

在英国，出版、音乐、电影、电视及游戏软件等文化创新产业占全国GDP的比重高于5%，每18个人当中就有一个人就职于创意产业。据此，保护知识产权显得尤为必要。近些年来，英国在知识产权保护方面逐渐加快了改革步伐。英国首相卡梅伦在2010年委托卡迪夫大学数字经济学教授伊恩对现有的英国知识产权制度是否阻碍创新和经济发展进行调查。2011年，在调查的基础上，伊恩发布一篇报告——《数字化机遇—知识产权和经济增长报告》，基于此，针对报告中凸显的问题，英国迅速做出反应，公布了一揽子知识产权立法改革计划，之后又公布两个附随文本——《英国知识产权国际战略》《预防与对策：英国2011年应对知识产权犯罪战略》，由此奠定了英国在知识产权改革方面的基础。除此之外，2013年9月，英国成立专家知识产权小组（PIPCU），用于强化网络版权的保护，专门打击网上产权犯罪行为，并取得了很好的成绩。在2014年10月伦敦举行的反假冒会议上，英国政府承诺将会投入三百万英镑给PIPCU，这些资金可以维系小组正常运转至2017年。2014年10月，政府正式通过并实施《2014年英国知识产权法案》。

140　创新驱动
内外市场互动的创新机制与模式

（五）对外贸易

众所周知，英国是世界经济强国，但同时，它也是世界贸易大国，其贸易额占世界贸易总额的 5% 以上，商品与劳务出口占本国 GDP 的 25%。机械、汽车、电子产品以及化石燃料是英国主要的出口产品。主要进口产品为制成品、燃料和食品。英国有八十多个贸易伙伴，与多个国家和地区贸易联系紧密，主要贸易对象是包括美国、欧盟成员国等在内的发达国家。之所以成为世界第四贸易大国，很大程度上是因为英国政府实行的宽松自由的贸易政策以及保护措施。在经济全球化的时代背景下，英国总体实行自由贸易政策，但并不是完全的自由贸易政策。对于那些竞争力较强的行业、以国外市场为主的企业实施自由贸易政策，而对于那些竞争力较弱的行业、以国内市场为主的企业倾向于实施保护贸易政策。在开放国内市场方面，政府所持的立场是：为了确保英国国家的整体利益并使有关措施顺利实施，不仅要考虑各方面宏观因素的影响，更要考虑各个行业及个人的利益。

"脱欧"之前，英国保护贸易政策体现在几个"限制"上，一是进口许可证限制，除了欧盟成员国内部大部分货物进口不需要进口许可证之外，多数情况下，其他来源的进口货物都需要向有关部门申请许可证。二是进口限制，英国进口限制包括欧盟进口限制和国内进口限制两部分。三是反倾销、反补贴限制，贸工部专门建立了反倾销小组来协调工作，以期更好地保障英国国家利益。

二、创新机制

（一）官产学研机制

英国作为第一次工业革命的发源地，凭借着其丰富的科技成果以及一流的工业技术闻名于世，同时奠定了英国经济发展在世界经济发展中的领先地位。然而 20 世纪以来，"英国病"开始逐渐蔓延。作为欧洲重要的发达国家之一，科研能力较强是英国具有的优势之一，但科技发明应用比例低、技术创新能力弱是阻碍其发展的主要短板之一，相比于美国与欧洲其他发达国家，"精于科学，却不善于创新"成为英国的标签。英国的科学研究虽处于世界领先地位，但经济上的往日辉煌已成为过去，技术上的停滞不前以及经济上的持续衰退，是诱发"英国病"的原因。20世纪80年代，经过深刻反省并思考经济衰退与科技发展之间的关联之后，英国政府总结出了教训：在注重科学研究的同时，将工程技术研究忽略了，尤其表现在科技成果未能很好地应用于解决实际问题，实现生产力的提升。因此，英国政府通过加强学术界与产业界的交流与合作，力求实现"官、产、学、研"的紧密结合与协同创新机制，以期促进经济的发展。

产学研合作是指企业、科研院所和高等学校之间的合作，通常指以企业为技术需求方，与以科研院所或高等学校为技术供给方之间的合作，其实质是促进技术创新所需各种生产要素的有效组合。而官产学研合作，则是政府、企业、高校、科研院所在人才培养、技术创新、新产品研发等方面高效互动、分工协作，充分发挥各自优势，形成强大的研究、开发、生产一体化的先进系统。自产学研合作伊始就具有浓厚的官方色彩，目前，英国政府尤其注重对其的引导和推动，官产学研的合作机制推动了英国国家的科技成果转化过程，为英国的科技创新和经济发展带来了巨大的促进作用。

英国实现官产学研合作机制的途径主要有以下几方面：首先就是政府提供的资助和支持。英国的资金资助有政府专项基金、奖励基金、风险技术大学伙伴基金三种主要形式。其次就是对科技中介结构的激活。在英国，科技中介服务机构可分为三个层面，分别是政府层面、公共层面以及私人公司层面。政府层面服务机构是指促进企业、科研机构、大学等机构联系的"企业联系办公室"。公共层面的服务机构是指提高英国国家科技成果转化能力以及提供中介服务的皇家学会、工程院等咨询机构和大学设立的办公室、专业协会等组织。私人公司层面的服务机构是三者之间的主体,在此方面做得较为突出的就是从需求出发选择项目并推向市场的英国技术集团(BTG)。最后是建立产业集群区。集群区形式多种多样,有高新技术开发区、经济技术开发区、科技创新园区、现代服务业园区等各类开发区或园区。一百多个科技园与三百多个企业孵化器遍布英国,其中英国剑桥科技园的发展在欧洲最为成功,苏格兰硅谷作为高技术集群区在英国同样赫赫有名。企业与大学研究机构之间建立了密切的联系,研究机构取得的科研成果可被集群区内企业得到迅速的开发应用,转化效率较高,使用大学或研究机构内的先进设备或实验室更为便捷,同时,企业会向研究机构提供更多的科研经费,更有利于研究机构进行发明创造。最后一方面是指对人才交流与合作培养的重视。企业在大学或者科研机构建立实验室,同时邀请高技术研究人员加盟。在实验研究中,人员之间通过相互接触、相互学习与交流,进一步了解企业所面临的问题并提出解决方案,这不仅仅可帮助企业渡过难关,也使研究人员的学术水平与实践能力得到较快的提升。

在推动产学研合作机制的过程中,政府还会定期对相关政府措施和合作项目的完成进度以及实施情况开展评价工作,及时了解最新动态,对不利于机制运行的措施进行有效的制止并加以调整,为产学研合作机制的高效运行提供了保障。

(二)绿色治理创新机制

英国作为工业革命的发祥地和世界经济发展的领头羊,在世界经济强国中具有重要地位,但也引发了一系列环境问题,由此英国在不断地探索中,创新性提出了一套独特的绿色治理体系与机制,成功地引领了世界"绿色低碳节能"革命。

从萌生到真正进入实践,绿色治理理念经历了一段比较长的发展时期,在不断地摸索治理方法和途径的过程中,该理念也在不断完善。

英国绿色治理创新机制的形成主要有以下几个因素:

(1) 末端治理在科技突飞猛进的推动下升级为源头治理,进而引领环保革命。工业革命带来了严重的环境污染问题。泰晤士河流经英国 10 多个城市,19 世纪末期泰晤士河水域发生污染,直接影响到这 10 多个城市居民的生活用水,并引发了疾病、瘟疫等严重社会问题。治理初期,主要依靠物理捕捞污染物和化学沉淀方法对水域进行处理。随着污染物的减少,末端处理的成本越来越高,在一定程度上也抵消了经济增长所带来的效益,且容易导致恶性循环,也不可能从根本上避免污染的发生。因此,在科技进步的基础上,末端治理逐渐被源头治理所取代,成为环保革命的重要举措之一。

(2) 政府制定一系列法律文件,从法治角度增强社会和公民对绿色治理的认识,带来法治变革。只有将绿色治理理念从意识形态上升到国家法律层面,制定法规来推动法治的变革,真正让绿色治理理念做到有法可依、有法可循,公民的绿色治理理念得到不断增强,才能实现全社会的变革。

(3) 及时对未来世界变化发展做出准确预判,提出前瞻性战略和政策,引领全球绿色治理发展趋势,催生低碳革命。英国是最早提倡发展绿色经济、低碳经济与节能产业等概念的国家,在应对全球气候变化中掌握着话语权,并在 2008 年颁布《气候变化法》作为率先付诸实践的佐证,承诺在 2050 年将温室气体的排放量在 1990 年的基础上减少 80%,同时建立了"碳预算"五年计划。

(4) 依靠财税手段和市场机制,实现绿色治理理念的市场化运作。绿色治理创新机制中重要的组成部分就是绿色财税体系,主要包括作为核心部分的气候变化税、碳预算以及自发建立的碳排放交易市场。

(5) 配合政策和法规,调整政府管理机构,实现政府对绿色治理的有效决策和监管。政府在绿色治理创新机制中发挥的宏观调控和顶层决策作用不可或缺。在推行法规的重要时机先后成立两个内阁部门,与绿色创新、治理理念紧密相关,同时伴随着相关部门的合并和调整,加快了英国的低碳经济转型。

（三）科教创新

21世纪，英国的高等教育继续在世界上保持领先地位，很大程度上源于英国对高校管理机制的创新，主要体现在高校战略规划、学校领导人再造、教学和科研评估等方面。

在制定高校战略规划、宏观指导高校发展方面，政府于2000年出版《英国高校战略规划指南》。该指南第一是强调了大学校长对规划过程的领导作用；第二是明确了学校规划的环境扫描、内外分析、形成思路与考察保障条件四个步骤；第三是阐明了规划文本的具体内容，包括使命与目标、战略规划、操作性行动计划、财政与资源规划以及专项规划五个方面；第四是指出了规划实施的落实责任、确立目标、组织结构、管理变革、聘请顾问、项目管理以及承担风险等七个关键因素；第五是在各个层面实施监控和管制，建立起一套规划实施的保障系统。

在成立领导人基金会、拓展高校领导人综合素质方面，英国高等教育领导人基金会开始运作，其主要职责是确保政府拨款有效实施、促进高等教育变革以及资助高等教育研究计划。基金会培训项目包括针对个体领导开展有针对性的培训、帮助高校建立接班人计划、建立高校领导人学习网络和投资研究与交流活动等4类。

在建立拨款的机制导向、提高教学质量和科研水平方面，政府通过法律来实施对高校的管理，又通过政府拨款这种具体操作来促进高等教育的发展。建立了一套完整的高等教育教学评估机构，对高等教育教学的质量、科研水平制定了一系列评估流程和标准。

三、创新模式

（一）人才培养模式

治学态度严谨、学术思考自由独立是英国人才培养的传统模式。

然而，在世界经济全球化的时代背景下，人才培养的传统模式受到冲击，对学术型人才的需求逐渐转为对创新型及复合型人才的需求。

连续性与继承性是教育体系的鲜明特点，同样，培养创新型人才，不能仅仅依靠某一教育阶段，创新型人才的产生是经过一系列教育阶段的最终成果。认识到这一点，英国对于中小学与高校的人才培养均高度重视。

中小学创新型人才培养模式。包括正规学校传统的人才培养模式和创新型的人才培养模式两种。正规学校的传统人才培养模式的核心思想是以培养学生独立思考、自主学习、树立自信心为目的，注重培养学生的自我管理能力，而创新型人才培养模式的重点是培养学生的综合素质。创新型人才培养模式是通过林间学校的建立而实现的，并且这一人才培养模式正逐步向高等教育、成人教育领域渗透。"林间学校"起源于瑞典，后来被丹麦采纳，在1993年正式引入英国，其办学宗旨是让参与者了解真实的、自然的世界。林间学校目的是让学生在认识、了解、尊重大自然的基础上，潜移默化地培养学生的个性化学习能力以及提升学生的独立意识。活动形式灵活多样是林间学校的一大特点，游戏、小组活动、合作演出、作品展示等极大地丰富了学生的学习生活。林间学校的课程设置主要分为野外考察、感觉活动、林地生存、工艺品制作、培养团队精神和信任感、环境保护、提升想象力、体育游戏以及建筑知识等九个类型，旨在促进学生在人际交往、智力提升、动手实践能力、社交技巧等多方面的发展。学生的学习是一个由成人主导学习逐步向学生自主学习、独立思考、自我控制的过程过渡的，可分为四个阶段：适应和发现阶段、脚手架和建模阶段、巩固和独立阶段以及迁移阶段。另外，林间学校为学生提供了长期反复的学习过程，通过自主选择学习培养学生的个性化学习能力，学生之间和平友爱，平等沟通，促进学生形成积极的处世态度。

政府与市场经济推动了传统人才培养模式向现今学术与实践能力相结合、市场导向型人才培养模式的转变。高校是创新人才培养模式的"温室"。在英国，许多大学都设置了"三明治"特色课程，即学习—

工作—学习。三明治课程学制为四年,学生在读期间可以出去工作,工作时间限制为一年,可以在同一阶段完成工作,也可以在分两个阶段完成,但在读期间最后一年必须回学校完成学业。因此,毕业时学生在获得学历证书的同时,还获得了一定的相关工作经验与技能,并取得部分经济收入。"三明治"课程的开设使得企业与高校的合作更为密切,企业为学生提供了一个历练的平台。高校"独立研究"课程的开设也独具特色,该课程无教师任课,学校为每位老师分配几名学生,学生根据自己的个人爱好选择感兴趣的课题并向导师汇报课题名称与完成进度,学生可自行安排自己的学习和上课时间,通过网上查询资料或者同学之间的交流等各种方式进行研究,在规定的时间内完成一篇论文。对于学生的课业考核评估,主要有任务—证据—评定—反馈四个步骤,即学校向学生安排具有实际应用背景的任务,学生在解决问题的过程中要提供自己完成任务过程中的证据,并证明是自己的研究成果。教师针对学生的完成情况进行评定,并及时把评定结果反馈给学生,同时提出建议与改进方向。

(二)医疗服务创新模式

长期以来,英国实行全民公费医疗制度,所需费用由国家医疗服务体系(National Health Service, NHS)提供。成立之初,它就包括以社区为主的基础护理和以医院服务为主的中层护理两个层级的医疗体系,然而这种体系让英国财政支出不堪重负。而后,政府及时采取了系列措施挽救了这种局面。英国医疗保障体系的改革主要有引入内部市场机制、降低医疗成本加强疾病预防、培养一大批具有创新意识和创新能力的医护人员、建立系统化的创新平台、实现平台上的知识共享以及重视非商业化的创新等五个方面。另外,2014年10月23日,英格兰NHS发布"五年规划"报告,提出了三类在可用预算范围内、缓解资源短缺现状的方法:本地重组促进医疗整合、大力加强公共卫生和发展全科医生等政策。以 **TrustTECH** 为例,它是隶属于 NHS 的创新中心，坐落于英国西北部。TrustTECH 有两种创新模式，分别是商业化创新模式与服务创新计划的非商业化创新模式。具体运行如下：

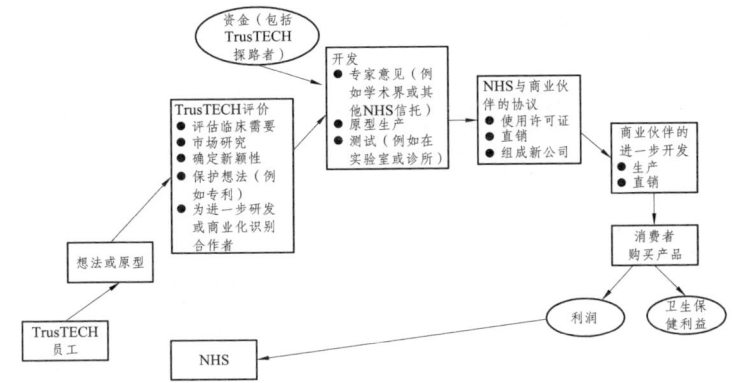

图 4-3　TrustTECH 商业化创新模式（李靖华，2011）

首先由 NHS 员工就想法或原型向 TrusTECH 提出申请，再由 TrusTECH 就市场和技术予以评估，评估通过的或者自行、或者在 TrusTECH "探路者"基金的资助下进行初步的开发，再在 TrusTECH 的帮助下寻找商业合作伙伴，签署三方合作协议，商业伙伴实现创新后利润三方分成。

服务创新计划主要目的有两个：一是提高 NHS 员工的服务创新意识，鼓励他们评价和改进创新过程；二是识别、评估和促进来自 TrusTECH 的服务创新，并协助其他信托采纳相似的创新服务。

四、创新战略

英国国家发展的战略核心就是创新，政府对国家的科技领先地位、抓住创新机遇等方面具有关键性的领导作用。近些年来，英国政府出台了一系列"创新国家战略"来提高英国的创新能力（见表 4-1）。

内外市场互动的创新机制与模式

表 4-1　20 世纪 90 年代以来英国的主要创新战略与规划

年份	战略与规划
1992	《实现我们的潜能——科学、工程与技术战略》
1998	《我们竞争的未来：建造知识驱动的经济》
2000	《卓越与机遇：21 世纪科学与创新政策》
2001	《企业、技能与创新》和《科学与创新战略》
2002	《对创新投资》
2003	《在全球经济下竞争：创新挑战》
2004	《英国科学与创新 10 年投资框架计划（2004—2014）》
2004	《从知识中创造价值》
2008	《创新国家》
2011	《政府创新与研究战略》
2013	《英国工业 2050 战略》
2014	《我们的增长计划：科学和创新》

尤其是在 2008 年 3 月，由英国创新、大学与技能部（DIUS）出台的《创新国家》白皮书，从政府的作用、需求创新、支持企业创新、国际创新、创新人才及公共部分创新等角度出发，具体介绍了英国的创新政策和战略。创新对英国未来的经济繁荣和生活质量的提升是必不可少的。为了提高生产力，培养具有竞争力的企业，迎接全球化带来的挑战，以及在我们有限的环境和地理范围内安居乐业，英国必须在各种创新中技高一筹。英国政府希望把英国创建成为一个创新国家，希望创新可以在包括经济领域的各个领域中开花结果。

英国政府于 2014 年 12 月 17 日发布的《我们的增长计划：科学和创新》战略文件，指出科学和创新是居于英国长期经济发展计划的核心位置，其根本原则是卓越、敏捷、合作、地点和开放。战略要素为优先重点、人才培养、科研设施、一流研究、刺激创新以及国际化六个方面，依次表现为确定优先重点项目，识别并响应科技、经济和社会挑战；培养人才，确保科学和创新界继续吸引和培养精英；投资科研基础设施；支持卓越研究；投资知识交流并刺激创新；参与全球科研与创新，实现国际合作的全部效益。

可以看到，科技的创新与经济的发展要以人才资源为基础。下面以《创新国家》中人才培养战略为例，分析英国的创新战略。英国在"创新国家战略"中从各个方面制订了创新人才的培养战略，主要集中在继续教育、高等教育以及年轻人创新教育等三个领域。

继续教育领域包括继续教育知识与技术转让战略、建立继续教育专业与创新基金、雇主"获益培训"项目三部分。继续教育知识与技术转让战略包括了劳动现代化、向企业宣传继续教育知识和技术转让和增强继续教育知识与技术转让的能力。DIUS 将会建立继续教育专业与创新基金，它具有营利性，能激发民众的创新能力，开发企业的创新潜能。雇主"获益培训"项目可以使雇主通过该项目得到有助于解决自身需求问题的支持。

高等教育领域同样包括三部分内容。其一是"新大学挑战"计划，强调大学的重要性，以及为国家经济和社会发展提供高等教育的重要性。其二是高等技能战略，它将设立一个针对重要提议的咨询委员会，同时为企业创新的高等技能以及高等教育的扩大和发展提供一个框架，以提高劳动力的基本素质，增强毕业生的创新技能与创业能力。其三是科学技术工程与数学技能，政府将增加学习工程类、理工类学科学生的数量，新生入学选择数学、物理、化学等专业的人数增多表明政府的政策已初见成效。

年轻人创新教育是指通过儿童、学校和家庭等工作促使年轻人萌生进取心以及创新性的思想意识。文凭的取得也将会培养年轻人的创业和创新精神。

通过对英国创新制度、创新机制、创新模式及战略的分析，可以看出，英国政府通过加强政策设计和制度安排，营造了有利于创新的良好环境，通过积极推行有针对性的举措，解决创新驱动发展过程中面临的种种挑战与不确定性。政府始终把握着国家创新的导向，知识与人才创新是最重要的资源。良好的创新氛围、公众的踊跃参与、人才的教育机制、企业的积极配合、完善的政策引导等方面对英国的创新驱动发展均具有不可替代的作用。

相关链接

受益创新驱动 英国爱丁堡艺术节票房飘红

近日,英国爱丁堡国际艺术节组委会公布了2015年艺术节的相关票房情况。数据显示,爱丁堡国际艺术节和边缘艺术节售出的门票及票房收入均创历史纪录。爱丁堡国际艺术节票房收入为380万英镑,创下该艺术节有史以来的最高纪录;售出门票超过16.3万张,创下2003年以来的最高销售纪录。边缘艺术节售票数量连续两年突破200万大关,今年售出约229.8万张,比去年增长5.24%。

每年夏季,爱丁堡都会成为举世瞩目的焦点,正是因为一年一度的爱丁堡艺术节在这里拉开帷幕。诞生于1947年的爱丁堡艺术节是世界上历史最悠久、规模最大的国际艺术节之一,歌剧、音乐、戏剧、舞蹈、喜剧、军乐等各种演出在艺术节上演。

事实上,人们习惯上说的"爱丁堡艺术节"是对此间同期举行的多个文化艺术节庆活动的总称。夏季的爱丁堡主要有八大节日,分别是:6月下旬的国际电影节,7月下旬的爵士和布鲁斯音乐节,贯穿整个8月的艺术节、国际艺术节、边缘艺术节、皇家军乐节和8月中下旬的国际图书节、米拉嘉年华。仅边缘艺术节就有4 000多场演出轮番上演。据国际艺术节新任艺术总监弗格斯·莱恩汉介绍,高水准的演出是票房保证。入围今年国际艺术节的演出仅有20多场,但场场是精品。票房收入排在前列的有:法国著名女演员朱丽叶·比诺什主演的古希腊悲剧作家索福克勒斯的名剧《安提戈涅》,这是比诺什首次亮相爱丁堡国际艺术节;蜚声世界的顶级舞蹈家希薇·纪莲的"挂靴"之作《生命不息》;由布达佩斯节日管弦乐团创新编排的莫扎特歌剧《魔笛》。来自中国的陶身体剧场也入围了本次艺术节,郎朗的独奏音乐会门票也是早早售罄。

今年的国际艺术节还首次引入了当代音乐作品，邀请了来自苏格兰格拉斯哥的法兰兹·费迪南乐队、20世纪70年代红极一时的美国华丽摇滚乐队"火花"、加拿大音乐人奇利·冈萨雷斯、美国歌手苏菲洋·斯蒂文斯等前来演出或参与互动，满足了不同观众的需求。

新增的免费演出也为艺术节赚足人气。据介绍，国际艺术节的开幕演出是在厄舍大厅门前举行的一场融合高端艺术与数字科技的免费音乐会，阵容包括皇家苏格兰国立交响乐团和爱丁堡艺术节合唱团，约25万名观众观看了演出。在莱恩汉的推动下，开幕当天还上演了两场户外免费演出，吸引观众2.5万人。

国际艺术节的创新策略还包括把位于皇家英里大道的艺术节总部改造为一个"不打烊"的歌舞表演俱乐部，对《三幕人生》《安提戈涅》《邂逅》等戏剧作品进行多场次加演。莱恩汉表示，在多种策略的刺激下，今年国际艺术节的票房收入比去年高出19%，82%的门票被来自78个国家的观众抢购一空。

以自由艺术精神著称的边缘艺术节自诞生之初就显示出巨大生机，观众在过去10年间增加了100万人次。边缘艺术节的美妙在它的多样性，能够满足不同品位观众的审美需要。来自49个国家、具有杰出艺术才华的艺术家参加了今年的边缘艺术节，共带来不同形式的艺术作品3 314件，比去年增加3.79%。

此前，边缘艺术节一般于国际艺术节前一周开幕，今年，两个艺术节首次同时举办。组织者认为，这一安排让边缘艺术节受益良多。数据显示，今年的观众人数在2012年的基础上增加了1/4，这一数字还不包括800场免费演出的观众数。

今年的国际图书节也被盛赞为历史上最成功的一届。今年的图书节拥有最强的国际阵容：共有800位作家、约55个国家的代表出席，1.3万名学生参与。组织者表示，得益于BBC对书展活动史无前例的直播，图书节门票收入增加了2%，图书销量也创历史新高。

（资料来源：http://www.ce.cn/culture/gd/201510/26/t20151026_6803640.shtml）

第三节 德 国

历史上,德国一直十分重视科技创新,20世纪初,德国的科技发展水平就排在世界前列。但二战战败的打击,使德国流失大批优秀科技人才,科技整体水平遭受重创。为了重回科技大国、创新强国的位置,德国制定了一系列政策制度,落实科技创新战略,构建完善的创新管理体系。据欧盟委员会最新公布的欧盟创新能力排行榜(Innovation Union Scoreboard)最新报告显示,2014年德国位居欧盟二十七国创新能力排行榜第三位,仅次于瑞典、丹麦。与此同时,德国人均每年获得的国际专利达400项/百万人,从1901年诺贝尔奖的创立到2000年的100年中,德国在物理学、化学、医学三个没有争议的诺贝尔奖领域里共获得58项,居世界第三,仅次于美国、日本,这些成就的取得均离不开德国高效运行的科技创新体系。

一、不断的政策创新提供制度保障

(一)生态社会市场经济

在德国,自由竞争是市场经济的核心,是经济发展和技术进步的动力和源泉。为达到高效率,经济必须是自由的。德国宪法和其他一些专业法规都规定了私有财产的自由、个人自由发展、自由结盟、自由择业和工作的权利等一系列市场经济制度,增加更多的"市场"机制和竞争因素,提倡更多的自我负责意识和个人进取精神。与此同时也强调国家应该为经济运行建立和维护一个竞争的秩序。

为扶持中小企业,德国政府长期以来采取了"限大促小"的政策,在鼓励中小企业发展的同时,限制大企业的竞争条件。德国《基本法》规定,德国是一个民主的、社会的联邦国家。"社会国家"是指政府制订的政策有很多社会元素，更注重社会公平正义。德国社会公正和经济安全的内容有：第一，雇员共决制，即社会总产值中有一部分归雇员所有，雇员对企业的生产和管理享有"共同决定权"或"参与决定权"；德国雇员的工资是在《劳动法》最低标准下由行业工会和雇主联盟通过谈判自主决定的。雇员共决制是德国社会市场经济体制的重要组成部分，其独特的劳资关系模式成为德国实现社会利益平衡的重要制度保障。第二，社会保障制度。从1949年起，德国社会福利建设沿袭了从俾斯麦王朝开启的社会福利传统，建立起一种可以为多数人接受，同时并不削弱市场机制的，由社会保险制度、普通税收收入为来源的社会福利和救助制度，内容涵盖了从养老保险、失业保险、事故保险、医疗保险、护理保险到社会救济、住宅补助、子女补助和教育补助等项目。完善的社会保障体系大大提高了劳动力价格，迫使德国工业通过不断地创新科技提高劳动生产率，一定程度上增强了经济社会持续健康发展的内在动力。

继20世纪70年代初爆发一系列环境灾难后，德国政府将环境问题纳入政治议题中，转换经济增长方式后，构建了独具特色的"社会生态市场经济"。为了促使公民的行为利于循环经济的发展，政府制定了环境税、有害物质税、生态税。随着相关税法的实施，越来越多的企业节约能源、开发新技术以降低废水的排放，一定程度上提升了区域水质。与此同时，德国政府采取"谁污染谁治理"原则，向城市居民征收废弃物处置费，向生产者征收"产品费"，促进垃圾从根本上减量和资源化。政府还实施包装抵押金制度，鼓励生产商、零售商和消费者使用可循环利用的产品包装。

社会市场经济制度协调了政府与市场、企业与社会的关系，通过有效的法律保障为市场主体营造了公平的市场竞争环境和融资渠道，提前进入技术创新型和消费型社会，为社会大众提供了充分的社会福利保障，为德国在国际舞台上长期保持强大竞争力奠定了坚实的基础。

（二）创新主体发展的环境

政府先后出台了如《工商企业研究开发人员增长促进计划》《企业技术创新风险分担计划》《中小企业研究合作促进计划》《小型企业服务投资促进计划》《欧洲复兴创新计划》《中小企业组织原则》《中小企业促进法》等促进企业与科研机构、高校等合作开发的政策，制定了"中小企业核心创新计划"，借此支持中小企业项目的研发，促使科研机构主动为企业提供创新服务，使企业保持创新热情。对企业而言，通过参与整个科研项目开发、研究过程，熟悉、了解最终产品的设计思想、结构和工艺流程，为创新技术的产品化奠定了坚实的基础。

为了激发人们的创新潜能，政府制定了一系列促进创新的分配政策。政府大力支持并鼓励教授拥有发明专利，拥有专利所获得的收益通常为发明专利拥有者、专利的推广者和高校均分。同时，政府允许弗朗霍夫协会及其研究所的技术发明人无偿利用职务发明创办企业，可以用研究或协会的资金入股企业总股份的 25% 来支持 2~5 年。

同时，政府整合高校与科研机构的管理部门，出台"高校公约""研究与创新公约""经营计划"，解决高校和公共科研机构分离的困境。2012 年出台《科学自由法》，在解除政府对科研机构预算干预的同时，加强了经费的竞争水平，规范了评估机制，提升了科研项目的质量与效率。同年，联邦教研部推出了"2020 创新伙伴计划"，预计在 2013—2019 年投入 5 亿欧元，以支持德国东西部研发创新合作，形成研发创新合作联合体和具有国际影响力的新型技术创新结构。

（三）普通教育与职业培训政策

德国法律及政策明文规定实行十二年制义务教育，学生在公立学校就读学费全部免除；而作为终身公职人员的教师，必须接受高等教育。目前，德国儿童的入学率达百分之百，大学的入学率达 42.7%。

德国目前已有八十多所综合性大学、一百三十多所应用技术大学、四十多所艺术学院和电影学院,三类院校各有特长,奉行"教学与科研"相统一的原则。综合型大学涉及学科多,注重教学与科研、理论知识的平衡;专业大学课在主要讲授必要的基础理论知识外,更侧重知识的应用。

德国享誉全球的职业培训,被誉为推动德国经济发展的"秘密武器"。德国有职业专科学校、职业提高学校、专科高中、职业高中、职业或专科完全中学和"双证制"学校等全日制职业教育学校,有职前培训、在职培训和转岗培训等职业培训形式。德国通过半个多世纪的探索,先后推出《对历史和现今的职业培训和职业学校教育的鉴定》《职业教育法》《青年劳动保护法》《职业教育促进法》《实训教师资格条例》等职业教育法律,逐步发展和完善了校企合作的"双元制"职业培训形式:青少年完成初中学业后,一方面升入职业学校接受职业专业理论和普通文化知识教育,另一方面又到企业接受职业技能及相关专业知识培训。它把学校与企业、理论与实践、知识与技能有机结合起来,以培养高水平专业技术工人为目标,是职前培训的主要形式。德国也非常重视在职培训和转岗培训,几乎每年都会推出一些新的政策和培训计划。如2006年德国政府签署了一项新的《东部培训岗位计划》,联邦教研部为其提供8 800万欧元的专项资助。

(四)人才培养及引进

在人才培养方面,德国高校在教学中非常重视对学生科研能力的培养。学校一般都有世界上比较先进的仪器设备,学生可在老师的指导下开展科研或实验。教授会带领自己的研究生组成科研小组,研究科学课题,学校给予教授和科研小组较高的学术权力,并在资源、设备和人员上给予帮助,保护教授和学生的学术自由,为研究性人才和科研后备力量的孕育及成长提供了良好的环境。2006年,德国政府在高等院校实施"卓越大学计划",以联邦政府和各州政府共建的形式,斥巨资加大对大学科研的整体投入,以打造德国高校一流的研究能力,加强德国的国际竞争力。

为了吸引更多高端人才为国效力,德国正逐步向"移民国家"发展。据统计,德国总人口 8 000 万,其中有 1 500 万居民或其后代具有移民背景。为了缓和国内计算机人才短缺的问题,2000 年 8 月德国实施绿卡计划,帮助计算机方面的专家延长在德时间。2005 年 1 月 1 日德国《移民法》正式生效,并每隔一年对其中部分条款进行完善和修订。2007 年 10 月,德国联邦经济技术部举办"2008 特修斯人才创意竞赛——培养未来因特网后备人才"计划。同年年底,德国联邦还出台"国际研究基金奖",支持国内学术界、高校与国外合作,吸收更多优秀人才到德工作。同时,德国还设有"育能力"奖项、"洪堡基金会"等机构,鼓励高端科技人才与德国研究机构、高校展开合作。

二、创新机制

德国拥有完整的科研体系、配套齐全的科研机构,科研投入配置合理,这一切都离不开德国政府国家内部构建的整合创新体系及外部建设的聚合创新资源机制。德国构建的创新网络活动主体主要是政府、企业、科研机构及其他机构,各机构借助密切合作和新时代下的信息共享,共同加快创新知识的转化速度。

在联邦层面,联邦教研部是负责科研与教育活动的主要部门,联邦经济与技术部则负责技术政策的制定。政府资助的非营利研究机构代表了德国科学研究的专业力量,包括亥姆霍兹联合会(HGF)、马普学会(MPG)、弗劳恩霍夫应用研究促进协会(Fraunhofer)和莱布尼茨科学联合会(WGL)4 大骨干科研机构。其中亥姆霍兹联合会主要从事基础性研究、预防性研究和关键技术研究;马普学会主要从事自然科学、生物科学、人文科学和社会科学等领域的国际顶尖水平基础研究;弗劳恩霍夫协会则以研究应用技术为主,致力于科研成果的转化；莱布尼茨科学联合会定位于问题导向的研究，同时也提供咨询与服务。德国研发投入的 2/3 来自企业，80%的大企业拥有独立研发机构，中小企业成立联合研究机构，主要从事产品技术研究、开发与服务，实现资源共享，降低研发成本。他们是科技创新的主体，推动着科技成果的转化。高校是基础研究和应用研究的重要力量，同时是为国家培养后备科研队伍、保障科研可持续发展的基地。

企业、高校和非营利科研机构是德国科研与开发的三大支柱，在德国的创新体系中发挥了关键作用。德国政府通过政策引导，将科研机构、高校、企业联结为紧密的创新合作伙伴，充分发挥各类创新主体的作用，共同致力于创新驱动发展。

同时，随着创新资源在国际范围内的高速流动，德国政府致力于通过广泛的科技合作筹措全球创新资源。与西欧国家和北美国家的合作以尖端科研、大型科研基础设施联合建设、青年科学家培养与交流等为主；与独联体国家、中国、印度、南美国家等的合作旨在国际范围内开发创新潜能，吸引发展中国家学生来德国学习并留住优秀人才，宣传德国作为研究目的地国家的优势和吸引力，促进国家间技术转移。

三、创新模式

（一）高校与企业协同创新模式

德国高校与企业协同创新已经有一段历史了，现已从传统短期针对性较强的协同模式转变为长期性的战略伙伴关系的协同新模式。2006年，德国联邦政府首次提出了合作新模式，包括基于项目生命周期的点到面协同模式、全方位协同模式、长期培育自发生成协同模式以及创新集群模式四种。

基于项目生命周期的点到面协同模式是指从传统的一个点的合作转变为全过程的合作。所需资金由高校和企业共同承担，高校与企业结成这种战略伙伴联盟的一种特别形式就是共建研究所,根据双方的共同利益或者共同目标共建代表双方的领导委员会,使组织内部的资金流、技术流以及信息流可以保持互通无阻,高效畅通。这类研究所在解决发展战略问题上至关重要,借助共建机构,在针对实践性较高的研究上具有较大的推动作用,同时增强了高校本身的科研特色。企业在协助科学研究工作的过程中可获取对自身发展有益的知识以及经验。因此,这是一种高校与企业双赢的模式。

全方位协同模式是指项目合作与人员交流合作相结合的协同模式,是一种科研与教学的相辅相成,科研反哺创新人才培养的模式。实现全方位协同模式的途径主要有三条,一是高校聘请企业内部的中高层领导或在某些领域影响力较大的人员作为"讲座教授"向学生讲课。这一模式一方面为在校学生提供了一个了解企业或某些领域的平台,另一方面也可使企业物色到自己所需的人才;二是企业在高校设立"基金教席",由中小企业承担经费,高校则围绕该方向设置相关课程用以培养企业所需的人才,同时可向企业申请科研经费,所取得的科研成果由企业与高校按一定比例共享;三是教授之间进行学科联盟,推动跨学科研究生院的发展,在整合人才、企业资源的基础上形成在国际上具有竞争力的特色学科。

长期培育自发生成协同模式是指在高校与经济领域、科学界以及政府部门之间建立合作关系,提升创业的积极性与质量。创新集群模式是指将来自科学界以及经济领域的创意快速转化为新产品和新服务,进而促进经济与就业的同步增长。

(二)产业创新模式

一直以来,出口经济模式与产业竞争优势是德国经济的主要研究对象,并由此引发了对德国产业集群、技能工人培训、中小企业以及社会经济和金融制度的研究。两德统一之后，德国面临着诸多挑战，创新体系概念和产业创新在德国产业经济中逐渐成为重要的分析工具。

与许多发展中国家的低成本竞争优势不同，德国的产业竞争优势在于对其有限的产业进行持续的创新产品设计和研发，不断地提高产品的品质及生产效率，做到精益求精，因此"提升产品质量的渐进式创新"成为德国产业创新模式的代名词。根据市场行为，德国产业的竞争策略并非古典式的价格竞争，而是依靠创新、以创新为内核的非价格竞争，在这样的战略下，企业的治理结构、企业之间的关系及其产业制度体系均与美英两国有所差异，不同于美英两国的盎格鲁-撒克逊传统。

德国独特的制度框架孕育了它的产业创新模式，并且该产业创新模式受到德国的就业政策以及企业过度竞争两方面的影响。一方面，政府对于德国企业劳动力的工资水平、工作条件以及社会福利和裁员政策均实施严格的管制，即就业管制制度，以此保障工人的基本生活质量，调动工人的劳动积极性。然而，政府的就业管制制度致使企业的生产成本增高，同时企业也大多不具备打价格战的条件和优势，这也就促使企业开始重视工人的生产技能培养以及提升产品的质量，在产品工艺的创新上不断突破，以掌握竞争力。另一方面，在产品原料的获取、制作以及销售的这条供应链上，企业之间的合作开发、共同设计、产学研紧密结合等多种方式对于提升产品的品质同样起到不可忽视的作用，工人对产品的认知和经验的累积是基础，而企业之间的合作，对产品的共同解读与工艺改进、技术难题的共同解决可以为产品质量的提升插上翅膀。为了维持这一模式的正常运行，还需要建立起有效的管理制度，防止企业之间在共享信息的过程中被潜在的竞争对手进行不正当的利用而蒙受损失。德国的许多产业政策和制度都是为了更好地服务于产业创新模式，如产业集群政策、金融政策以及产学研合作政策等。

"提升产品质量的渐进性创新"的产业创新模式具有明显的优势。这一模式的推行将激发产业内部创新能力的迸发，对于产业长期保持核心竞争力，提高德国的国际地位意义重大。值得注意的是，这一创新模式也存在一些缺陷，产品新技术的应用会导致新旧产业体系之间的竞争更为激烈，激进式创新的导入困难重重。

四、创新战略

在德国，联邦政府是创新的主要推动者，通过对科技发展制定详细的规划，进而对创新驱动发展实行强有力的干预。自2006年至今，德国联邦政府推出了一系列创新战略（见表4-1）。

表4-1　近几年德国实施的创新战略及规划

年份	创新战略或规划
2006	《德国高科技战略》
2007	"德国尖端集群"活动
2008	《加强德国在全球知识社会中的作用：科研国际化战略》
2010	《创意·创新·增长——德国2020高科技战略》
2011	《技术运动》
2012	《高科技战略行动计划》
2013	《联邦政府航空战略》
2013	《德国工业4.0战略》

以"工业4.0"计划为例，它将成为引领全球新工业革命的典型战略代表之一，从概念的提出到战略的落地实践，4.0计划与德国的创新制度、创新机制、创新模式以及上表中的创新战略都有着密切的关联。制造业技术和ICT技术的巨大优势是德国实施4.0计划的产业

基础，通过两者的完美融合，不仅可维持德国现今具备的产业竞争优势，还可以削弱企业员工"高工资就业"带来的负面影响，保障了新工业革命中德国的重要地位。这就是"工业4.0"计划的特点之一——产业升级维持"高工资就业"经济。

德国"工业4.0"计划与第三次工业革命既有相似之处，也有区别。第一个不同之处在于两者对工业革命划分的方式不同，"工业4.0"计划以生产的复杂性作为工业革命的划分标准，并分为四个阶段。第二个不同之处在于"工业4.0"计划是新一代互联网技术与制造业融合，核心是要在制造业领域构建物理信息系统，相比于第三次工业革命的"制造业版本"，它更重视互联网技术的应用，并非新型的制造业。第三个不同之处在于"工业4.0"计划的最突出要点是智能化，作为该计划的灵魂，智能化将带领我们实现物理与信息世界的双向互动，制造业会变得更为灵活、智能化，同时也是对工艺流程的优化升级。

"工作4.0"计划主要有三方面内容。首先就是智能化水平，工业的智能化水平将达到一个全新的高度，可实现"自然的"人机交互，智能控制。其次是全社会的智能化将会被嵌入式制造系统所推动。数据作为新型的生产要素将代替土地、资本等传统的生产要素，由此形成的大数据系统经过分析和归并后形成"智能数据"，进而驱动生产系统的智能化。最后就是实施"双领先"战略，包括对外实施的"领先供应商战略"和对内实施的"领先市场战略"。

由此，我们可以看到德国创新驱动发展的重要特征：创新政策的系统性、创新战略的连续性、对内整合以及对外聚合的良性互动机制、企业的突出创新主体地位。创新的关键因素在于建立和完善创新驱动发展顶层设计、重视发挥公共科研机构在国家创新体系中的作用、政府加大创新要素投入，政策和投入形成同向合力、重视区域创新能力均衡发展、以新兴产业发展引领转型创新以及制定了更具针对性的国际科技合作战略。

第五章　内外市场互动的创新机制与模式分析

文化是创新发展过程中的无形之手，渗透到创新过程中的方方面面，甚至影响整个国家创新氛围的营造和各创新活动主体的创新思维与行为；文化能将创新主体各领域的知识进行快速的组合，不断研发出新产品，耦合内外部知识，为创新激发活力；创新驱动要实现经济增长，也需要拥有大量高素质劳动力，特别是具有创造性和创新性的复合型人才和各类专业技术人才；激励能满足创新人才的需求，激发市场主体活力，实现资源优化配置，提升要素使用效率，从而实现组织目标；合作创新以资源共享和优势互补为前提，合作主体共同参与、共同投入，进而共担风险、共享成果，以完成技术研发、成果转移和转化；动力机制中各子系统、各单元要素自我驱动、自我强化，进而形成合力全方位推动管理创新。本章内外市场互动的创新机制将依次从文化创新机制、知识创新机制、人才创新机制、激励创新机制、合作创新机制、动力创新机制和风险投资创新机制七方面展开研究。

第一节　内外市场互动的创新机制

一、文化创新机制

迈克尔·波特曾经说过，"基于文化的优势是最根本的、最难模仿的、最持久的竞争优势"。文化是创新发展过程中的无形之手，渗透到创新过程中的方方面面，甚至影响到整个国家创新氛围的营造和各创新活动主体的创新思维与行为。文化的功能体现在信息载体上，以及生成的习惯势力，它能让生长在同一文化土壤的人们共享着它所承载的信息，进而降低交易成本。一个个体、企业、地区或国家所取得的创新成果离不开创新文化，而随着全球化进程的加快，我国与外界文化的交融越发紧密，原先惰性平衡下的文化系统被打破，新型的创新驱动文化系统正要形成与发展。

文化具有激励、培育、渗透、导向功能，驱动创新的诸文化要素设定了社会的价值观体系，并外显到文化群体所有创新的社会控制要素，如制度环境、法律框架、社会习俗等。该文化背景下的社会群体中所有成员对这些规范的认同度规约了群体普遍履行文化规范的社会责任、社会规范、道德评判标准，表现出与之相符的约定行为和特征。创新关联的社会结构是与创新相关联的所有要素的社会组织方式、结构，其组织与结构划分标准取决于文化价值观。所有文化的核心要素及其社会控制因素落位于创新培育的核心结构组合：家庭教育模式、教育培养模式和社会激励环境，由此可导出一个民族特定的思维和行为方式，作用于社会的创新意愿、氛围与外部环境，从而影响一个民族的创新表现。

企业文化是企业竞争力优势中最具持久力的来源，中国要实现创新驱动转型亟须重振企业家精神，形成鼓励企业家创新创业的社会文化氛围。企业家精神可以概括为"创新是灵魂，冒险是天性，合作是精华，敬业是动力，学习是关键，执着是本色，诚信是基石"。其中，最重要的是企业家精神之灵魂的"创新精神"，创新精神是推动企业创新转型的重要动力。作为企业的领航人，一个优秀的企业家要紧跟时代发展的潮流，以敏锐的眼光捕捉市场发展的机遇，并以创新思维推动企业的技术创新、产品创新、服务创新、市场创新、制度创新和商业模式创新，加快企业转型，使企业发展适应市场需求，并永远处于时代发展前沿，充满市场活力与竞争力。随着时间的推移，企业家的创新精神会形成企业的创新文化，传递到企业的每一位员工那里，使员工养成一种不断追求创新的工作习惯和工作意识，在工作中积极创新。然而，我国实体经济发展面临融资贵、税负重、用工难、成本高和利润薄等多重困境，企业创新面临动力不足、风险大、能力有限和融资难四大创新瓶颈，企业家的实业精神和创新精神出现衰退。重塑区域创新文化价值体系，积极培育"宽容失败、鼓励冒险、兼容并包、宽松创业"的创新创业文化已势在必行。从官本位思维向商本位思维转变，弘扬创新文化，实现从墨守成规、小富即安向勇于创新、大富思进转变；弘扬合作文化，实现从利己"独赢"向合作共赢转变；弘扬信用文化，实现从重即期利益向重长远效应的转变，从守财向守信转变；弘扬开放文化，倡导开放思维与流动意识，实现思维从静态封闭向动态开放转变。

企业文化的创新驱动功能主要涵盖引导、激励、教化、辐射、凝聚、约束、整合和协调功能，表现为文化作用于企业的整体创新价值观，引导创新价值观的形成，通过共有价值观体系的倡导确立行为规范和形成创新文化氛围（图 5-1）。

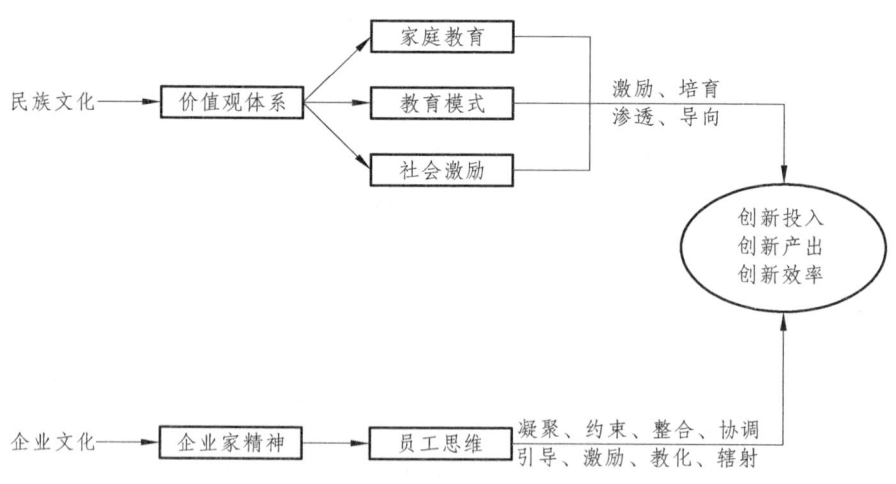

图 5-1 文化创新作用机制图

二、知识创新机制

在国家创新体中,企业、高等院校及科研院所将各自组织内部特有的成果知识向合作方公布,通过知识开发、知识吸收、知识管理和知识共享,促进成果知识在产学研协同创新体内部的流动,并通过各方的交流与优势互补,迅速提高整体的知识存量。从而,各合作方形成了更高层的知识流动循环,实现知识的整合与创造。

知识开发指通过新方法、新知识在各种各样情景下的复制以及在企业内外部不同环境下的应用,包括用知识满足终端市场需要的创新能力和知识的外部商业化能力。首先,企业作为国家创新系统的知识生产者,必须保持持续的内部研发投入,提高知识的内部供给能力和外部学习能力;其次,作为国家创新系统的创新主体,企业还必须深刻理解科学知识、市场知识、社会文化习俗等外部知识的演进趋势,通过不断搜索和学习外部知识来保持创新能力。

知识管理实质上就是知识获取、知识匹配、知识学习、知识整合、知识吸收以及知识应用创新的动态循环。对企业而言,知识管理在过程上体现为对知识资源进行动态管理,以提升企业核心能力,而这个动态过程的循环往复构成了企业知识管理的动态能力。

企业动态能力就是平衡内部研发和外部学习的战略资源,实现内外部知识的协同,提高利用效率。随着信息化技术的发展,信息化知识管理平台为企业开放式知识的利用提供了创新性模式。在知识重构方面,全网络的覆盖面以及普罗大众特别是用户的参与,使企业对市场和技术的变化有了全新的了解,有力推进了企业知识重构能力的提升;在知识重组方面,信息化知识管理平台将全面拓展知识探索、知识保持和知识开发的方式。知识探索从"内部创造和外部购买"拓展到"网络获取"的第三种途径;知识保持通过知识管理平台和企业内部知识库的连接使内部集成和外部链接一体化;在知识开发方面,由于用户和大众的参与更具创新性,因此需要深入探讨信息化背景下企业在不同创新阶段对内外部知识的吸收利用能力。

知识应用是实现国家创新的重要阶段，而企业是知识应用的实现者，又处在知识链的顶端，因此，企业的知识创新水平及效率直接决定国家创新体系水平。并且，随着外部环境的变化，创新产品的需求也日益复杂化，通常需涉及多个领域，在一定程度上就要求各创新主体将各领域的知识进行快速的组合并不断研发出新产品。在开放式的创新环境下，要适应新环境，各创新主体必须培养和外部环境协调发展的动态能力，加强知识搜索、知识学习、知识管理水平，耦合内外部知识，激发创新活力的能力。

国家创新体系的活动主体主动向对方提供共享知识，并通过知识共享获取知识回报，借助协同创新平台进行交流和学习，集中、整合各领域知识，创造适应市场需求和创新环境的新知识。在知识创新过程中，各创新主体需要相互信任，从而融合和进一步发展显性知识，收获隐性知识，实现知识增值的目标（图 5-2）。

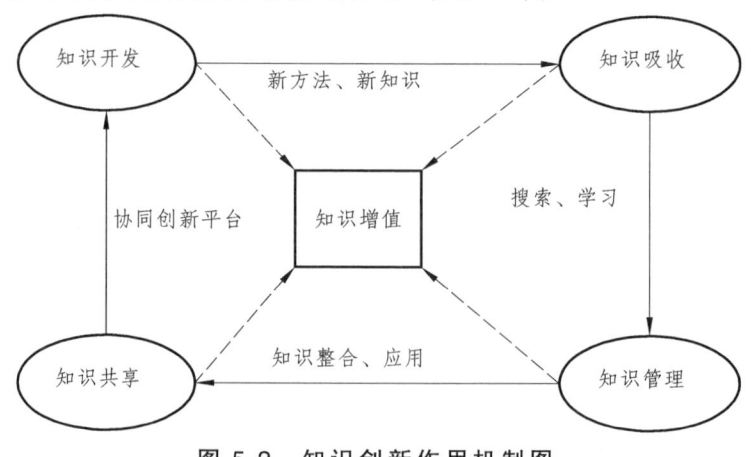

图 5-2　知识创新作用机制图

三、人才创新机制

随着经济的迅猛发展，创新活动越发依赖"知识"，逐渐成为高知识群体才能完成的工作。在当前经济大背景下，创新驱动要实现经济增长，除强调知识型企业家的重要性以外，也需要拥有大量高素质劳动力，特别是具有创造性和创新性的复合型人才和各类专业技术人才。《国家中长期人才发展规划纲要（2010—2020）》明确提出：我国现阶段在人才发展的总体水平上，同世界先进国家相比仍存在较大差距，面临着高层次创新型人才匮乏、人才创新创业能力不强等问题。创新人才尤其是基础前沿领域拔尖创新人才的缺乏在很大程度上制约了我国持续创新能力的提高，从而严重影响了我国创新型国家战略目标的实现。

在高校人才培养对策方面，应加强高校内部创新活动的协调，强化学校内部不同领域、不同学科间的合作交流，建立跨学科组织，如跨学科研究团队、跨学院研究中心、跨学科研究小组等形式，为广大学生提供跨领域、跨学科的教育。此种模式能够强化研究型大学的研究功能属性，通过高水平的研究带动教学工作，使教学很大程度上建立在研究的基础上。高校在进行课程设置时，应当打破常规，关注实效，强化所开设课程的交叉性、实用性以及综合性。通过多种手段吸引学生的兴趣，使之深度参与到学习中，培养学生综合性知识结构的形成。与此同时，通过与企业、科研院所等各类校外创新主体开展协同创新活动，为在校学生提供课外实践的机会，强化锻炼大学生的创新实践能力。高校可借助自身的教学、科研资源，开拓与研究院所、企业、其他高校的合作关系，共建研究基地或合作研究组织，为高层次研究人才如博士、博士后提供训练基地和实习平台。借助此平台，将科研与教学相结合，梳理教学知识，提升科研技术，使研究基地或合作研究组织在创造经济价值之外，成为高校优秀人才的培育基地，促进高校学科交叉型、复合应用型创新人才培养模式的形成。此外，高校还可以与地方政府及相关企业成立协同创新基地，借助企业和地方政府的支持，承担起培育创新人才的责任，培养大批具有先进性思维和广阔视野的创新人才。引导培育出来的创新人才反哺地方产业或直接相关企业，促进地区的产业结构升级和竞争力的提升。再次，加强与境外高水平、先进组织机构的合作联系，建立起基于协同创新的国际化培育平台。国外的高校，尤其是发达国家的高校总体研究水平要高于我们国家，而国外的优秀企业也有着非常完善和丰富的资源。国内高校应该积极拓展与境外教学、研究机构的合作渠道，通过"走出去""请进来"等多种方式，搭建起培育创新人才的合作平台。利用各级政府的资金支持，为在校学生提供各类长期、中期、短期的培养交流项目，扩大学生的视野，让学生有机会真正参与到前沿的研究工作中。

美国有80%左右的优秀人才集聚在企业，而我国很大部分科技人才集中在机关、高校和科研院所，科研人员过多地分布在企业之外，远离市场。2011年，中国规模以上工业企业研发人员占从业人员的比例仅为2.8%。从分布来看，规模以上工业企业研发人员中的55%集中在大型企业，小企业研发人员只占全部规模以上工业企业研发人员的19.4%。全国研发人员中，博士毕业的只有13.4%，在企业，占企业研发人员总数的1.1%。这种人才分布结构显然不利于创新驱动战略的实施。为此，要完善创业-创新互动机制，鼓励科技人员创业，支持创新型人才向企业集聚。允许和鼓励部分科研人员去企业从事全职或兼职工作，或者利用重大项目培养技术领军人才，利用其与科研机构的天然联系或者直接利用其成果孵化新技术和新企业。不断完善分配形式和奖励形式，鼓励科研人员以自主知识产权、科研成果为资本，参与企业投资和收益分配。鼓励有条件的高技术企业采取股份期权的试点等，对有贡献的高级管理者、骨干技术人员实施股权激励。在企业创新中实施股权激励，让人力资本的重要载体——技术人员持股，将带来"四金"效应，即"金色的梦想"，让科技人员实现了在企业当老板的梦想；"金色的纽带"，把科技人员和企业之间的关系连接在一起；"金色的桥梁"，科技人员和企业之间达成了利益共同体的共识；"金色的手铐"，给科技人员的股份越多，其压力也就越大。企业实施股权激励机制要以激励人力资本开发和推动技术创新为宗旨，与现代企业制度建设、企业文化建设、管理创新等其他改革措施配合使用，通过设置期限条件、目标考核等限制条件来保证激励与约束相容。要根据企业发展的现实情况和股权激励工具的适用范围,在激励方式和方法上创新(图 5-3)。

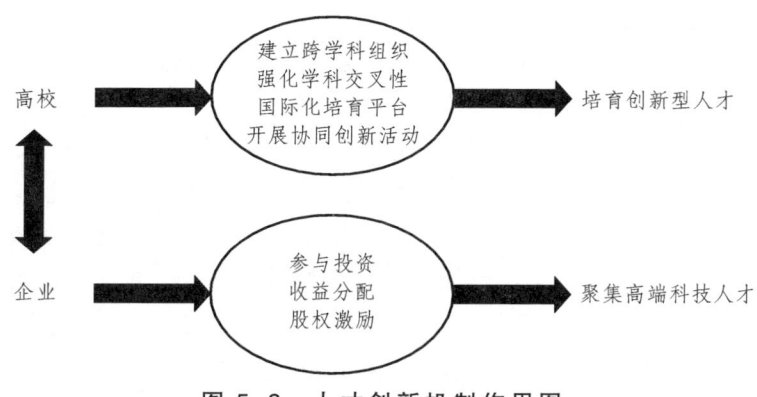

图 5-3 人才创新机制作用图

四、激励创新机制

激励创新机制的起始点和焦点主要是需求,它研究如何满足需求以使人通过高水平的努力实现组织的目标。激活企业的主动性和积极性,使其主动进入高新技术研发和孵化领域,参与并引导高校、科研机构的新技术研发,形成企业与高校、科研机构之间的分工与协同机制是激励创新机制的最终目标。

创新的激励系统由三个层面构成:第一个层面是企业内在的动力激励,要通过产权安排、组织设计、管理制度创新,从企业内部构建企业的激励系统;第二个层面是市场层面的外在激励,是通过市场体制建设,推动创新成果交易,形成规范的竞争市场,从企业外部以市场的力量来推动企业科技创新;第三个层面是政府层面的外在激励,通过政府的财政政策、金融政策、法律法规、专利保护政策、中小企业政策等的完善与创新,用非市场的手段来推动企业科技创新,对企业科技创新进行导向和激励,并为其构建一个理想的政策、法律环境。这一基本架构最终所要发挥的作用主要是从企业内外两个角度来对科技创新的活动产生积极刺激，在企业内部形成完善的科技创新动力系统，在企业外部形成推动科技创新的激励和支持系统，从而不断地推动企业科技创新活动的持续和高效开展。

首先，在企业内部激励方面，企业管理层要充分认识到人力资源开发的重要作用，推进人本管理，重视能力开发，实现员工和企业价值观念的契合，同时企业管理层应重视推动企业向学习型组织过渡。以人为中心，转变管理机制，建立将人的发展与企业的发展有机结合起来的现代人力资源开发管理机制。同时建立企业的"压力机制""竞争机制"和"淘汰机制"；改变人事部门的管理职能，由传统的业务职能向人力资源开发职能转变，由"消费部门"向培养人才、吸引人才、激励人才的"投资部门"转变。同时要切实重视员工的职业培训和职业生涯设计。

其次，企业在建立科学合理的激励机制过程中，要注重物质激励和精神激励的结合。在满足员工物质需求的同时，要注意员工尊重的需求、荣誉的需求、自我实现的需求。要建立多跑道、多层次的激励模式。企业只有一条激励跑道或单一激励层次必然拥挤不堪，使员工丧失竞争斗志和竞争环境。要根据员工个性化的需求，实行差别激励制度。同时要注意理想激励、目标激励、榜样激励、培训激励、环境激励及正激励和负激励的综合运用。在薪酬方面，应坚持短期激励和长期激励相结合的原则，除实行岗位工资制、结构工资制、薪点工资、年薪制外，有条件的企业最好实行员工持股和股票期权，这是长期调动员工和管理层积极性的重要手段。在福利方面，要实行弹性自助福利制度，制定经济性福利、非经济性福利、保险性福利计划，区分激励对象，合理提供福利，包括全员福利、特种福利、特困福利等。

再次，企业应建立以绩效考核为中心的考核体制。通过科学的方法、客观的标准对员工的价值观、工作绩效、工作态度、业务技能、工作能力等进行全面客观的分析与评价，以此作为激励活动的依据，确保激励机制具备有效功能。考核的主体体系可采取自我考核、上一级主管考核、专家考核、员工考核、人力资源部门考核"五位一体"

的综合考核方法，确保考核结果公正合理。具体考核方法可采取定性考核、定量考核、考试评议、工作考绩、序列评定、加权评分、比例尺度、积点评分、综合测评等多种方法，并根据企业情况综合运用。

在外部和政府激励方面，政府应加大财税支持，减轻企业税负，让实体型企业轻装上阵。以税制改革为主要措施，构建扶持企业发展的财税支持体系，对企业"少取多予"，通过减税、减费等方式提高做实业的投资回报率。大规模减轻实体型企业的税负，对小微企业的减税要从百亿级上升到千亿级，提高实体型企业应对高成本的能力。深入研究税制改革，针对小微企业的税收制度要逐步向税基单一、少税种、低税率的"简单税"转变。要规范政府收税、收费行为，清理行政性收费，切实减轻企业缴费负担。完善纳税服务，优化税收环境，降低企业纳税成本和"隐形负担"。建立创新的利益补偿机制，通过对创新型企业高新技术产品实施"首购"政策和"优先购买"政策，扩大其市场需求。要实施严格的产权保护制度，切实保护自主知识产权，使创新者的利益不受侵害。要营造激发市场主体活力、实现资源优化配置、提升要素使用效率的环境。加快要素市场改革，进一步清理各种要素市场准入条件中有关所有制限制的条款，打破行业垄断与地区封锁，促进生产要素在全国市场自由流动，让各类市场主体在同一规则环境下参与要素市场竞争，平等使用生产要素。依法保护不同市场主体的包括财产权在内的合法权益，构建同等受到法律保护的法治环境（图 5-4）。

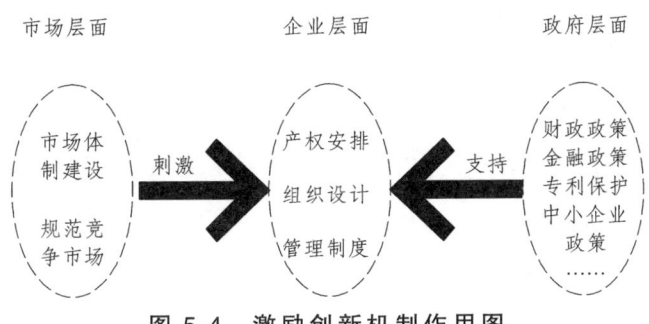

图 5-4　激励创新机制作用图

五、合作创新机制

合作创新是以提高自身的创新能力、获取经济利益和非经济利益为基础，以资源共享和优势互补为前提，汲取合作主体优势与长处，共享难以模仿的创新资源而开展的。创新合作通常发生在企业、科研机构、高校、中介机构之间，各合作组织自觉遵守合作规则，在确定的合作期限内进行共同参与、共同投入，进而共担风险、共享成果，以完成技术研发、成果转移和转化。产学研合作是科研、教育、生产在功能与资源优势上的协同与集成化的表现形式，是涉及多方协同的技术创新活动。因而，在研究合作创新机制时，不能在每一个阶段只研究一方的创新行为，这样不利于开展创新活动，也与实际不符，会大大影响产学研合作效果，因为每个阶段的活动都由三方相互的行为构成。

从创新发生的全过程看，创新是由用户需求、技术研发、试点示范、推广应用、标准监督和用户反馈等多个环节构成，涉及企业、科研院所、高等院校、政府、中介服务机构等多个主体以及消费者、供应商等推动力量，包括人才、资金、技术、管理等多种要素。在创新驱动战略中，企业是技术创新的主体，科研院所和高等院校是知识创新的主体，政府是制度创新的主体，中介服务机构是服务支持的主体。各类主体互相联系，密不可分。故在产学研协同创新过程中，应以企业、大学、科研机构技术创新的三阶段为主线，互相交流，寻找最佳方式进行合作。以下为产学研合作创新三阶段的具体内容：

（一）酝酿期

在酝酿期，企业与大学、科研机构存在一定的知识势差，企业技术需求驱使其寻找最佳合作伙伴。因而，首先企业要做的是在复杂的市场环境中，识别潜在的用户需求或产品需求，进而根据需求分析结果得出需求特征。对于依靠企业自身的研究实力难以完成的开发或技术创新项目，需要寻求外部合作。在技术、产品领域拥有研发资源和研发能力的高校和科研院所，无疑是企业合作创新的最佳选择。因而，企业通过科技中介或直接与学研方接触，双方或多方就合作事宜进行初步磋商，明确企业技术需求。

（二）接洽期

在意愿一致的情形下，企业与学研方正式开始洽谈，主要围绕伙伴选择、合作模式选择、合作分工及利益分配等问题进行谈判。在伙伴选择上，企业选择符合要求的高校和科研院所，然后合作双方确定合作模式。一般而言，合作模式可以分为技术转让、委托研究、合作研发和共建实体等几种形式，企业根据自身创新能力决定采取何种模式进行合作。每种合作模式都需要确定合作分工原则，在此基础上，双方商洽利益分配方式与分配比例，最终签订合作协议。

（三）运行期

经过以上两个阶段后，企业与学研方基本就合作事宜形成预先协定，合作正式进入运行期。双方的主要合作行为包括建立合作组织、内部信息交流、文化融合、知识创造、监督协调。首先合作双方建立合作组织（实体或虚拟），人员与仪器就位。合作创新活动正式开始，双方进行信息交流、文化融合，同时进行监督协调活动，保证合作朝有利于创新的方向发展。双方选择的合作模式不同，运行期合作行为的侧重点也就有很大差异。

创新主体在确定知识产权归属后，根据各自的特点和互补性选择合适的合作创新路径，并基于利益分配博弈，解决合作双方的利益分配问题，为双方创新实施提供良好的耦合方式。高校和科研机构参与合作创新的主要目的就是要获得利益，而利益的基本表现形式为物质利益，主要为资金。企业参与合作创新的最根本目的是获得竞争优势，

174　创新驱动
内外市场互动的创新机制与模式

而获得竞争优势的一个基本条件是有资金支持，竞争优势在市场条件下能够以一定的资金来体现。鼓励国企、民企发挥各自优势，开展分包经营、特许经营、技术研发、互相参股、联合投资及联合海外并购等多种形式合作，加大对合作中中小企业的保护力度，完善大中小企业分工协作的法律法规，切实保障民营中小企业在分工协作中的经济利益和合法权益，提高产业整体创新能力。

在企业、政府、高校、科研机构、中介机构及金融机构等组织的创新合作过程中，受经济效益、创新资源、风险等内部动力因素与政府政策、市场需求、科技水平等外部动力因素影响。内外部因素相互作用、共同促进，构成了创新主体间更为高效的创新合作。

在合作创新内部动力因素中，合作各方追求利益的同时需要权衡收益与风险之间的辩证关系，收益越多，承担的风险就越大。科技平台与外部机构合作中的科技成果商业化既具有高风险性，又具有高收益性。创新会产生新的风险，而没有创新就没有发展，创新是社会发展的基础，不能因为风险的存在而拒绝创新，反而更需要加强对风险的监控。中国经济正处在结构转型的重要历史时刻，经济的增长方式由要素推动型转为创新驱动型，使得创新资源成为经济发展的内在动力，最终依靠创新实现经济可持续发展。

在合作创新外部动力因素中，科技因素与市场因素相互影响，现代科技与市场经济之间有着深厚的内在联系，科技的发展是市场进步的内在要求，它不仅为市场主体追求利润最大化提供了物质基础，而且为市场发展提供了强大动力和理性支持；同时市场的进步也为科技的发展提供了结构性的动力，从而使得现代科技和市场在现实上表现为一种相互促进的关系。

在科技平台与外部机构合作创新内外部因素中，经济与科技存在着紧密联系。经济要实现有质量的发展，不以牺牲环境为代价的发展，必须依靠科技进步，实现科技引领经济发展，同时科技进步也需要经济的支撑，科技人员的基本福利、科研活动所需的仪器设备、科技成果产业化所需资金与市场都离不开经济的发展。我国已经步入经济新常态，高速发展转变为中高速发展，所以，更需要加强科技与经济间的联系，促使科技因素更高程度地参与和深入到经济活动中（图5-5）。

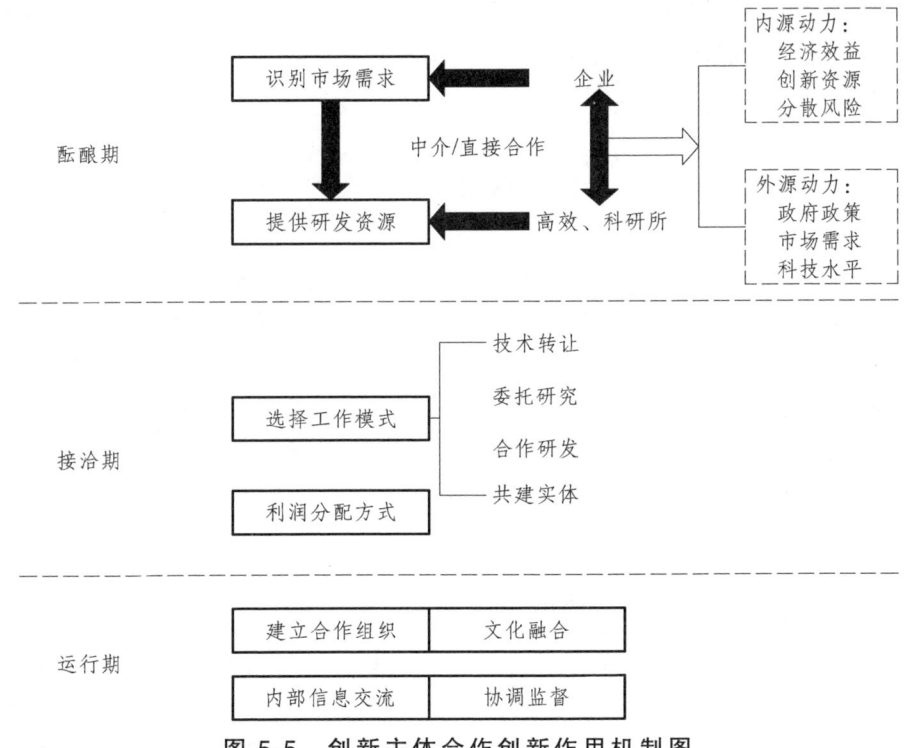

图5-5 创新主体合作创新作用机制图

六、动力创新机制

所谓创新动力，是指促使创新主体产生创新要求和创新欲望，并开展创新活动的一系列因素和条件。创新动力机制是创新的动力来源和作用方式，是能够推动创新实现优质、高效运行并为达到预定目标提供激励的一种机制。对于以营利为目的的企业来说，这种机制主要是自身的经济利益，是利益的最大化。通过对所涉及的创新动力进行整理，可以将其大体分为两类，一类是内部创新动力，一类是外部创新动力。内部创新动力是指在企业内部对促进和推动创新活动开展起到主要作用的因素，如企业家精神、企业文化、企业利润、企业激励机制、公司治理结构、企业规模、公司战略、创新人才、创新成功概率预期等。外部创新动力是企业外部对创新活动起推动作用的要素，如政府及其它外部财政支持、市场需求、市场竞争、资源环境配置、科技发展、市场结构、产业类型，等等。

一般来说，企业创新由市场拉动、科技推动和政策激励三种动力推进。

（1）市场拉动是指由于市场需求和市场竞争的影响而导致的创新。其中市场需求导致的创新包括：生产要素稀缺导致该要素相对价格的提高而诱致能节约该要素或寻找替代要素的创新，以及企业家独具慧眼发现新的市场机会而诱发的开发新产品、占领新市场的创新；市场竞争的创新，是指由于市场竞争给企业造成实际威胁（由于竞争者成功地引入创新，使企业在产品和服务竞争上处于劣势）和潜在威胁（如竞争者 R&D 投入的规模和重点，创新投入强度和结构，科技人员的数量、素质以及普通员工的素质等），而迫使企业从事创新，战胜竞争对手，获得持续生存和发展。

（2）科技推动是指科技发展日新月异，越来越多的先进科学技术直接服务于经济领域，从而促使企业不断采用先进科技进行适用性创新。仅有市场需求，没有科学技术的保障，企业创新是无法实现的。科技发展是推动企业创新的另一个决定性力量。

（3）政策激励是指企业通过制定各种激发员工创新积极性、鼓励员工创新的政策和措施来推进企业不断进行创新发展。若光有市场拉动和科技推动，而没有企业内部正确有效的激励政策，哪怕市场再好，科技再先进，也无法促使企业员工主动进行创新。

因而，对于以营利为目的的企业来说，以上三种创新动力最终可归结为追求企业自身经济利益的最大化，维持企业的长期生存和不断发展。而要使企业创新具有强大的动力源泉，首先要进行企业制度创新，这是建立创新机制的前提条件。只有在产权清晰、权责明确、管理科学的现代企业制度前提下，"自主经营，自负盈亏"，企业才有可能以市场为导向，在当今世界企业资本股份化、产业规模化、技术创新化、融资多元化、管理科学化、经济国际化的浪潮中，自主地组织研究开发和各种创新，进行"自我约束、自我发展"。其次要求企业领导者具备企业家精神和战略管理眼光。企业家是创新活动的主要倡导者、决策者和组织者，必须具备如下个人品质：创造性、创新精神和创新能力、洞察力和判断力、决策能力、毅力和敢于冒风险的精神。而企业家精神就是指企业家所具备的能敏锐地发现和接受新事物，敢于并善于先人一步、超人一等的创新和创业精神。只有企业领导者具备了企业家精神，才能制定正确的创新战略。而要制定正确创新战略，还要求企业领导者具备战略管理眼光，懂得先行战略规划，能够明确本企业现在是什么样子、应该是什么样子、将来会是什么样子，能够明确本企业的创新活动现在进行得如何、应该如何进行、将来会如何进行。只有这样，企业领导者才能制定正确的创新战略，进而及时作出正确的创新决策，并采取有效措施激励员工，带领企业全体员工从事创新活动，推动企业不断发展。再次，企业应建立激发创新意识的干部人事管理制度、工资奖金分配制度和鼓励员工勇于创新的其他激励制度。建立创新指标考核制度是一种行之有效的方法。这种方法根据创新指标的完成情况来决定企业员工地位的升降、技术职称的高低、分配待遇的多寡。最后要搞好企业文化建设。通过企业文化建设，在企业中营造出一种强烈的创造性氛围，人人崇尚创新，争创新高，形成以创新为特色的企业精神[1]。

目前我国正处于转型的关键时期，我国国有企业管理创新存在着显著的阶段性和连续性发展特征。从经济转型至今，我国国有企业管理创新大体经历过体制内市场取向管理创新一年，市场化管理创新一

---

[1] 创新动力机制. [2014-05-04]. http://www.hbrc.com/rczx/news-2656903.html.

年和管理创新深化年以后至今等三个不同发展阶段。国企管理创新的连续性和阶段性是转型时期国有企业管理创新上极具时代特点的最为显著的总体发展特征。此外，我国国有企业管理创新存在着独具自身特色的动力机制模式，该动力机制模式也同样存在着独具特色的动态演进规律：①国企管理创新动力机制是国企管理创新系统自行衍生的产物，国企管理创新系统的特征或者说国企管理创新系统主要构成要素的属性、相互关系和系统的结构生成并决定了国企管理创新动力机制的结构与运行特征。②国企管理创新系统的渐近式演进特征决定了国企管理创新动力机制不仅具有显著的时代特点，而且也具有动态演进的变化特征。

进入转型深化期之后，国企管理创新动力机制擅变成环境力量驱动型动力模式。在整个动力机制中外部环境系统的力量已经取代了政府上升为国企管理创新的第一推动力量。政府的行政力量推进系统在动力机制中处于辅助地位，它所衍生出的辅助推进和支撑力量是推动国企管理创新的重要力量。国企自我驱动的激励机制在动力机制中不仅始终占据基础地位，并且发挥着主动承接和自动放大外部推动力量的基础性作用，这是以往国企自身动力机制不曾明显具有的重要变化。此外，动力机制中各子系统、各单元要素自我驱动、自我强化，进而形成合力全方位推动国企开展管理创新是新时期下国企管理创新动力机制又一显著发展特征。国企管理创新动力机制质的变化对新时期下国企管理创新产生了深远的影响，这些影响主要表现为把国企管理创新推向了深化阶段。在环境力量的推动下，国企管理创新的第一步发展为以国际化和完全市场化为创新导向，以着力提高管理品质、谋求可持续发展为主要创新目的，进行自主、主动型管理创新。

七、风险投资创新机制

风险投资概念起源于 15 世纪，在风险投资中，投资人主动承担高风险以期获取更高收益。

风险投资在不同时期，投资的对象、投资阶段以及运作模式都有明显的区别，使得风险投资有不同的定义：

世界资源研究所指出：凡是以高技术和知识为基础，生产与经营技术密集的高技术或服务的投资，均可视为风险投资。风险投资是由投资公司投资未上市的新兴企业，并伴随着管理注入的一种权益资本，其目的是为了获得投资带来的高收益。风险投资的价值增值来源于新建企业与风险投资家所提供资本和职业专长的结合。

从更成熟的风险投资层面看：风险投资可以被定义为以股权或股权等价物为工具进行投资而几乎无需任何担保的一种资本。这种投资通常采用单一股权（普通股或优先股）和期权、认股权证、转换债及其他工具相结合的形式。其投资结构通常取决于投资和融资双方的目的、被投资企业的需要及其所处的发展阶段。因此这种投资是有风险的，投资者承担这种风险需要得到相应的补偿，而这种收益通常是通过资本利得和股权增值来实现的（加拿大魁北克风险投资协会）。

本书所谈的风险投资专指用于对创新企业的股权、债券进行投资的风险资本投入、运营、最后的转移退出，是一种具有高风险、谋求高回报的权益资本。

风险资本作为权益资本，有独特的运行方式，这就涉及风险投资机制。风险投资机制涵盖风险资本形成、运作和风险资本退出三环节，是风险资本运作的一般规律及确保投资活动正常进行的机理和条件。它具有复杂性、连续性和动态性的特征，包括风险资本从资金投入到资金回收的全过程。风险投资运行机制离不开风险投资基金、创业企业家和创业板市场。

融资阶段主要解决"钱从哪儿来"的问题。风险投资运行过程的第一步是筹资，这一步若不能完成，后续步骤也就无法进行，因此拓宽风险投资融资的主体渠道，融通到足够的资金对风险投资的运行和发展具有重要意义。从理论上来说，融资阶段是风险投资者与风险投资家两者之间的互动，由于这两个经济主体具有不同的效用函数，所以在追求自身利益最大化的过程中，容易产生委托—代理问题，若此问题不能得到有效控制，必将影响风险投资的成效与成败。这就是说，有效的运行机制不仅要保证高效而低成本地融资，而且在融资之后，还要求进行科学合理的投资决策，以使资金得到有效的运用。因此，我们需要考察，如何通过最优的合约安排，建立有效的风险投资融资机制和决策机制，规避逆向选择和道德风险问题。国外风险投资的主要来源是多元化的。从风险投资的资金来源上看，既有企业的，也有个人和家庭的，如表5-1所示。

表5-1　1998年美国、欧洲、日本风险投资主题比较

资金来源	美国	欧洲	日本
养老基金	60%	24%	—
企业	11.4%	9.8%	37%
个人或家庭	10.6%	7.6%	6%
投资银行和银行附属机构	6.3%	27.8%	36%
保险公司	0.3%	8.9%	—
捐赠基金	5.9%	—	—
投资基金	2.8%	—	10%
外国投资	0.8%	—	11%
在投资	—	7.6%	—
政府投资	—	5.1%	—
其他	1.9%	8.1%	—

在融资阶段解决了钱从哪儿来的问题以后，在投资阶段就要决定"钱往哪儿去"的问题，即选择投资项目进行投资。由于风险投资具有"高风险"这一特性，因而项目质量的高低对风险投资的成败有直接影响。这就是说，投资前能否正确地对投资项目进行评估并科学地做出投资决策，对于降低风险，提高投资成功率起着至关重要的作用。

风险投资机构对申请项目进行评估可以分成三个阶段进行：初选阶段、初评阶段和终选阶段。其中，初选阶段是按照项目是否符合投

资公司的投资原则，对包括产业性质、投资项目发展阶段、被投资企业的区位特点、投资额和投资规模等因素进行主观分析。按照是否符合投资公司的投资价值原则，对投资对象的商业计划书的质量、企业家和管理团队、技术和产品、市场前景、财务等因素进行客观分析。以上两个阶段主要是在众多的申请项目中找出符合投资基本要求的潜在项目。终选阶段是对特定项目的潜在回报率和风险进行评估，最终做出投资决策。

管理阶段主要解决"价值增值"的问题，这也是风险投资区别于其他投资的标志之一。风险投资机构主要通过"管理和监控"两方面实现价值增值。因此只有提高了"管理"与"监控"的质量才能让价值增值得以最大化。"管理"和"监控"是风险投资机构对风险企业进行管理时进行的操作，由于这一管理阶段并不是对整个风险运行过程的管理，而是在协议签订后到风险投资退出风险企业这一过程的管理，所以称之为"风险投资后管理"更为妥当。目前我国对此管理阶段不够重视，以致风险投资后管理水平薄弱，较之风险投资业发达的国家和地区，存在很多问题。作为风险投资的起源国，美国的风险投资业经过多年的发展，已经积累了丰富的风险投资后管理经验，相关的学者也对风险投资后管理的方式与内容进行了很多理论分析与实证研究，如表5-2所示。

表 5-2 美国风险投资机构介入风险企业经营管理活动的分布

管理领域	在风险投资公司中的分布
制定规划	95.1%
后续融资	93.9%
人事安排	73.2%
营销	63.4%
供应商关系	9.8%
日常经营	7.3%
其他	12.2%

相关研究表明，大部分风险投资机构都会为风险企业制定相关规划，并协助风险企业进行后续融资、人事安排和营销活动的管理。相对来说，不会干涉风险企业的日常经营以及风险企业与供应商的关系。

美国的风险投资机构倾向于为风险企业提供中观层面的风险投资后管理，对微观层面的管理参与较少，如表5-3、表5-4所示。

表 5-3 美国风险投资家最愿意参与的管理活动

管理活动内容	平均值（5分制）
制订经营计划	3.38
制订营销计划	3.33
组建董事会	3.28
更换管理者	3.26
监督经营业绩	3.24
借鉴和选择管理团队	3.24

表 5-4 美国风险投资家最愿意减少的管理活动

管理活动内容	平均值（5分制）
发展产品和副技术	2.86
选择买主和设备	2.88
发展现有产品和服务	2.88
选择顾客和分销商	2.89
雇员谈判	2.93

中国大陆风险投资机构主要对标的企业的财务业绩进行监控，协助标的企业制订营销计划，以及参与标的企业的人事管理。除了这三项，其余管理的参与度都很低，说明我国对风险投资企业的监控较多，而给予标的企业的管理支持较少。另外，与美国的风险投资后管理内容相比，我国在协助标的企业制定退出计划、策划追加后续融资、招

聘管理团队关键成员方面有较大差距，这也是我国风险投资发展落后的原因。

退出就是实现已增值的价值。退出是指风险投资将所投的资金由股权形态全部或部分地转化为资金形态，退出机制则是这一过程的组织和运行变化的规律。特别是对于风险投资人，他们更加关注的是短期效益和自身安全撤退，这与企业追求长期持续发展的经营目标天然冲突，一旦二者不能很好地调适和校正，一有变故必将伤筋动骨，因此，顺利安全地退出极其重要。退出阶段要解决三个重要问题：退出时间、退出价格和退出方式。风险投资退出是由风险投资项目退出和风险基金退出两部分内容组成。目前我国风险投资退出机制有几方面不足，表现为缺乏多层次的资本市场体系、缺乏政府的引导、缺乏有效的中介机构体系等。

现阶段根据我国国情，在"一带一路"这一大背景下，我们不仅要总结发达国家发展风险投资的经验和教训，深入了解其风险投资的特点和发展规律，还要结合我国的实际情况，探索出一条适用于我国风险投资的发展道路。

相关链接

让国内外市场形成互动

从长城汽车公司了解到，在目前中国汽车市场已进入微增长的大背景下，提升海外销量、保证国内市场与国外市场共同发展成为长城汽车未来的发展趋势，目前其已在俄罗斯、印度、马来西亚等国建厂以实现本地化。据了解，长城汽车在俄罗斯利佩茨克投建的海外工厂将于年内正式投产，并拥有10万辆的年产能，届时该工厂也将成为长城汽车最大的海外工厂。统计数据显示，长城汽车在去年取得了62.5万辆的销售业绩，其中出口量近10万，占到了总销量的15%。

创新驱动
内外市场互动的创新机制与模式

投建第二工厂扩充产能

据了解，2012 年长城汽车在俄罗斯地区全年销量为 1.4 万辆，对比 2011 年 6 800 辆实现翻番，同比增幅高达 112%。同时随着俄罗斯市场逐步成为欧洲最大的单一市场，长城汽车将对该市场继续发力，除即将投产的利佩茨克工厂外，其还将在俄罗斯的乌苏里斯克投建第二家生产工厂，该工厂投产后最大产能可达 20 万辆。

俄罗斯乌苏里斯克位于俄罗斯东南部地区，与中国黑龙江地区接壤。长城汽车即将投建的乌苏里斯克工厂占地面积达 150 万平方米，总耗资达 6 亿美元，建设周期达 20 个月，其最快有望于 2015 年投入生产，而与中国地区接壤也将有利于新工厂进一步加速投产。

未来海外销量将占整体 4 成

目前，长城旗下车型在俄罗斯仅以进口渠道销售，并主要以 SUV 车型为主，像风骏 5 这样的皮卡车型在该地区也十分受消费者欢迎。随着长城汽车俄罗斯本地工厂即将投产，长城也将率先引入哈弗 H6 这样的国内热销车型进行生产。此外，即将上市的哈弗 H2 与 H8 也在工厂将投产的产品计划内。

长城汽车董事长魏建军曾表示，计划到 2015 年长城全球销量将提升到 130 万辆，其中海外销量将占整体销量的 1/4，超过 30 万辆。今年前 5 个月长城汽车在俄累积销量为 8 757 辆。而据业内人士分析，到年底这一数据将超过两万辆。随着长城在俄罗斯的两大工厂相继投产，将有助于其未来销量大幅提升。由此可见，俄罗斯市场将成为长城汽车最大海外市场之一。

车企纷纷进驻俄罗斯

其实，长城汽车并不是第一个在俄罗斯投建工厂的国内厂商，目前奇瑞、吉利等品牌均已进入俄罗斯市场并计划在该地区建设工厂，其中奇瑞凭借旗云、瑞虎等车型去年在俄共销售 1.9 万辆车，成为该市场销量最高的国内厂商。而吉利去年也凭借 1.75 万辆的成绩取得了第二名。前两者在销量方面均领先长城汽车，未来吉利也将继续引入GX7等车型成为哈弗H6在俄市场的竞争对手。

如今，俄罗斯汽车市场不断扩大，越来越多的国内车企看重这一市场，例如长安、力帆、比亚迪等品牌在向俄罗斯汽市场出口的同时也在寻求进一步的发展。随着自主品牌海外竞争的不断激烈，自主品牌本地化生产就显得尤为重要，未来两座工厂的陆续投产将使长城在该市场中占得先机，而相比其他品牌长城在外销车型方面缺乏轿车车型，未来长城在海外市场发展的道路可谓任重道远。

（资料来源：http://finance.china.com.cn/consume/20130709/1620668.shtml）

第二节 内外市场互动的创新模式

一、内外市场互动的创新模式的内涵

（一）模　式

模式的最早概念是在《模式的语言：城市、大楼、建筑》一书中提到的，这本书的作者是建筑设计师亚历山大（Christopher Alexander）。在此书中，亚历山大对模式给出了经典的定义：每个模式都描述了一个在我们的环境中不断出现的问题，然后描述了该问题解决方案的核心，通过这种方式，你可以无数次地使用那些已有的解决方案，无需再重复相同的工作。

在 *Core J2EE Patterns* 一书里，其对模式有如下的定义：模式是用来描述所交流的问题及其解决方案的。

从多篇文献研究中，我们可以总结出所谓的模式（Pattern），其实就是解决某一类问题的方法论。换句话说，把解决某类问题的方法总结归纳到理论高度，那就是模式。具体来讲，模式是一种指导，这一

指导能够有助于你完成任务,有助于你做出一个优良的设计方案,达到事半功倍的效果,而且会得到解决问题的最优方法。

根据以上论述,可以抽象和概况出模式的定义具有以下内涵:第一,模式是针对系统的某一类问题;第二,模式是抽象的静态的关于一类方法的总结和概括;第三,模式是属于理论方面的总结和概括。

(二)创新模式

当今世界,创新已经是人们耳熟能详的概念。创新概念最早是由美籍奥地利著名经济学家熊彼特(J. A. Schumpoter)提出来的,是他首先将创新概念引入经济学,并对创新的主要问题进行了初步探讨。

在熊彼特看来,从经济学的角度说,所谓创新就是"建立一种新的生产函数",也就是说,把一种从来没有过的关于生产要素和生产条件的"新组合"引入生产系统。这种新组合包括:①引进一种新产品或提供一种产品的新质量;②采用一种新的生产方法;③开辟一个新市场;④获得一种新原材料或半成品的新的供给来源;⑤实行一种新的企业组织形式,例如,建立一种垄断地位或打破一种垄断地位。

现如今,随着研究的深入,"创新"的含义也在不断拓展。对不同的文献研究加以整合,我们会发现创新都必须具备四个要素:一是前所未有或具有实质性进步;二是可实施(或可确证);三是能产生有益的社会效果;四是有利于人与生态的协调发展。总体意义上的创新是指该事物属前所未有或具有实质性的进步,可实施(或可确证),能产生有益的社会效果,并有利于人与生态的协调发展。

将"创新"与"模式"的含义结合,则形成了如今各个层面所需要的一种策略,对国家而言则更是一种战略。基于不同的环境,创新模式自有不同,但无论置放于哪种环境,"创新模式"的含义大致可归纳为:在一定的创新理论指导下,为完成特定的创新目标而形成的相对稳定的创新体系及具有可操作性的活动规范与运作方式。沿着一定的技术路线在其内部条件和外部环境相互作用的基础上所形成的相对稳定的创新体系，它包含了创新过程中有关创新思想和路径的确认、创新目标的选择、可操作性方案的组织实施、创新成果的应用和扩散等具体的活动规范和运作方式。创新模式应具有明确的目的性、相对的稳定性、具体的可操作性、运作的规范性、实施的系统性以及未来的前瞻性。

按照不同的分类标准，创新模式的类型必然呈现多样性。按照参与创新活动的主体的不同，可分为：自主创新模式与合作创新模式。

1. 自主创新模式

自主创新模式是指主体通过自身的努力和探索产生技术突破，攻破技术难关，并在此基础上建立一套规范的运作方式，依靠自身的能力与策略驱动创新的后续环节，完成技术的商品化，获取商业利润，达到预期目标的创新活动。自主创新对于国家而言，可表征一国的创新特征，其创新模式是指不依赖外部技术引进，而依靠本国自身力量独立开发新的管理和运作行为方式，从而推动创新。

自主创新模式可大致分为如下三类：原始创新模式、二次创新模式、集成创新模式，详见图 5-6。

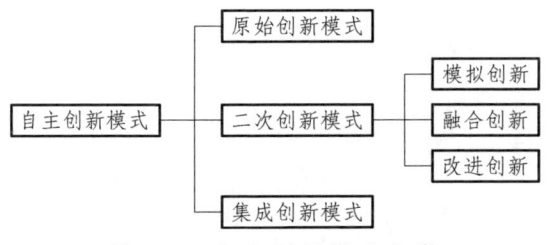

图 5-6 自主创新模式分类

（1）原始创新模式。

原始创新模式，也称为率先创新模式，是指创新主体能领先于其他同一环境里的个体，通过自主研发，率先攻破技术难关，首次实现将某项科技成果商品化、市场化,并获得相应经济利益的创新活动方式。

原始创新模式是当今世界上许多著名行业、企业乃至国家所推崇的创新战略,是其立足于国际市场的核心竞争力。原始创新模式的设计往往要求很强的研发能力,需要大量的资金投入,并且这种投入往往是长期的,再加上对于成果的未知,使得原始创新往往伴随着很大的风险。基于目前我国的国情,我国正处在由温饱向小康迈进的时期,许多领域还处于初步发展阶段,与国外的环境相比,不管是科研实力还是资金储备,我国与他们都有较大差距。因此,我国现阶段自主创新的方式仍以二次创新模式为主,正逐步向原始创新模式进军。

(2)二次创新模式。

二次创新,也被称为跟踪创新,是指创新主体直接引进购买国外或国内先进的核心技术和装备,在此基础上改进完善,并进行再次创新。二次创新的特点是创新资源投入的后倾性。

二次创新的主体是一个开放系统,二次创新的过程是一个积累进化的过程,企业可以根据不同的技术特点以及不同的阶段采用不同的二次创新类型。一般来说,二次创新包括:

一是模拟创新。是指一旦市场领导者投放了新的产品或采用新的技术,其他创新主体可利用其已有的创新能力和条件,研制出类似但却不同的产品投放市场。此外,它还包括引进国外先进技术,或一些关键设备和样机,再对创新主体内部与自身原有的资源进行多方面的重组,从而向国际市场靠近,创造当下时代产物。这种方式是基于技术引进基础上的,有创新的意义,它以模仿引进为原则,经改良设计重组后进入实施阶段,来达到一种模拟创新的模式。一般来说,这种创新模式难度低于自主创新模式,进入壁垒小,容易被后生的竞争者模仿超越,市场地位不够牢固。

二是融合创新。即将不同学科或领域有关联的现有先进技术进行融合,得出新的理论或方法,形成新的创新能力。因为有些技术在此行业、部门比较充分地得到应用,但在其他领域的应用潜力还很大,在不同学科和产业间进行较大跨度的转移、创新，往往可以找到许多发挥作用的领域。这种模式对于实施多元化战略的创新主体是非常有帮助的，创新主体还可以充分利用其内部资源，对其加以整合，创造出新的产品或服务，以此更好地寻找自己的市场定位。

三是改进创新。创新主体在技术积累的基础上逐步形成自我研究开发的能力，进而根据市场需要，通过自主的研究和开发，进入改进技术的应用领域；即对引进技术进行"功能性理解"，扩大引进技术的应用领域，并充分利用其"技术机会"对引进产物进行新功能的开发和工艺的改进。这种改进型创新的涌现乃是二次创新真正意义之所在，它表明创新主体已经摆脱对技术母国的依赖，具备了自我发展的能力，实现了质的飞跃。

一般来讲，二次创新的成果不仅在原理上具有合理性，而且在操作上也是可行的。二次创新具有针对性，不需要自己从头重新摸索，只要在引进基础上适当加以吸收和创新，便可在投入过程中，大大降低创新过程的不确定性和风险性。这样就既可以避免巨大的财政危险，又可以在一定程度上避免市场风险。相比率先创新的模式，二次创新模式可以避免了解市场行情的初期风险，还可以利用市场的兼容性和广泛性，甚至地方贸易壁垒形成的市场分割性，把精力放在销售渠道和网络的建立上，不断扩大自己的市场份额。

当然，二次创新的模式也有自身的缺陷。首先，二次创新模式中所引进的技术和设备，甚至是理念，大多不是世界上真正先进的，而是发达国家和领先企业的次先进技术甚至淘汰技术，这意味着创新主体所运用的创新模式并未真正与时俱进。率先创新模式往往会将其核心信息封锁，只有相关工作人员可知，真正的世界领先技术具有保密性和垄断性，一般不轻易售出。这就决定了二次创新模式只能是跟踪性低起点的渐进性创新模式，如果一味地跟踪创新，则很可能长期受制于人而处于被动地位。

其次，由生命周期理论可知，二次创新模式一般是设计于率先创新模式中所开发产物的生命周期的成熟阶段，这意味着它不久便会进入衰退期，其利润也会随之递减。再加上采用率先模式的创新主体所建立的完善的营销网络往往难以突破，这样二次创新模式的设计也就必然存在一定的市场壁垒。

再次，由于二次创新模式的前景和市场前景均比较确定，竞争者几乎不费多大力气就可掌握和模仿这种模式，并加以创新，可能导致许多同一领域的竞争者都争先恐后地运用该模式进行运作，反而导致恶性竞争，在一定程度上也抑制了创新的积极性。

（3）集成创新模式。

集成，从系统学角度来看，是各部分有机和谐地工作，以达到整体优化的目的。它将两个或两个以上的集成要素集合成一个有机体，而不是集成要素的简单叠加，按照一定模式进行构造和整合，以实现集成整体功能的倍增和涌现。

集成创新，要求创新主体系统内外部创新要素持续融合，它源于系统创新要素集成。集成创新，这种模式是创新主体利用各种信息技术、管理技术，对各种创新要素进行选择、优化和整合，以最佳的结构结合成为一个有机整体的过程。集成创新可以是纵向的，主要发生在生产过程中的技术层面；也可以是横向的，主要指各学科、各领域间的融合。

集成创新模式，其特点可归纳为四点：用户至上、多元化、能动性、网络化。

"用户至上"，即强调创新主体不是只关注内部与外部环境，而是建立在一种需求之上，而需求的来源往往是人。通过对用户需求的把握，可以更有效调整模式的设计，从而达到创新主体与用户信息间的相互匹配；"多元化"，即集成创新模式的设计基础是要求不同类型的创新资源和能力相互激发和协同作用，在本质上是创新要素的交叉和融合，其集成创新内容需呈多元化，涵盖技术、知识、资源、能力、文化等方面，并要求各要素间协同作用；"能动性"，即表现为创新主体多元化是集成创新模式的重要特征之一。随着产品和技术复杂性程度的不同，掌握创新内容所涉知识、能力和资源的创新主体呈现多元化，涉及范围包括个体、团队、职能部门、其他相关组织和用户等。因此，集成创新要求各创新主体能积极思考、有效沟通和协作创新，创造协同效益。集成创新关键在于其过程包含了集成主体积极能动的优选行为过程，其特点是经过有目的、有计划的比较选择，各集成创新主体既能够发挥各自最大优势，相互之间又能够实现优势互补；"网络化"，即在经济全球化的背景下，市场需求的不确定性日益增加，创新主体在创新过程中的复杂性大大增强，单个创新主体很难独自完成越来越复杂的创新活动。在技术发展迅速、用户需求变化多样的环境中，要完成资源密集型的复杂任务，建立不同主体间的网络联系，采取合作的形式整合资源，是优势互补、降低风险的重要途径。目前，集成创新已经从创新的线性过程走向网络化过程。

现集成创新的模式主要聚焦于以下四种形式：

一是技术集成创新。按照市场需求开发新产品，将有关的技术单元组织集成创新，使新产品快速进入市场；

二是服务集成创新。让处于同行业或同一供应链中的创新主体进入大市场，把物流、资金流、信息流等组织集成服务，以提高市场的经营效率；

三是资源集成创新。将不同主体的优势资源进行整合，以达到互惠互利的目的；

四是平台集成创新。将供应商、客户、合作商等不同功能的组织平台集成为一个有机组织体，使其整体效率得到极大提高。

2. 合作创新模式

合作创新模式，起源于20世纪70年代中后期，之后在发达国家迅速发展。目前仅美国在信息技术、生物技术、新材料等有关高技术领域建立的合作创新组织就多达4 500多个，合作创新模式已成为发达国家新的技术创新组织形式。我国创新资源不足，以合作创新来提升自主创新能力具有更重要的现实意义。合作创新模式通常以合作伙伴的共同利益为基础，以资源共享或优势互补为前提，有明确的合作目标、合作期限和合作规则。合作各方在技术创新的全过程或某些环节共同投入，共同参与，共享成果，共担风险。

合作创新具有多种多样的模式，各有其适用的条件，没有绝对意义上的最佳模式，在我国合作创新的模式主要有以下几种：

（1）合同创新模式。它指以合同形式确定的合作创新模式。通常由创新主体委托大专院校或科研机构从事技术或产品研究开发，创新主体提供资金并规定创新目标，大专院校或科研机构提供技术专家、必要的技术设备，并具体实施创新过程，实现创新目标。

合同创新模式一般要以大专院校或科研机构为主成立临时性研发机构，以大专院校或科研机构技术人员为主要人员，必要时也可以由大专院校或科研机构聘请其他单位的技术专家参加。临时性研发机构的研发能力是影响合同创新成败的关键，创新主体通常也会派专人参加研发机构，主要负责与大专院校或科研机构的联系和协调，代表监督合同的执行。创新的整个过程完全由大专院校或科研机构负责，创新主体一般不参与，也不分享创新过程的信息和经验，但在必要时也可以要求大专院校或科研机构提供项目进展情况。合同创新的意义在于能够利用创新的外部分工弥补创新主体内部技术资源不足或者技术资源的结构性缺陷。这一模式具有明显的优点，即创新主体不必参与创新的过程而能够得到创新成果，利用资金优势加快新产品、新技术、新工艺的开发，加速技术创新；缺点是创新主体不能够分享创新过程的信息，不利于培养自己的研发人员。这种模式比较适合于非核心技术或通用技术的开发，以及非关键产品的开发。

（2）项目合伙创新模式。它指创新主体为了完成某一特定技术项目的研究开发，通过合伙投入形成合作组织，共同从事研究开发活动，共享研发成果的一种合作创新模式。合伙创新模式具有很多优势：

一是能实现创新资源的优势互补，如若干企业和大专院校、科研机构之间的合伙能够根据合伙各方的优势进行合理分工，这种需求和资源结构的互补性能够产生比单一资源单独使用更大的效率，在项目进展的不同阶段资源的配置也更加合理；

二是对资源的集中使用能够有效扩大资源的投入规模，减少由于单个单位资源不足或资源结构不合理而引起的创新时滞，因而能够比在不合伙的状态下缩短创新时间；

三是由于有多个优势不同的单位共同参与创新过程，能够有效分担创新风险。这种模式适用于那些单个单位无力完成的技术项目的创新，便于开展一些尖端的创新活动。但这一模式也有先天缺陷，主要是在合伙单位的选择、合作体的管理和创新成果的分享等方面由合伙各方通过协商进行，交易成本较高，而且往往会产生无法通过协商解决的矛盾和利益纠纷。

（3）基地合作创新模式。指创新主体与高等院校或科研院所共同建立技术创新基地的一种合作创新模式，一般由创新主体提供资金和场地，大学或研究机构提供研发条件（设备）和研发人员。

这一模式除了提供中间成果和最终成果外，还具有极强的培训功能，可以为创新主体培训技术人员。其创新风险主要由参与基地建设的企业承担，大学或研究机构也要负担一定风险，但主要是技术风险而不是财务风险。

采取基地合作创新模式有利于创新主体在技术创新水平上接近大学或研究机构正在进行探索的技术前沿，掌握最新发展动态，捕捉最新技术信息。基地合作创新也存在一定的问题，主要是创新主体一般不参与具体创新过程，因而不能分享创新过程的直接经验；同时，基地向企业的技术转让受多方面因素的影响，如基地的技术能力和企业对新技术的吸收能力等；此外，基地合作往往不以项目为主导，创新主体参与合作的效益一般也难以准确估价，尤其是短期效益更难估价。

（三）内外市场互动创新模式

基于前面两大部分的讲述，相信读者们已经对创新模式有了大致的了解。所谓内外市场互动,实际是内环境与外环境的交互,它强调双方获利,实际也是一种合作的形态。而"内外市场互动创新模式",即是基于"内外市场互动"的特征背景下,设计并实施的一种新型创新模式,这样的创新模式更具有针对性。

面对内外市场互动的特点,现我国出现了如下几种创新模式:

1. 基于创新需求的联盟模式

该模式的特点在于企业集群和学校、科研机构之间进行双向选择,研发成果由联盟共享。首先,合作的动力来自于企业集群对市场需求的感知,从而产生创新需求。例如,我国汽车行业缺乏技术,虽然有一汽、东风、上汽、长安等大型汽车公司,但大多与国外企业合资,自己或者缺乏生产技术,或者缺乏生产线的维护技术,或者缺乏最终产品的设计能力,整个汽车行业存在着发展自主品牌轿车的创新需求。像这样,企业集群有创新需求,学校、科研院所有人才培养的需求和教学实践的需求,促成了企业集群和众多学校、科研院所之间的合作。为了解决"搭便车"的现象,成果并不是由联盟的所有成员所共享,而是由提供研发成果的学校、科研院所、企业组成"子联盟",成果由子联盟所共享,联盟中的其他企业或学校,如果暂时没有研发成果,希望优先使用其他合作的成果,需要经过提供成果的子联盟同意。这样做不但产生了"1+1>2"的效果,提高了联盟的研发效率,同时也在一定程度上杜绝了"搭便车"的现象,提高了合作的积极性,达成了知识共享与竞争性学习的平衡。

2. 核心企业激发的集群创新模式

该模式最大的特点是在供应链中有一家核心企业,它在整个供应链中占有统治地位,由这家核心企业整合供应链的各种资源、信息、需求等,如与学校合作,传播知识,激发整个供应链的各个部分集群创新。首先由这家核心企业整合市场需求、产业链上游、下游许多小企业的技术需求等需求信息,组成研发团队与学校进行合作。研发团队将需求信息传递给学校、科研院所。核心企业实力雄厚，往往在出资学校建立自己的研究院与学校建立长期合作关系，进行面向市场的研发。而知识的传播过程起始于学校、科研院所以及核心企业在学校设立的研发机构，通过核心企业的研发团队在企业中进行传播。核心企业通过知识整合、知识的识别、隐性知识的描述等将知识传递给供应链的上游供应商集群和下游承销商集群，受到激发的企业集群以及供应商组成的联盟、承销商组成的联盟实现集群创新，最终由核心企业进行产业化的评估。

3. 产学研协同创新的一体化模式

该模式的特点在于企业和学校、科研院所综合组织内外信息，进行集体学习，互相促进，协同创新。在有些情况下，新产品研发的每个阶段没有清晰的界限，企业和学校、科研院所也就无法进行清晰的分工，这时需要企业和学校综合内外信息并行合作。其中主要的合作组织内部信息包括设备信息、财务信息、产品信息、人力信息、组织结构信息和管理信息。主要的外部信息包括科研信息、政策信息、市场信息、新工艺信息、新技术信息、新方法信息、融资信息和人才市场信息。企业和学校、科研院所立项订立合同，组成一个研发的联合体。首先，研发联合体接触内外信息，激发研发的初步想法。其次，要对初步的想法进行感知和描述，一般情况是先从小的组织向更大的组织扩散。一般来说是企业的销售部最先产生新的研发思想，进行小范围的感知，再扩散到研发部和学校。经过许多次的讨论确定研发方案进行研发。

二、现有内外市场互动的创新模式分析

任何一个国家对于其总体性的创新模式的选择和建构，既要受到科学技术发展趋势的影响，也要受制于本国的国情和相关国家的发展

战略的选择，而正是由于不同的创新模式的建构和历史形成过程，在很大程度上影响甚至决定了一个国家的创新能力和发展绩效。因此，在前述关于创新模式阐述的基础上，本章选取若干具有代表性的国家和地区作为考察对象，通过不同的视角对他们创新模式的建构进行研究，探索对我国具有借鉴和启迪意义的历史经验。由于各国经济发展水平和技术基础等不同，各国的创新模式也不尽相同。

美国是世界上经济实力最强的国家，同时也是世界上创新实力最强的国家。美国从事创新研发活动分布于不同的层面上，联邦政府所属机构、私营企业、高等院校和私人非营利机构。私营企业在美国创新过程中担当着主角，其每年的研究与开发费用高昂，如 1997 年为 2 056 亿美元，占全国创新研发费用的 72.7%，全国私营企业中的工程师和科学家多达 300 万人。企业的研究开发活动主要立足于开发，并要求不断改进现有产品或开发新产品，改进生产工艺。美国联邦政府拥有自己的实验室，直接开展创新研发活动，这些实验室有两个目标，第一是完成政府的使命，如国防、公共卫生和公共设施等；第二是参与公共产品的研究开发活动，以促进全社会的技术进步。联邦政府的创新研发资金中，自己的实验室只占用一小部分，大部分经费以不同的形式投入到私营企业、高等院校等非政府科研机构，帮助其加大对基础研究的投入。美国的基础研究主要是依靠高等院校来进行的。20世纪 70 年代以来，高等院校的基础研究一直占全国基础研究的 50%以上。从近几十年来美国的创新模式来看，首先是以实施自主创新模式为主，如美国的大型私营企业都拥有自己的实验中心，并以其雄厚的资金和人力不断改进工艺、推出新产品。其次是推进合作创新模式，并占有重要的地位，如企业与企业的合作创新、大学与企业的合作创新以及政府与企业、科研机构的合作创新等。

德国目前约有 46 万人从事研究工作，其中有 61.7%在经济界，21.9%的人在高校，16.4%的人在非高校的研究机构。每年德国科研经费的总支出约为 800 多亿马克，来自于经济界的科研经费达到 550 亿马克左右。德国专业研究项目的实施基本上都是以合作研究形式进行的。合作研究的核心思想是，研究计划必须由企业、高校及校外科研机构联合承担，其好处在于通过此类合作，不但可以促进高校、其他科研机构和企业之间的技术转让，还可以解决科研机构面向企业的实际问题。德国的创新研发还有一个有别于其他国家的突出特点，就是中心企业十分重视研究与开发，愿意把钱花在研究与开发方面，积极参与到政府合作研究之中。显然，德国的创新研发主要是以合作创新为主。

由此不难看出，20世纪中叶以来，世界上科技实力雄厚的国家，如美国，一般采用的是自主创新，但随着科技的发展，一个企业独自承担某项创新任务已显得力不从心，因此，近些年来合作创新在美国日益显示出其重要性。德国的创新模式有其特色，多以合作创新为主，这也极大地促进了德国整体创新水平的提高。

我国不仅企业众多，而且企业有多种所有制形式。分析我国的创新模式，就要按不同的标准将企业进行适当的分类，然后分别就每类企业的创新模式进行分析。

按企业规模进行划分，可以将我国企业分为大型企业集团和中小企业。大型企业集团是我国经济发展的主力军，也是将创新成果产业化的主导力量之一。受我国长期计划经济体制影响，目前发展规模较大的大型企业集团绝大部分是国家独资或控股的国有企业。这些企业经过多年的发展，在资产规模、技术基础、人力资源等多方面都有较强的实力，现有创新基础较好。在高技术产业领域，我国一批具有自主知识产权的国有企业集团不断崛起，竞争力不断提高。总览我国大企业集团，主要是以自主创新为主，但是，由于受到国有企业国有产权主体缺位的固有弊端影响，自主创新效率不高，近年来受国家政策的引导，国有企业开始与大学、科研院所进行全方位的合作，如在企业建立技术中心，这样在自主创新的基础上，合作创新的地位日益显著。

改革开放以来，我国中小企业迅猛发展，特别是一大批科技型中小企业已成为国民经济发展新的增长点。据初步统计，全国范围内科技型中小企业已超过7万家，科技型中小企业已成为我国创新研发和发展高科技产业的重要力量。然而，大部分中小企业的发展也还面临着创新研发能力差、生产成本高、市场形势严峻等诸多难题。当前，我国中小企业大多采用"拿来主义"，引进技术较多，缺乏企业自主创新。中小企业经营者急功近利的短期行为严重，创新动力不足，热衷于简单模仿，显然，中小型企业以模仿创新为主，仅有少数高技术中小企业拥有自主的创新研发成果。

　　按企业性质进行划分，可以将我国企业分为国有企业、三资企业和民营企业。国有企业是我国产业部门的主要力量，它为国内各行业生产提供必需的原材料，并主导着电力、钢铁、化学和机械等资本密集型部门和航空航天等战略性产业。自我国经济制度改革以后，国有企业一般都是大中型企业，在国民经济中占据着主导地位，但是国有企业的创新现状却不容乐观。目前，我国国有企业以自主创新为主，而且确有一批国有企业开展了卓有成效的创新活动，并依靠创新成果建立了较强大的市场地位，如乐凯、康佳、长虹、三枪等企业。但是，目前许多国有企业处于亏损状态，缺乏创新投入，一个原因在于国有企业在创新研发管理方面效率较低，还有一个原因在于国有企业承担了相当一部分基础研究工作，其当期经济效益虽然不是特别明显，但对于所在行业和领域的长期发展却具有强烈的溢出效应。就我国目前而言，国有企业的创新研发经费、技术改造经费投入都远高于其他性质的企业，研发投入强度基本上与我国平均水平持平；高级技术人员、中高级技术人员比重也显著高于其他企业；完成新产品、新技术项目数，特别是国内领先水平以上的项目数仍高于其他企业；开发新产品数以及本土企业自主品牌数量都高于平均水平；发明专利授予数量最高，其他知识产权数也高于平均水平。从整体上看，国有企业以自主创新为主流，通过科技投入获得较高的科技产出。

　　三资企业包括外商独资、中外合资和中外合作。我们长期以来一直希望"以市场换技术"，即利用中外合资、中外合作、外商独资企业中外方的技术优势迅速提升我国门主创新能力。但事与愿违，三资企业在提升企业自主创新能力方面的表现相对低下。中外合资企业的技术开发经费低于整体平均水平，技术改造经费投入仅高于民营企业，新产品开发经费最低。三资企业中的高级和中级技术人员的比重亦最低。在科技产出方面，以三资企业比较发达的江苏省为例，中外合资企业完成新产品、新技术项目数最少，不足全部企业平均水平的 1/3，约为民营企业的 1/2 左右；获得专利授权数最低，约为民营企业的 1/2；其他知识产权，无论是不同种类还是总量都处于最低水平。可以说，三资企业主要是模仿在国外相对落后、但在国内具有相对优势的技术和产品，在一定的政策优惠下获取了高额利润，对创新研发投入较低，把创新研发资金放在跟随国外新产品或放在我国具有比较优势的技术上，走的是一条以模仿创新为主的路子。

近年来，我国民营市场迅速崛起，并得到了长足的发展，随着改革开放的不断深入和国家对个体私营经济方针政策的改变，民营经济在国民经济中所占的比例越来越大。据初步统计，到 2002 年底，全国民营中小企业已超过了 200 万家，民营经济在国内生产总值中所占比重约为 48.5%，民营经济的税收增长率为 14.8%，出口创汇额 139 亿美元。但是我国大多数民营中小企业仍处于发展初期，面临的问题主要表现为创新研发意识淡薄、企业融资难、创新性人才匮乏、信息不灵和技术中介服务体系不健全。在这种情况下，民营企业的创新研发以模仿创新为主。企业根据自身的实力，选取最具市场前景和创新前景的部分进行研究开发，力求以最少的投入获取市场承认的创新成果。同时应看到，我国有一部分民营企业是由于技术开发或科研成果商业比而形成的。这一部分企业以自主创新为主，并已成为中小企业群体中最富有创新活力的代表。目前已入驻国家高新技术产业开发区和大学科技园的部分企业即为这类企业。

综上所述，国有大中型企业的创新研发模式以自主创新为主，而三资企业及民营科技中小企业则以模仿创新为主。

三、内外市场互动的创新模式的比较与选择

在对目前国内外创新模式分析的基础上，进一步对创新模式本身的特点进行比较，并对我国创新模式的选择问题加以分析，这也是探讨我国创新模式的必然要求。

（一）内外市场互动的创新模式的比较

自主创新要求企业有较雄厚的研究开发能力和研究成果积累，在某一领域处于技术领先地位。自主创新具有率先性，一项新技术或新产品的率先创新者也只有一家，其他采用该项技术、生产这种产品的企业都是创新的跟随者和模仿者。实施自主创新尤其是原始创新具有较大的难度：第一，投入大，即要有较大的资金投入和实力雄厚的研发队伍。第二，风险高，即项目研发的成功率较低、不确定性较高。如美国基础性研究的成功率仅为 5%，在应用研究中仅有 50%的项目能获得技术上的成功，30%能获得商业上的成功，只有 12%能给企业带来利润。第三，周期长，市场开发难度大，成果和效益易被跟随者无偿占有。第四，在一些法律不健全、知识产权保护不力的地区，自主创新成果有可能面临被侵犯的危险。

模仿创新是指在率先创新的示范效应和利益的诱导下，企业通过合法的手段引进技术，并在率先者技术的基础上进行改进的一种创新模式。从日本、韩国等发展的历史看，模仿创新是工业后进国家缩小同发达国家差距的一条捷径。实施这一战略，可加速技术进步和经济发展，并较快地走上自主创新之路。企业通过模仿创新过程，可逐步培育出一支善于创新的人才队伍，不断增强自身的研究开发实力，在模仿创新中不断提高自主创新程度，最终过渡到以自主创新为主的模式。模仿创新模式的缺点在于在技术上具有较强的被动性，缺乏超前性。如果创新研发主要依靠模仿模式，从长远来看，这必将进一步拉

大同先进水平之间的差距,并最终导致技术依赖[①]。

合同创新有助于缩短研发周期,增强企业的竞争实力,能使更多的企业参与分摊创新成本和分散创新风险。合作创新的前提是合作各方能够实现共同研发、共享成果、集群发展。合作创新,可以把具有竞争关系和利益冲突的企业联合在一起,使各方在合作竞争中获得利益、谋求发展。合作创新有利于使合作共同体实现优势互补,通过合作使各企业掌握技术商品的秘密和诀窍,并为以后进行自主创新奠定基础。我国的合作创新最主要的形式是产学研合作创新体系。对企业来说,产学研合作,通过战略联盟与企业外部的技术力量,特别是与过分集中于高等院校和科研机构的技术力量进行合作,共享资源、优势互补、共担风险、共享利益,对于迅速增强企业创新研发能力具有明显的优势。但是,在合作创新中谁是"领导者"?本来理所当然地应是"市场",但在现实中合作创新的各方往往把合作的"领导者"定位于"市长"。

(二)内外市场互动的创新模式的选择

随着经济全球化步伐的加快和科学技术的迅猛发展,自主创新日益成为当今世界各国的综合国力竞争的核心和关键。近年来,胡锦涛总书记曾多次强调,要把提高自主创新能力作为推进结构调整和提升国家竞争力的中心环节,把推动自主创新摆在全部工作的突出位置。落实科学发展观,优化经济结构,实现全面建设小康社会的宏伟目标,其根本途径在于大力推进创新研发和增强自主创新能力。

从我国目前的发展情况来看,在国有大中型企业尤其是企业集团中,进一步健全自主创新机制是增强企业竞争力的关键。国有大中型企业拥有丰富的创新资源,它理应成为自主创新的领头羊和主力军。

---

① 谈谈企业技术创新战略.[2014-07-23].http://www.xiqozangshi.com/sltide/587307-1/1/.

内外市场互动的创新机制与模式

鼓励大企业或大集团加快自主创新进程，通过加大创新研发投入、攻克关键技术和核心技术，才可能迅速超越竞争对手，以获得市场领导地位。同时，也应重视模仿创新后的二次创新能力的提高，这也是增强自主创新能力的一个重要途径。

在注重提高国有大中型企业创新研发能力的同时，不能忽视民营企业的自主创新能力及其作用。可以说，我国的民营企业是推进自主创新模式运行的一支生力军。有资料表明，虽然民营企业的研发投入强度、中高级技术人员比重都不是很高，科技产出总量及水平与国有企业也难以相提并论，但民营企业也具有自身的众多优势，并能够直接转化反映在其经济效益的指标上，如其实用新型专利数、其他知识产权数、注册商标数等都比国有企业高出许多，甚至在所有企业中名列前茅，这说明，在目前还没有形成较大的经济规模和较强的自主创新能力之前，有效利用各种资源，将创新研发的方向集中在容易取得突破和获得经济效益的产品创新上，并采取有效措施保护自己的知识产权，已成为民营企业的现实选择。

三资企业也是国民经济的一支重要力量，但是三资企业的自主创新能力非常弱，这与其追求短期利益的企业目标是密切相关的。一方面，三资企业对于引进国外的先进技术，要加大消化吸收力度，提高二次创新的能力和水平；另一方面，要制定相关政策，使企业改变其经营目标，变追求短期利益为追求长期利益，以激发三资企业进行创新研发的主动性，并利用它们在技术上的优势，提升自主创新能力。

诚然，在当今经济全球化及竞争全球化的形势下，企业与企业、企业与科研机构进行合作创新是快速提升技术能力的重要途径。我国要在自主开发的基础上，积极推进合作创新模式，以企业与国内其他企业、高等院校、科研机构、国际企业和其他组织的分工合作方式进行创新研发，充分利用外部创新资源，优势互补，提高企业创新研发的水平和能力，增强企业的核心竞争力，以适应技术竞争新形势的发展。

第六章　创新驱动的中国实践

第一节　我国创新驱动发展现状

改革开放 30 多年来，我国实现了科技水平整体跃升，已经成为具有重要影响力的科技大国，取得了举世瞩目的巨大成就。我国的研发人员的总数居世界首位，国内发明专利申请量居世界首位，国内发明专利授权量居世界第二位，国际科技论文产出位居世界第二，研发投入位居世界第三。各领域的科技迅猛发展，国家整体的科技发展水平不断实现新的跨越。我国在载人航天、探月工程、载人深潜、高性能计算机、高速铁路、量子通信、铁基超导、诱导多功能干细胞等领域，取得了一批具有国际影响力的重大成果，建成了一批关系国计民生的重大科技工程。在国际科技大格局中，我国自主创新能力不断增强，科技实力已从总体跟跑转变为跟跑、并行、领跑兼有，为经济社会发展、民生改善和国家安全提供了有力支撑，为我国成为一个有世界影响力的大国奠定了重要基础。

同时，党的十八大提出实施创新驱动发展战略以来，党中央、国务院以更大的决心、信心和勇气实施创新驱动发展战略，且成效显著。习近平总书记先后主持召开中央政治局第九次集体学习和中央财经领导小组第七次会议，专门研究实施创新驱动发展战略，为我国当前和未来实施创新驱动发展战略指明了方向。

2013 年党中央、国务院，深化科技体制改革，大力实施创新驱动发展战略。全社会研发支出占国内生产总值的比重超过 2%。超级计算、智能机器人、超级杂交稻等一批关键技术实现重大突破。我国制造业规模跃居全球首位,高技术制造业增加值年均增长 13.4%,成为国民经济重要先导性、支柱性产业;清洁能源、节能环保、新一代信息技术、生物医药、高端装备制造等一批战略性新兴产业快速发展。服务业增加值占国内生产总值比重提高 2.7 个百分点,成为吸纳就业最多的产业。2013 年,我国国内发明专利申请量达到 82.5 万件,占到世界总量的近 40%,连续三年居世界首位;国内发明专利授权量达到 14.4 万件,仅居日本之后,居世界第 2 位。

一、我国整体创新能力与水平现状在世界中的位置

来自中国科学技术发展战略研究《国家创新指数报告 2013》国家创新指数的测算表明:2012 年中国综合创新能力国际排名较上一年度前进一位,居第 19 位,成为唯一进入前 20 位的发展中国家。该报告选用研发经费投入占全球 98%的 40 个国家作为研究对象,采用创新资源、知识创造、企业创新、创新绩效和创新环境 5 个方面作为指标体系。从全球创新能力十强来看,格局依然较为稳定,美洲占 1 席,亚洲占 3 席,欧洲占据 6 席。美国凭借其雄厚的创新资源和优异的创新绩效,再次成为世界上最具创新能力的国家;日本和韩国依托其突出的企业创新表现和知识创造能力,分居第 2 和第 4 位,继续领跑其他亚洲国家;而本年度最为抢眼的是以色列,由上年度的第 11 位上升到第 5 位。欧洲地区的创新能力较强,位居全球前十强的国家最多。瑞士由于其创新资源分指数排位稍有下降,综合指数排位降至第 3 位;北欧国家瑞典、芬兰、丹麦依然保持创新强势,分列第 6、第 7 和第 9 位,而西欧国家荷兰、德国占据第 8 位和第 10 位的位置。

中国创新能力排在第 19 位。在 40 个国家中处于中上游位置。中国人均 GDP 刚刚超过 6 000 美元,在 40 个国家中排第 39 位,仅仅高于印度。显然,中国创新指数排名已经超过不少人均 GDP 1 万美元以上的国家。也就是说,中国的创新能力已经超越处于同一发展水平的

其他国家（图 6-1）。

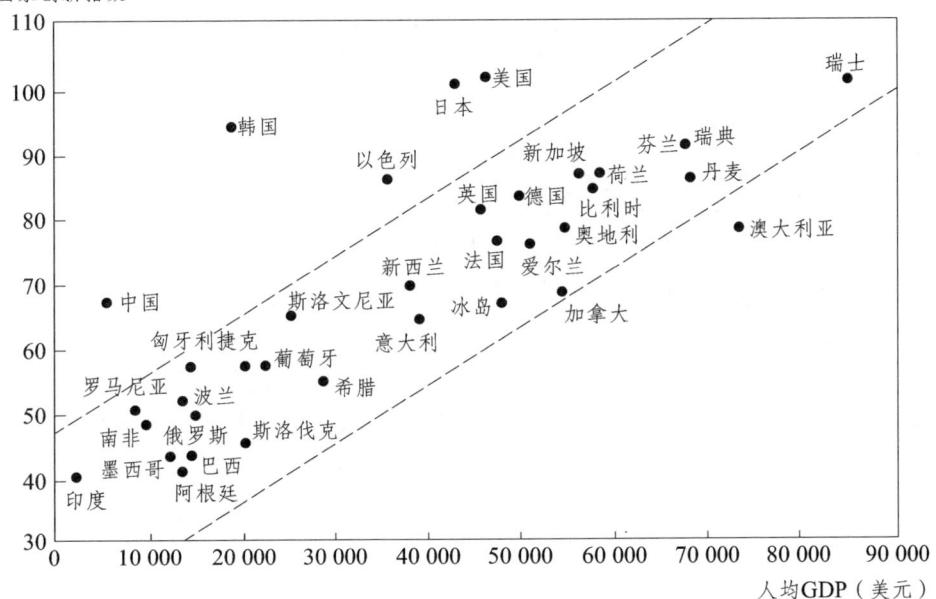

图 6-1　各国人均 GDP 与国家创新指数

二、我国国家创新指数主要指标及分析

第一，创新资源投入持续增强，研发经费稳居世界第三位。研发活动是创新活动中最为核心的组成部分。研发经费和人员是重要的创新资源，突出反映了一个国家对创新活动的投入力度和创新人力资源的储备状况。2012 年全球研发经费继续保持上升势头，达到 1.4 万亿美元，美洲、欧洲和亚洲国家，各占到全球总量的 1/3 左右，呈现三足鼎立的格局。中国研发经费达到 1 631.5 亿美元，稳居世界第 3 位，占全球份额由 2000 年的 1.7% 迅速提高到 11.7%，与美国、日本的差距进一步缩小。美国作为头号科技强国，虽然研发经费占世界总量的比重逐年下降，但其领先优势仍然相当显著，分别是日本的 2.3 倍、

中国的 2.8 倍。显然全球研发经费仍主要聚集在 G7 国家，但随着新兴经济体及发展中国家的快速崛起，全球研发经费的集中度明显下降。

第二，研发人员总量位居第一。2012 年全球研发人员达到 1 110.7 万人/年，较研发经费而言，其分布集中度更高，主要分布在亚洲和欧洲国家，分别占到全球总量的 45.7%和 31.7%。近十年来，除芬兰、日本和俄罗斯等国家外，绝大多数国家研发人员总量呈上升态势，中国、韩国和巴西增长得尤为显著。2012 年，中国研发人员总量达到 324.7 万人/年，连续五年居世界首位，占到全球研发人员总量的 29.2%。日本、俄罗斯均是科技人力资源大国，但其研发人员占世界份额持续下降，2012 年分别为 7.8%和 7.5%。

第三，知识产出总量优势显著。知识创新是国家竞争力的核心要素。知识产出作为创新活动的中间成果，是创新水平和能力的重要体现。

（1）国际科技论文量质齐升。2012 年，全球 SCI 论文数量继续保持增长。美国 SCI 论文数量为 36.9 万篇，占到全球总量的 27.5%，领先优势明显。中国 SCI 论文数量达到 18.7 万篇，占到全球总量的 13.9%，仅次于美国，居全球第 2 位，领先于其他国家。

（2）国内发明专利申请量、授权量涨势强劲，发展态势领跑全球。2000 年以来，中国国内发明专利申请量和授权量持续快速增长，对全球国内发明专利申请和授权的增量贡献突出，分别达到 84.8%和 38.5%。在此期间，约半数国家发明专利申请量和授权量呈负增长，中国则表现出强劲的增长态势，年均增速达到 28.9%和 30.0%。

第四，科技对经济发展的贡献稳步提升。改革开放以来，中国社会经济发展取得举世瞩目的成就。2010 年，中国的国内生产总值首度超过日本，成为世界第二大经济体。在此过程中，科技服务经济社会发展的能力不断增强，科技创新促进产业优化升级和经济结构调整的作用日益彰显。

随着知识经济的到来，知识服务业已成为产业发展价值链中的重要组成部分，在创新中起着重要作用。从世界范围来看，美国知识服务业发展一枝独秀，2012年知识服务业增加值占到全球总量的34.8%。但从发展速度来看，中国明显快于其他国家，知识服务业增加值占全球比重由2000年的2.7%提高到目前的8.8%，位居世界第3位，逐步逼近日本的发展水平。

三、我国区域创新能力与水平现状分析

区域创新是国家创新的重要组成部分。中国区域创新具有东强西弱、区域创新梯次分明、创新能力强则经济发展水平高等特点。东部省市创新资源较为丰富，知识创造也具有较高的水平。中西部省市积极发挥自身优势，在加快发展中逐步形成各自的创新特色。

江苏和广东在创新环境、创新资源、知识创造、企业创新和创新绩效等各方面明显高于全国平均水平，并保持均衡发展，成为一东一南两个最重要的技术创新中心和高技术产业集聚地。

北京和上海人才集聚，是全国研发中心，表现出超强的原始创新能力和技术输出能力。

中部的湖北、西南的重庆和四川、西北的陕西是中国中西部传统的区域科技中心，在中西部地区发挥着创新引领、带动和示范的作用。

华北的天津、东北的辽宁、华东的浙江、福建和山东是国内基础条件较好、创新资源较丰富、特色产业发展较快的地区。

内蒙古、江西、安徽、甘肃和青海等中西部地区正在努力改善创新环境，增加创新投入，在创新促进经济发展方式的转变方面不断的进步。

区域创新与国家创新具有十分密切的联系。中国人口众多，幅员辽阔，从区域角度看，可分东、中、西，进而可分为华北、东北、华中、华南、西南和西北。从经济社会发展看，区域经济社会发展是整个国民经济与社会发展的基础，区域产业结构优化和发展质量提高是整个国民经济产业协调发展的前提。从区域创新和国家创新之间的联系看，区域创新是建设创新型国家的增长点和动力源。区域创新分析

最为直接的意义，就是可以使我们从数量的角度清晰明确地了解到各区域在创新环境、创新资源和条件、创新投入水平、企业创新状况、创新产业发展、创新产出水平以及对经济发展质量的影响作用等各个方面的表现，从而更好地从总体上把握创新型国家的建设进程。

四、我国企业创新能力与水平现状分析

中国企业创新能力稳步增强，在国际上的地位显著提高。大型企业在创新中起着主导作用，小型企业创新组织化及规范化程度有所提高，特别是民营企业创新活动非常活跃。三资企业已成为中国企业研发中的一支重要力量。

在国资委的积极推动下，国有企业特别是中央企业在创新投入、创新产出、创新机制等方面均取得显著成效，科技研发和自主创新能力不断增强。

从科研创新投入看，国有大中型企业越来越重视技术开发机构的建设，科研活动经费和人力的投入力度不断加大。

在研发基础条件和平台建设方面：2010年，在7 730家国有及国有控股工业企业中，有科研机构的企业数为2 641家，占34.16%。其中，大型国有工业企业该比例达到68.3%，而大中型国有独资工业公司则为74.3%，远高于同期全国大中型工业企业27.0%的水平。根据国务院发展研究中心有关调查资料汇总结果，2004年底，中央企业有各类技术研发机构476家，涉及军工、石油石化、钢铁、有色、机械、汽车、船舶、轨道交通、电信、建筑、建材和医药等行业，其中许多科研院所的研发力量和研发资源都处于行业龙头地位。在"十一五"建设企业国家重点实验室中，中央企业获批建设47家，占国家总数的49%。目前中央企业已建成并拥有了一大批国家重点实验室、国家工程实验室、国家工程技术研究中心和国家级企业技术中心等国家级科研机构，很多企业还建立了企业中央研究院、博士后科研工作站等。

2010年中冶集团基本建成"国家工程技术中心"——"中冶工程技术中心"与省级技术中心——各子公司工程技术中心的三级科技创新平台，自主创新能力显著提高。目前，中冶集团已拥有7个国家级科技创新平台。神华集团投资25亿元建设低碳清洁能源研究所；西电集团整合原3个行业研究所，成立了西安高压电器研究院；中石油推进了40个企业重点实验室、试验基地的建设等。这些创新平台的建立为中央企业技术创新提供了强有力的支持。

在科技人才队伍建设方面："人才强企"战略得到有效实施，人才规模合理增长，整体素质明显提高，高层次人才队伍不断壮大，有效的人才激励机制逐步形成。近年来，中央企业人才队伍建设效果尤为明显。一方面，通过大力引进海外高层次经营管理人才，吸引了一大批海外高层次经营管理人才加入创新创业队伍。为适应海外战略的需要，中国招业公司面向海外引进高层次经营管理人才，以超常规速度组建了海外业务团队，使他们在公司国际化战略转型中发挥了重要作用。2008年以来，中国化工集团公司先后从英、美等国家引进了5名列入"千人计划"的海外高层次经营管理人才，并聘请他们担任集团公司的重要管理岗位。实践证明，管理人才的加盟，使得中央企业经营管理的国际化水平得到很大提升。另一方面，不断加大开放性人才的培养力度，尤其注重培养具有全球视野的本土人才。围绕发展规划和技术需求，中国兵器装备集团先后与国内20多家高校和科研机构签署了合作培养人才战略协议，并建立了"汽车产业技术创新共同体""变压器热工技术研究所""乘用车混合动力国家工程实验室"等联合研发机构。凭借国外科技和人才资源优势，该集团还在新能源、新型发动机等关键技术和重点项目上，与英国GH中心、德国于利希中心、意大利EE中心进行联合攻关，通过学习国外先进技术及人才培养模式，使得掌握核心技术的科技领军人才队伍逐渐成熟。另外，中国中钢集团公司、中国石油天然气集团公司等也在着力塑造具有世界眼光的经营管理团队。

从典型企业看,企业的自主创新能力显著提升,在国际市场上显示出较强的核心竞争力。30多年来,国有企业不断加大技术创新力度,加强科技创新组织体系建设、管理体系建设、技术体系建设,逐步形成了以企业为主体、产学研相结合的技术创新体系,在载人航天、绕月探测、特高压电网、支线客机、标准、米深水钻井平台、米钻机、实验快堆、高牌号无取向娃钢、百万吨级煤直接液化等领域和重大工程项目方面取得了一批具有自主知识产权和国际先进水平的创新成果。有些行业已经涌现出一批具有一定国际竞争力的龙头企业,为我国经济社会发展做出重大贡献。例如,宝钢集团作为中国最具竞争力的钢铁企业,在大规模引进一消化一吸收一创新的基础上,大胆探索系统集成、自主创新,走出了一条赶超国际先进技术之先河的现代化钢铁企业建设之路。

第二节 "一带一路"带来的创新机遇与挑战

一、创新机遇

"一带一路"是一种多层次的合作战略,也是基于全球背景下,中国对外开放战略的另一次升级。作为中国新的国际战略,根据其战略愿景,可分为远近两大层次:近期放眼于"基建互通、金融互通、产业对接、资源引入";远期则致力于"商贸文化互通、区域经济一体化和共同繁荣"。基于此,"一带一路"可为中国带来如下五大主题的创新机遇:

(一)"通路通航"主题

"通路通航",包括交通运输业(港口、公路、铁路、物流),铁路建设与相关设备，航空服务、设备、整机生产等。在"一带一路"建设中，交通运输是优先发展领域，以加快提升我国与周边国家交通基础设施的互联互通水平，并形成区域交通运输一体化，促进相关产业创新发展。

交通运输业（港口、公路、铁路、物流），直接受益于亚欧交通运输大通道的建成，为带动区域经济发展创造条件。加快推进公路、铁路、民航、海运等多种运输方式的互联互通，交通运输业的吞吐量也将明显提升。连云港连通至鹿特丹港的新欧亚大陆桥，将强化其在国际陆路运输中的骨干作用。中国也将全力打造与我国第三大贸易合作伙伴——东盟地区的海陆空综合交通方式：海上——将中国和东南亚国家临海港口城市串联起来；内河——中国出资澜沧江—湄公河河道建设，打造黄金水道；公路——南（宁）曼（谷）、昆（明）曼（谷）公路已经开通，东南亚正在形成两横两纵的公路通道；铁路——中国计划以昆明和南宁为起点，建设泛东南亚铁路，联系东南亚陆路国家。交通基础设施建设和运营"走出去"，也将带动铁路建设与相关设备，航空服务、设备及整机生产等产业的增长，为其迎来创新机遇①。

伴随着投资贸易的频繁，交通基础设施建设也日益完善。"一带一路"强调互联互通，要求在道路交通方面，建立起连接我国与参与国家的交通运输体系，构建联系更紧密、低成本、高效率的物流互联网，这将为物流产业带来了新的发展机遇。众所周知，我国在高铁建设方面具有世界领先的技术能力，较低的成本优势以及丰富的铁路运营经验，能有效帮助沿线发展中国家解决铁路网络建设初期面临的资金、技术问题。而其最终结果将是国际间投资贸易量增大，促进物流基础设施建设，而物流体系的逐步完善也将加速物资流通，以促进物流沿线产业的创新发展。

再者，中国的港口有着丰富的基础设施建设和运营经验，铁路建

---

① "一带一路"带来发展机遇，哪些行业收益？[2015-03-03]. http://finance.qq.com/a/20150303/008493.htm.

设"走出去"给其他基础设施类公司走出去提供了良好样板。同时，"21世纪海上丝绸之路"中，东南亚及南亚国家存在强烈的建设大港口的需求，这些领域的优质企业存在建设和运营"走出去"的良好前景。尤其在铁路建设方面，突破国家界限的"欧亚铁路网计划"，也会刺激铁路建设的发展。据不完全统计，目前有意向的铁路工程已达到0.5万公里，与欧亚铁路网的8.1万公里规划目标相比还有巨大空间，这也势必为铁路相关产业迎来创新机遇，以此促进发展。

（二）"基础设施产业链"主题

"基础设施产业链"，包含建筑业（建筑及基础设施工程）、装备制造业（设备及配套类装备制造），基建材料（钢铁、建材、有色等）。

从需求端来看，"一带一路"的沿线国家，无论是从国内需求的角度还是从未来区域经济合作的角度分析，对于基础设施建设的需求均极其旺盛。"一带一路"沿线国家由于财政紧张的原因，基建投资支出不足，普遍呈现基础设施落后的现状，而中国在自身城镇化过程中累积的大量经验和产品、服务能力可以对外输出。从国内来看，西北部各省区铁路、公路及高速公路密度在全国均排在后面，新疆、青海、甘肃在倒数5位之中，宁夏、陕西居于中后段水平。由此可见，实现"一带一路"各国间的基建对接，中国西北部的城市建设、交通运输网络等基建领域投资很有空间。

从供给端来看，伴随着固定资产投资增速下台阶，我国建筑业及制造业产能过剩的问题日趋严重，"基建输出"能够大幅缓解我国建筑业、制造业的产品需求压力。在"一带一路"的战略大背景下，我国参与设立"金砖国家开发银行"与"亚洲基础设施投资银行"，很大程度上表明了我国加大对外开展基建投资业务的战略构想。

根据总体基建投入约占GDP的5%估算，"一带一路"沿线对基建的需求或达到每年1.05万亿美元，而中国对外承包完成额2013年仅为0.14万亿美元，仅占其中的13%。主观意愿和客观条件形成合力，未来我国建筑业和制造业企业"走出去"的步伐将大幅加快，海外市场广阔的产业扩张前景将逐渐打开。

在"一带一路"的战略政策支持下，对外工程承包施工企业"走出去"能形成较大的出口拉动，有效应对国内需求端下滑的消极影响，从而带动整个"基础设施产业链"良性发展。

目前全球经济复苏缓，国内经济也面临艰难转型，全球贸易环境不佳，追求出口增长容易引起诸多摩擦和矛盾，而对外投资更容易被接受，对外投资启动外需是比出口更好的选择。利用施工企业输出方式，能带动国内设计、咨询、制造、材料、劳务、金融、保险、服务等多行业的输出，对冲国内需求端下滑。不同于外贸出口通常的低成本和低附加值，施工企业"走出去"的创新方式将有效带动中国附加值较高的产业发展，如机电产业，符合国家产业升级的目标。

（三）"能源建设"主题

"基础设施产业链"，包含建筑业（建筑及基础设施工程）、装备制造业（设备及配套类装备制造）、基建材料（钢铁、建材、有色等）。

拓展稳定的油气资源进口途径是"一带一路"的重要战略目标。近几年，我国对油气资源的需求在快速增加，但我国的油气资源进口主要通过马六甲海峡的海陆运输，获取途径较为单一，能源安全较易受到威胁，拓展新的油气资源进口途径十分紧迫。

在"能源建设"的主题之下，构建中国陆上的能源大通道，将直接利好中国油气进口的管道建设相关产业。与新疆接壤的中亚国家油气资源极为丰富，是仅次于中东的第二个油气资源最为丰富的地区。目前我国从中亚及俄罗斯进口的石油量所占比例仍偏低，天然气近几年从中亚的进口量在不断攀升。随着天然气的普及，国内需求量的快速增长，通过新疆从中亚的进口量仍将持续增加。未来，为满足新增进口量的输送需求，新疆将建设多条能源管道，构建中国陆上的能源大通道。配套的输油管道、天然气的输送管道、电网以及道路运输等，这些领域必然迎来进一步的利好局面。

从需求面来看,"一带一路"沿线发展中国家的电力消费水平极低,发展空间巨大。从 2013 年的电力消费统计数据来看,"一带一路"沿线非 OECD 国家的人均年电力消费量仅约 1 655.52 kWh,而同期 OECD 国家的人均年电力消费量约为 7 579.49 kWh,前者仅为后者的 21.84%。因此单从电力消费角度来看,"一带一路"沿线的非 OECD 国家的未来电力消费水平将会有极大的增长空间。伴随着电力消费量的增加,必然会带动这些国家的电力投资,从而带来巨大的电气设备需求。电气设备需求的增长,将为我国电力企业带来发展机遇,今后它们很有可能会分享巨大的海外市场。

从供给面来看,现阶段我国电气设备的产能明显过剩。2013 年,我国发电设备产量约为 1.2 亿千瓦,约占全球总量的 60%,而我国的年均装机水平只有 5 000 万~6 000 万千瓦,产能严重过剩,因此我国的电气设备企业有"出海"消化这些产能的迫切要求。

随着"一带一路"的逐渐展开,我国电气设备走出去的步伐将进一步加快,我国的电气设备在"一带一路"沿线地区的非 OECD 国家市场上占有 40%左右的市场份额应该是可期的。照此比例计算,我国电气设备企业 2014—2020 年在"一带一路"沿线国家的出口总额将可能达到 984.35 亿美元/年左右,这将使我国的电气设备企业大幅受益。

(四)"通商文化"主题

"通商文化",即商贸与旅游产业。

长期以来,道路连通、贸易连通中同样伴随着文化沟通,"丝绸之路"自古是文化交会的体现,其交流合作的内容涵盖了文化、旅游、教育等人文活动。培育具有丝绸之路特色的国际精品旅游线路和旅游产品是发展的必然趋势,它可以积极推进特色服务贸易,发展现代服务贸易。人员的流动还会推动沿线国家和地区的特殊旅游产品、文化产品、民俗风情、旅游线路及非物质文化遗产项目的发展,旅游企业可以开展旅游管理协作、旅游业务合作、旅游包机航线、旅游投资贸易、旅游服务采购等服务，扩大经营范围，增加企业收益。

从政策支持方面来看，文化旅游产业也将伴随着"一带一路"整体战略的推进而迎来新的发展机遇与增长空间。

（五）"信息产业"主题

"信息产业"，即抓住各国经济的数字化趋势，加快我国信息产品和服务"走出去"的步伐。

"互联互通"是加强全方位基础设施建设。全方位基础设施建设不仅是由公路、铁路、航空、港口等交通基础设施的建设组成，还包括互联网、通信网、物联网等通信基础设施。"一带一路"国家之间的深度互通会对信息基建提出更高的要求，这对中国通信行业特别是像华为、中兴和信威等已经成功"走出去"的通信基础设施提供商提供了创新机遇。

中国通信设备产业作为"走出去"战略的先行者，在全球五大电信系统设备厂商中已占据两席，华为的销售收入已超过爱立信，跃居第一。目前华为的海外收入占比已超70%，中兴的海外收入占比达到50%，烽火通信也有10%的收入来自海外。中国电信系统设备厂商的全球竞争力，为落实"一带一路"规划中的通讯基础设施建设提供了重要基础。

回想中国企业的第一轮"走出去"，华为、中兴和信威等公司受益于国务院扶持优势装备出口的优惠政策，相继获得国家开发银行数百亿元规模的买方信贷融资支持，从而在非洲、拉美、东欧等新兴国家市场拓展中占据优势；现在中国企业迎来了第二轮"走出去"的战略机遇，这同样也是一种创新机遇。一方面，全球经济的数字化趋势意味着"一带一路"国家存在持续的信息基础设施建设增长空间；另一方面，亚洲基础设施投资银行、丝路基金等融资机构必会积极对海外信息基础设施进行融资。中兴、华为等已实施"走出去"战略并成为海外布局的前锋，ICT 领域其他已经开始海外拓展的公司，都将逐步迎来重大产业机遇[①]。

二、创新挑战

（一）物流业的挑战

第一，目前沿线国家和地区对"一带一路"战略的认识尚不统一，存在观望态度。历史上由于大国崛起必然会在经济政治上对其他国家进行侵蚀和压榨，因此部分周边国家始终对我国的"一带一路"保持戒备态度。特别是因为前期我国外交政策的倾斜，与周边新兴市场国家在重要战略资源上的合作并不深入，加之"一带一路"沿线国家在经济政策、社会文化环境、意识形态等方面存在巨大差异，这些无疑使我国物流业创新发展面临重大挑战。

第二，周边国家和地区局势不稳定，风险与压力并存。一方面，由于历史原因，"一带一路"沿线国家存在诸多领土和主权问题，如印巴争端、中印边界争端、南海争端等；另一方面，丝绸之路经济带沿线国家和地区面临恐怖主义、毒品走私等犯罪活动的威胁，不仅对物流安全造成了较大冲击，也影响了沿线国家和地区之间投资贸易的顺利进行，继而影响发展。

第三，"一带一路"易引发国内相关省市区之间的恶性竞争，资源浪费严重。自"一带一路"实施以来，国内各相关省市区，如新疆、陕西、福建、重庆乃至中部地区的河南等，积极争取成为丝绸之路经济带以及 21 世纪海上丝绸之路的起点，以抢占发展先机。但是，这种无序竞争容易造成区域功能重叠、资源浪费、产品同质化等一系列问题，如各省市区相继开通的中欧国际铁路货运专列就存在货源地重叠问

---

① "一带一路"给产业发展带来多重机遇. [2016-09-25]. http://www.caam.org.cn/hangye/20150304/1605149675.html.

题，会在货源上引发恶性竞争。此外，这些货运专线多数面临始发地货源充足而返程无货可运的困境，会导致物流成本的大幅提升，这在一定程度上严重阻碍了相关产业创新的脚步，压缩了其发展空间。

（二）企业的环境挑战

第一，随着中国经济的快速发展，能源资源消耗增长率不断提高，能源资源的供需缺口不断加大，导致中国企业海外投资资源导向性明显。根据《2013年中国对外直接投资公报》的数据，采矿业一直是海外投资的主要行业，从图6-2可看出采矿业近年在海外投资中的比重基本维持在10%～20%，其主要涉及石油天然气开采、有色金属开采业、煤炭开采和洗选业、黑色金属矿采选业，由于以上产业要么在自然环境中直接掘取能源和资源，要么需要大量使用能源和资源，因此造成的环境负荷无疑比其他海外投资活动更显著。

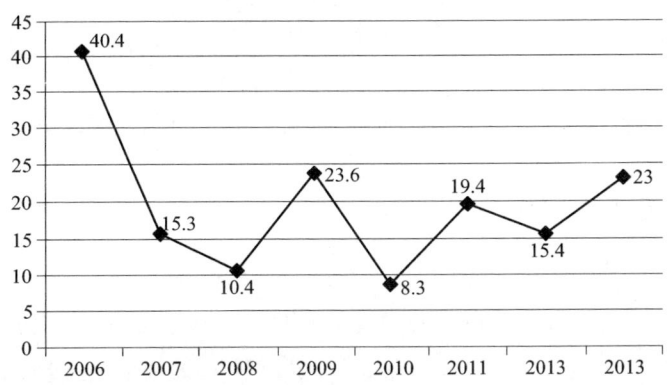

图6-2 2006—2013年采矿业在境外投资中的占比变化（单位：%）

（数据来源：商务部，国家统计局，国家外汇管理局.2013年度中国对外直接投资统计公报）

第二，资源严重短缺制约着中国经济的发展，因此中国海外投资主要走向资源蕴藏丰富的地区，例如非洲、拉丁美洲和大洋洲。由于西方发达国家先入为主基本垄断了地理位置优越和资源蕴藏较为丰富的地区，中国企业进入这些地区从事的大多属于规模小、投入大、开采难度大的项目，因此中国企业不得不到欠发达、政治风险大但资源蕴藏丰富的地区去进行资源开发，但这些地区往往生态脆弱、环境敏感。例如，中国在非洲的主要矿产投资项目集中在刚果（金）、津巴布韦、赞比亚、南非、纳米比亚、几内亚、加蓬、塞拉利昂和喀麦隆；中国在非洲的主要石油开采项目集中在苏丹、安哥拉、赤道几内亚和尼日利亚，在这些生物多样性热点地区内，开发不当极易对当地的生态环境造成严重的负面效应。

第三，中国海外投资的环境和社会挑战主要存在于发展中国家，特别是那些国家治理不善、政治风险高的发展中国家。因为发达国家有较高的环境和社会责任标准，环境准入制度非常严格，环境和社会相关问题往往在投资进入前或初期阶段就已经得到了足够的重视或解决。但亚洲、非洲和拉丁美洲地区的国家多为发展中国家或次发展中国家，普遍缺乏比较完善的环境和社会责任相关法律法规、政策制度以及行业标准，相对的执行能力也比较欠缺。加之许多中国企业在海外的经营活动中环境和社会责任意识比较淡薄，对于长期、战略性的能源资源类投资项目而言，这将是很大的风险和挑战。

（三）金融业的挑战

"一带一路"为金融业发展提供了广阔的舞台和发展空间。然而，金融支持"一带一路"的实施是一项系统工程，既要使市场在金融资金配置中起基础性、决定性作用，又要让政府做好顶层设计，从体制、机制方面出发推进金融创新，应对好"一带一路"实施中的各种金融需求，这对于未来的金融行业是不小的挑战。

第一，为进一步提升政策性金融的服务水平和能力，处理好商业性金融与政策性金融的关系及其相互所起的作用，发挥互联网金融的后发优势，需要更多的融资支持，经贸合作也将形成大量的货币流转，因此，保证资金融通是推进"一带一路"建设的巨大挑战，政府也随之面临克服"政府失灵"和"市场失灵"现象的机制创新挑战。

第二，伴随互联网的深度普及与迅速发展，互联网金融应充分利用普惠性特点，发挥后发优势。"一带一路"的实施不仅会在很大程度上进一步推动国内互联网金融的发展，而且加强了我国与沿线64个国家和地区的联系，基础设施的互联互通也必然伴随着大量贸易往来，这对于我国跨境电商来说是一次历史性的挑战。

第三，实施"一带一路"需要投入巨额资金，这就要求我们创新筹资机制，鼓励多元化投资，具体来说有以下三点：一是要引导民间资本参与"一带一路"信贷项目；二是要加快建设PPP（公私合作模式）、BOT（建设—经营—转让）等投融资模式的配套制度；三是要吸引境内外资金支持战略开发项目。完善和改进多元化筹资机制，对政府、金融业来说都是不小的挑战。

第三节 "一带一路"对我国的创新要求

一、树立正确的创新理念

树立正确的"创新理念"，是国家实施创新战略的源泉。伴随着中国经济的发展，为适应中国改革和发展的需要，同时在与周边和沿线国家互动的过程中与他们共享我国发展的红利，进而促进中国和外部世界的合作，实现共同发展，互利互通，创新则成为不可或缺的"中坚力量"，并持续推进着"一带一路"的发展。然而，在这样一个大的背景下，创新不再只是个体碰撞所形成的火花，国家与国家之间的"创新合作"也成为在这个环境下主要的合作方式。

首先，树立正确的"合作理念"对于"一带一路"的推进有着重要的引领作用。这种"合作理念"不仅是"创新理念"的体现，也彰显了中国新的国际义利观，即利用自己发展的红利与合作伙伴共享成果，共同发展，互利共赢，均衡发展。

其次，共建"一带一路"强调"三不"理念，即不干涉内政，不谋求势力范围，不谋求主导地位。在推动地区合作当中，中国坚持"三不"，努力维持均衡，与国际社会，特别是沿线国家共同发展，共同进步。正是因为坚持这"三不"理念，才使中国的创新得以在"一带一路"下尽可能不走歪路，不走偏路，实现理性创新，共谋福利。

再次，"创新理念"在"一带一路"下需不断更新，这要求相关人员随时保持学习状态，积累经验，激发灵感；企业也应致力于创新文化建设，营造良好氛围，倡导敢于为先的精神，集思广益，推陈出新；在国家层面上，政府应推动实施人才强国战略，加快人才结构战略性调整，突出"高精尖缺"导向，着力发现、培养、集聚战略科学家、科技领军人才、企业家人才、高技能人才队伍，完善激励机制和服务保障体系[1]，推动创新事业的发展。正所谓"理念引领观念，观念引导行动"，让创新在"一带一路"下蔚然成风，最大限度地释放创新潜能，为"一带一路"做出更卓越的贡献。

二、积极探索创新合作模式

"一带一路"采取何种合作模式来推动创新，这是当前亟待解决的问题。在各类型的会议中虽有讨论，但对合作模式问题的谈及却甚少。在"一带一路"框架下以何种方式合作，是这个倡议能否得到贯彻和推进的重要层面。合作模式作为区域合作的重要抓手，理应受到重视。纵观欧亚地区各国，其经济发展极不均衡，同其他地区相比存在明显差异，加之经济社会发展总体相对落后，一体化水平低，使其远远落后于其他地区；地理人文条件的差异，也造就了它们不同的发展特性。应该采取何种合作方式来推进该地区的合作，这要求对合作创新模式

---

[1] 任理轩. 坚持创新发展——"五大发展理念"解读之一. [2016-09-20]. http://theory.people.com.cn/n1/2015/1218/c40531-27944079.html.

进行积极探索。当前世界范围内的区域合作,基本呈现网状或者块状,而"一带一路"的合作是带状的、条状的合作,这是一种世界历史中少有先例的合作愿景。创新合作方式,从这个意义讲就显得更加迫切和重要。只有坚持不懈地对创新合作模式进行探索,才可能走出一条适应当局的康庄大道。

探索新的合作模式,并不是摒弃原有的合作模式,而应该借鉴其精华,完善自身的不足。这是"一带一路"为中国留下的挑战,而这样的挑战无疑是有益的,持续的探索与精进势必会打开中国的创新之门,使中国迎来新的机遇。目前,中国正以带状经济、走廊经济、贸易便利化、技术援助、经济援助、经济一体化等各种可供选择的方式与沿线国家共同推进欧亚区域经贸发展,在"一带一路"的不断推进下,我国将更全面深刻地关注到沿线各地区的经济发展水平、社会情况、地理人文水平,做到实事求是、脚踏实地,在不断地积极探索中,以更恰当的"创新合作方式"使欧亚各国经济联系更加紧密,相互合作更加深入,发展空间更加广阔[1]。

三、明确创新内容

"一带一路"是长期渐进的过程,只有通过不断深化区域经济合作,才能推动其战略目标的实现。为了实现"建立政治互信、经济融合、文化包容的利益、命运和责任共同体"的目标,明确创新内容,是开展创新的前提。根据战略中提到的"五通",可以概述"创新内容"为如下几个方面:

1. 政策相通

加强政策沟通是"一带一路"建设的重要保障。加强政府间合作,

---

[1] 冯宗宪. "一带一路"构想的战略意义. [2014-10-23]. http://epaper.gmw.cn/gmrb/html/2014-10/20/nw.D110000gmrb_20141020_3-11.htm.

创新驱动
内外市场互动的创新机制与模式

积极构建多层次政府间宏观政策沟通交流机制，深化利益融合，促进政治互信，达成合作新共识。沿线各国可以就经济发展战略和对策进行充分交流对接，共同制定推进区域合作的规划和措施，协商解决合作中出现的问题，共同为务实合作及大型项目实施提供政策支持。

2. 设施联通

基础设施互联互通是"一带一路"建设的优先领域。在尊重相关国家主权和安全关切的基础上，沿线国家宜加强基础设施建设规划、技术标准体系的对接，共同推进国际骨干通道建设，逐步形成连接亚洲各次区域以及亚欧非之间的基础设施网络。强化基础设施绿色低碳化建设和运营管理，在建设中充分考虑到气候变化的影响。

抓住交通基础设施的关键通道、关键节点和重点工程，优先打通缺失路段，畅通瓶颈路段，配套完善道路安全防护设施和交通管理设施设备，提升道路通达水平。推进建立统一的全程运输协调机制，促进国际通关、换装、多式联运有机衔接，逐步形成兼容规范的运输规则，实现国际运输便利化。推动口岸基础设施建设，畅通陆水联运通道，推进港口合作建设，增加海上航线和班次，加强海上物流信息化合作。拓展建立民航全面合作的平台和机制，加快提升航空基础设施水平。加强能源基础设施互联互通合作，共同维护输油、输气管道等运输通道的安全，推进跨境电力与输电通道建设，积极开展区域电网升级改造合作。

共同推进跨境光缆等通信干线网络建设，提高国际通信互联互通水平，畅通信息丝绸之路。加快推进双边跨境光缆等建设，规划建设洲际海底光缆项目，完善空中（卫星）信息通道，扩大信息交流与合作。

3. 贸易相通

投资贸易合作是"一带一路"建设的重点内容。宜着力研究解决投资贸易便利化问题，消除投资和贸易壁垒，构建区域内和各国良好的营商环境，积极同沿线国家和地区共同商建自由贸易区，激发释放合作潜力，做大做好合作"蛋糕"。

中国与沿线国家宜加强信息互换、监管互认、执法互助，以及检验检疫、认证认可、标准计量、统计信息等方面的双多边合作，推动世界贸易组织《贸易便利化协定》的生效和实施。改善边境口岸通关设施条件，加快边境口岸"单一窗口"建设，降低通关成本，提升通关能力。降低非关税壁垒，共同提高技术性贸易措施透明度，提高贸易自由化便利化水平。

拓宽贸易领域，优化贸易结构，挖掘贸易新增长点，促进贸易平衡。创新贸易方式，发展跨境电子商务等新型商业业态。建立健全服务贸易促进体系，巩固和扩大传统贸易，大力发展现代服务贸易。把投资和贸易有机结合起来，以投资带动贸易发展。

加快投资便利化进程，消除投资壁垒。加强双边投资保护协定、避免双重征税协定磋商，保护投资者的合法权益。

拓展相互投资领域，开展农林牧渔业、农机及农产品生产加工等领域深度合作，积极推进海水养殖、海洋工程技术、环保产业和海上旅游等领域合作。加大煤炭、油气、金属矿产等传统能源资源勘探开发合作，积极推动水电、核电、风电、太阳能等清洁、可再生能源合作，推进能源资源就地就近加工转化合作，形成能源资源合作上下游一体化产业链。加强能源资源深加工技术、装备与工程服务的合作。

推动新兴产业合作，促进沿线国家加强在新一代信息技术、生物、新能源、新材料等新兴产业领域的深入合作，推动建立创业投资合作机制。优化产业链分工布局，推动上下游产业链和关联产业协同发展，鼓励建立研发、生产和营销体系，提升区域产业配套能力和综合竞争力。扩大服务业相互开放，推动区域服务业加快发展。探索投资合作新模式，鼓励合作建设境外经贸合作区、跨境经济合作区等各类产业园区，促进产业集群发展。在投资贸易中突出生态文明理念，加强生态环境、生物多样性和应对气候变化等领域的合作，共建绿色丝绸之路。

4. 资金融通

资金融通是"一带一路"建设的重要支撑。深化金融合作，推进亚洲货币稳定体系、投融资体系和信用体系建设。扩大沿线国家双边本币互换、结算的范围和规模。推动亚洲债券市场的开放和发展。共同推进亚洲基础设施投资银行、金砖国家开发银行的筹建，有关各方就建立上海合作组织融资机构开展磋商。加快丝路基金组建运营。深化中国—东盟银行联合体、上合组织银行联合体务实合作，以银团贷款、银行授信等方式开展多边金融合作。支持沿线国家政府和信用等级较高的企业以及金融机构在中国境内发行人民币债券。符合条件的中国境内金融机构和企业可以在境外发行人民币债券和外币债券，鼓励在沿线国家使用所筹资金。

加强金融监管合作，推动签署双边监管合作谅解备忘录，逐步在区域内建立高效监管协调机制。完善风险应对和危机处置制度安排，构建区域性金融风险预警系统，形成应对跨境风险和危机处置的交流合作机制。加强征信管理部门、征信机构和评级机构之间的跨境交流与合作。充分发挥丝路基金以及各国主权基金作用，引导商业性股权投资基金和社会资金共同参与"一带一路"重点项目建设。

5. 民心相通

民心相通是"一带一路"建设的社会根基。传承和弘扬丝绸之路友好合作精神，广泛开展文化交流、学术往来、人才交流合作、媒体合作、青年和妇女交往、志愿者服务等，为深化双多边合作奠定坚实的民意基础。

扩大相互间留学生规模，开展合作办学。沿线国家间互办文化年、艺术节、电影节、电视周和图书展等活动，合作开展广播影视剧精品创作及翻译,联合申请世界文化遗产,共同开展世界遗产的联合保护工作。深化沿线国家间人才交流合作。

加强旅游合作,扩大旅游规模,互办旅游推广周、宣传月等活动,联合打造具有丝绸之路特色的国际精品旅游线路和旅游产品,提高沿线各国游客签证便利化水平。推动 21 世纪海上丝绸之路邮轮旅游合作。积极开展体育交流活动,支持沿线国家申办重大国际体育赛事。

强化与周边国家在传染病疫情信息沟通、防治技术交流、专业人才培养等方面的合作,提高合作处理突发公共卫生事件的能力。为有关国家提供医疗援助和应急医疗救助,在妇幼健康、残疾人康复以及艾滋病、结核、疟疾等主要传染病领域开展务实合作,扩大在传统医药领域的合作。

加强科技合作,共建联合实验室(研究中心)、国际技术转移中心、海上合作中心,促进科技人员交流,合作开展重大科技攻关,共同提升科技创新能力。

整合现有资源,积极开拓和推进与沿线国家在青年就业、创业培训、职业技能开发、社会保障管理服务、公共行政管理等共同关心领域的务实合作。

充分发挥政党、议会交往的桥梁作用,加强沿线国家之间立法机构、主要党派和政治组织的友好往来。开展城市交流合作,欢迎沿线国家重要城市之间互结友好城市,以人文交流为重点,突出务实合作,形成更多鲜活的合作范例。

加强沿线国家民间组织的交流合作,重点面向基层民众,广泛开展教育、医疗、减贫开发、生物多样性和生态环保等各类公益慈善活动,促进沿线贫困地区生产生活条件改善。加强文化传媒的国际交流合作,积极利用网络平台,运用新媒体工具,塑造和谐友好的文化生态和舆论环境[①]。

---

① 一带一路的合作重点. [2016-09-28]. https://zhidao.baidu.com/question/178888723481668284.html.

四、完善创新体制

"一带一路"建设作为一个长远宏大的发展构想,不仅涉及国内不同区域和部门的合作,也关乎中国与沿线国家的关系和前景;不仅涉及国内各地区和部门的利益和权限,也将触动境外各部门的利益和权限。随着我国经济和社会的发展,我国在境外既有国有企业,也有地方企业,民营企业,早已形成利益多元的格局。我国原有的管理和运行体制将面临新的现实。如何适应"一带一路"建设的需要,将不得不促使我们对现行的体制进行调整和改革。只有做出体制方面的调整和改革,才能把国内利益、国内的发展同境外的利益和境外的发展有机地衔接起来,推动国内和国际的协调和同步发展。而在现行体制下,部门分割,职能边际清晰,内外脱节,缺乏统筹和协调,如何在体制上更加适应"一带一路"的发展,消除体制的障碍因素,更需要大家的探索和创新。

回首历史,体制性的制约往往更具成效。美国在推行"新丝路"计划中,根据南亚和中亚融合与发展的需要,将原先设置的中亚局和南亚局合并为中南亚局,以一种条状合作的思维来应对,调整了相应的机制;俄罗斯为推进东部地区和与亚太地区的合作,新建了远东发展部。上述两国都着眼于解决配套和协调问题,也都取得了良好的成效。中国也应适当调整和完善已有的创新机制,建立更加完整的机制,进一步促进"一带一路"的实施与发展。

第四节 内外市场互动的创新机制与模式的运用

一、内外市场互动的创新机制的运用

(一)人才创新机制的运用

人才创新机制的运用应着重于解决人才评价的问题,即谁来评、

评什么、如何评。

  谁来评价人才？各地人才评价机制行政色彩仍较浓，存在评价标准不够科学、体系不够健全、导向不够明确等问题。改革人才评价方式，政府要敢于简政放权，将精力投入到引入多元评价的开放式环境制度建设上，努力构建起与市场、用人单位、专业组织联动的多元评价主体机制。遵循市场法则，提高人才评价科学化、社会化、市场化水平。

  选取哪些指标评价人才？过去，人才评价更多注重学历、职称、论文等硬性指标，存在求全责备、按图索骥等现象，往往是"管用的评不上，评上的不一定管用"。改革人才评价方式，就要走出"学历崇拜""论文导向"等误区，通过品德、能力和业绩来评出可用之才。与此同时，也要提高评价标准的针对性、评价方法的调适性，针对不同人才的层次和类型，注重从学术、经历和同行等多方面开展评价，侧重人才的能力、实绩和品德，避免"一把尺子量到底"。

  人才如何评？改革人才评价方式，不能光停留在口头上，而是要找准短板、勇于实践。一方面，重长线思维，遵循人才发展的客观规律，给足人才发展空间和时间，不以一时成败论英雄，营造好宽容失败的良好氛围；另一方面，重一线匠人，制定符合工匠实际、以能力实绩为导向的人才评价办法，让这些实际贡献大、受企业重用的"工匠型"人才也享受到政策红利，由此弘扬"中国制造2025"急需的"工匠精神"。此外，还需重视搭建偏才、怪才的人才评价专线通道，通过行业协会、专家、企业举荐等评价方式，让拥有一技之长、不属于传统行业范畴的偏才、怪才同样被认可、受尊重，以人才政策的普惠性营造好"大众创业、万众创新"的氛围。

（二）合作创新机制的运用

  中国在加强自身软实力的同时，创新与东盟的区域合作机制，尤其在贸易通商、民间外交、安全预警等领域需要探索互信共赢的合作机制。并且，通过贸易通商，和沿线国家分享中国发展的成果，是大国应有的气度。

一方面，按照比较优势原则，进口更多的东盟优势产品，如农产品，减少贸易逆差。同时，将国内一些制造业外移，通过在地化投资减少出口，如向印尼转移制造业，既可以帮助印尼发展制造业，也可以减少印尼在制造业贸易上的逆差。

另一方面，充分了解东盟国家的贸易通商需求，秉承环境友好与利益均沾的原则，展示可持续合作共赢的诚意。同时，以自由贸易协定升级版推动亚投行投资机制创新，配合阶段性的创新和调整，增进与区域自由贸易协定战略的协同。当前中国的自贸区建设也是一条推动开放型经济机制创新的有效路径。通过以自由贸易园区为主导的开放型经济新体制的建立，推动自由贸易协定中丝路战略的实施，开放中国市场，繁荣双边贸易，缩小贸易差距，进而提升贸易依存度。此外，探索多样化的贸易投资自由化的机制创新，诸如外商投资准入与利用外资的机制创新、对外投资管理机制创新等。

（三）文化创新机制的运用

文化认同是在地化融入的必经之路，文化认同的本土化，需要族群认同和在地认同的文化协同创新，需要依靠住在国华人的社群与智慧。

华人社团，作为中国企业走出去的倚重力量，其在地化的文化变迁，是不容忽视的。中国企业要密切联系华人社团，并积极反哺社区服务社会，以此融入当地社区，取得在地认同，才能有长足的发展。基于传统文化的在地化的创新融入机制，是中国企业投资经济带需要借力与弘扬的。

（四）知识创新机制的运用

加强知识产权的保护，应从以下四方面着手：

1. **加大知识产权侵权行为的惩治力度**

推动知识产权保护法治化，发挥司法保护的主导作用，完善行政执法和司法保护两条途径，构建基于二者的优势互补、有机衔接的知识产权保护模式。提高知识产权侵权法定赔偿上限，针对情节严重的恶意侵权行为，实施惩罚性赔偿并由侵权人承担实际发生的合理开支。进一步推进侵犯知识产权行政处罚案件信息公开。完善知识产权快速维权机制。加强海关知识产权的执法保护。加大国际展会、电子商务等领域知识产权执法力度。开展与相关国际组织和境外执法部门的联合执法，加强知识产权司法保护对外合作，推动我国成为知识产权国际纠纷的重要解决地，构建更有国际竞争力的开放创新环境。

2. **加大知识产权犯罪打击力度**

依法严厉打击侵犯知识产权的犯罪行为，重点打击链条式、产业化知识产权犯罪网络。进一步加强知识产权行政执法与刑事司法衔接，加大涉嫌犯罪案件移交工作力度。完善涉外知识产权执法机制，加强刑事执法国际合作，加大涉外知识产权犯罪案件侦办力度。加强与有关国际组织和国家间打击知识产权犯罪行为的司法协助，加大案情通报和情报信息交换力度。

3. **建立健全知识产权保护预警防范机制**

将故意侵犯知识产权行为情况纳入企业和个人信用记录。推动完善商业秘密保护法律法规，加强人才交流和技术合作中的商业秘密保护。开展知识产权保护社会满意度调查。建立收集假冒产品来源地相关信息的工作机制，发布年度中国海关知识产权保护状况报告。加强大型专业化市场知识产权管理和保护工作。发挥行业组织在知识产权保护中的积极作用。运用大数据、云计算、物联网等信息技术，加强在线创意、研发成果的知识产权保护，提升预警防范能力。加大对小微企业知识产权保护的援助力度，构建公平竞争、公平监管的创新创业和营商环境。

4. 加强新业态新领域创新成果的知识产权保护

完善植物新品种、生物遗传资源及其相关传统知识、数据库保护和国防知识产权等相关法律制度。适时做好地理标志立法工作。研究完善商业模式知识产权保护制度和实用艺术品外观设计专利保护制度。加强互联网、电子商务、大数据等领域的知识产权保护规则研究，推动完善相关法律法规。制定众创、众包、众扶、众筹的知识产权保护政策。

（五）外贸创新机制的运用

近年来，随着"一带一路"建设的推进以及当前世界经济新机制和新技术的普及，共同价值与双向驱动成为全球与区域经贸合作的共同话题。参与全球价值链和全球生产网络有助于发展中国家综合运筹全球市场和资源，使出口产品多元化，更重要的是能够因此而掌握新技术，并提高生产效率。在此过程中，贸易与投资的深度融合体成为开放经济的新载体，推动共同价值的双向驱动和互利共赢。

共同价值是现代经贸模式借助大数据、全球化和深度一体化，以供给方比较优势相互依存和规模经济互利共赢以及需求方正反馈效应为纽带，以供给核心区和需求用户的系统双向驱动为动力，对其衍生覆盖领域进行相应的资源匹配，同时拉动由资源供应商组成的资源带，协同辅助和完善核心区对需求用户的吸纳能力。共同价值双向驱动论通过贸易与投资的深度融合改变了传统的替代或互补的贸易、投资关系，使全球化和区域合作具有了新的开放载体。双向驱动机制可以避免投资只注重短期获利而忽视市场的实际需求，使投资具有更长远和开放的视角，同时衍生领域的扩展，推动整个区域的旺盛活力和良性循环。代国际贸易政策适应贸易投资方式发展的需要，将国际商品流动与资本流动密切结合，以贸易投资的深度融合和经济利益的双向驱动实现经济的转型与升级。

在产业层次方面，中国应该重视中高技术在制造业中的应用，通过提升教育来提高技术和技能，进而提高生产效率，并在本地的产业与外国产业之间架起有机的前向和后向联系；在国民经济层面，中国应发展有助于提升产业结构的要素，例如，改善基础设施（内陆港、出口加工区、财政优惠）、实行劳工法律改革、推行政府职能和体制改革、创立或扩大区域间的贸易集团等，在风险和投资多元化的战略下，吸引外来投资。

要构筑以中国为代表的发展中国家核心区，就应改变传统模式下发展中国家通常作为外围的参与格局，重点拓宽合作基础，促进创新合作机制的建立，超越传统合作框架，助推"一带一路"建设与经济的转型升级。

二、内外市场互动的创新模式的运用

1949年中华人民共和国成立后，由于国内国际综合因素的约束，我国在社会系统建设的各个方面几乎都照搬了苏联模式。1978年之前，我国的创新模式和技术系统基本上搬用苏联的做法，采取的是一种具有强型国家干预主义特色的模式。这种模式对于快速建立我国的工业体系具有积极作用，但是由于在这种模式中政府处于绝对强势，大学、科研机构和企业从属于或听命于政府、企业、科研机构和大学，即使不被控制也是在很强的指导下开展创新活动的，是居于弱小位置的机构范围，也因此，这种模式在工业科技体系建立后的发展中容易丧失活力。在这种强型的国家干预主义模式中，中央政府各层组织的指令负责各种资源的调配和运转。大学及研究机构处于第二使命阶段，但国家对大学有更严格的控制，大学是远离产业的教育机构，主要由国家计划委员会安排其所有研究内容，并进行相关决策。

内外市场互动的创新机制与模式

从历史的角度看，在一穷二白的国家，在从无到有的过程中，这种集中控制的模式起到了相当高效的作用，它能根据相对发达国家的现代特征在较短时间内形成较为齐全的学科门类、科研体系和产业体系。但是，当齐全的学科门类、科研体系和产业体系形成一个复杂的创新系统后，这种模式就缺乏灵活性，扼杀了创新系统该有的活力，从而阻碍了创新的发展。1978年改革开放后，由于商品经济的逐步放开以及市场经济体制的确立，我们的创新模式也逐渐变为弱型国家干预主义模式。

观察二战以后日本和韩国的科技发展历程，可以看出，科学的国家干预对一个国家创新活动的激发无疑具有积极作用。为此，阿根廷物理学家豪·黑萨巴托认为，国家干预主义适用于发展中国家，因为发展中国家只有政府才有能力和资源协调其他机构，领导科学创造向生产力方面转化。由于有效控制、集中研发在创新初期依然具有很强的力量，可以让初创国家少走很多弯路，就此而论，当前中国创新模式的建构，就需要根据自己的国情和科技发展的规律，在国家干预和释放主体活力上寻找优化和平衡点，并在这种优化和平衡点下定位政府、大学和研发机构与产业的功能。

在产业经济时代，经济的重心在于生产和产品，产业是社会经济创新系统的核心。进入知识经济社会以后，创新的重心落在了研发方面，大学（研发机构）的重要性凸显，但产业依然是创新实现的最后一步。鉴于知识经济时代的到来和我国的发展中国家特点，我国应逐步建立以知识创新和研发为核心、以企业为主体的三螺旋模式体系结构。在知识经济时代，知识创新和研发成为创新的核心，所有的创新都要在产业里进行物质实现，产业是创新体系的主体和归宿。因而，面临创新发展日益加快的知识经济时代的挑战，我国政府对"一带一路"建设的积极推进正是一个提升我国创新发展开放水平的契机。总结已有的国际国内的经验教训，将适合我国的创新模式在我国落地生根，对于快速有效地缩小我国与发达国家之间的创新差距并保持我国经济健康发展具有重要意义。

在当前这个阶段，我国需要保持适当的国家干预来促进科技事业的发展，在科技事业不断发展的同时，逐渐减少国家干预的力度。所谓的适当的国家干预，并不是说加强国家干预。虽然我国自改革开放以来，在举国体制方面逐渐下放权力，逐渐建立市场机制，但政府可以深入微观的弊端还没有彻底根除，市场机制还远未成熟。自主创新是具有很高外部经济性的活动，仅靠市场很难使创新活动满足社会需求，达到最优水平。发挥政府的积极作用，努力营造有利于自主创新的环境，采取对自主创新有效的激励措施。增加政府投入是对自主创新最直接、最有效的措施之一。要充分发挥政府的引导推动作用。一是要把提高产业技术创新能力作为经济和科技发展的重点，在财政、税收、金融等方面制定配套优惠扶持政策，并将新技术、新产品的研究开发、人力资源开发、核心竞争能力的培育和发展等反映企业长期竞争力和一系列指标，列入国有企业的考核指标体系。二是整合现有的科技发展资金，改进资金使用方式，提高资金使用效率。设立高新技术产业专项补助资金，重点支持一批技术先进、能形成自主知识产权、产业化前景良好的高新技术企业。对经认定的国家级、省市级技术研究开发机构、国家工程中心和国家重点实验室等给予资助。三是要切实转变政府职能，从直接组织技术创新活动为主，转向宏观调控、创造条件和环境、制定法律法规、提供政策指导和服务、促进产学研三者合作。四是制定优惠政策，大力鼓励自主创新和对引进技术的再创新，促使自主研发技术和产品所占比重逐步增加，并且国家要在重点产业领域制定限制重复引进技术和设备的政策。五是政府要提供信息服务，培育市场体系，完善市场功能。发展专利事业，保护知识产权，严厉查处假冒伪劣产品和侵权行为。加大对 R&D 投入，政府应通过立法，规定重点行业、重点企业技术创新的投入比例，使企业的技术创新活动有充足的资金保障。

许多国家的成功经验表明，国家的有效干预在科技发展的起步阶段和跨越发展阶段具有重要作用。鉴于我国科技发展水平，我国应在政府干预主义和自由市场主义之间找到一个合适的平衡点，并随着科学技术的繁荣逐渐向自由市场主义方向推移。

加强对创新型大学和科研院所的扶持力度。在知识经济时代，研究与开发逐渐成为创新的核心，反映到生产关系层面上，就是研发机构逐渐成为创新的核心力量，大学（研发机构）是科技研发的主要部门，是知识经济时代进行研究与开发的中心。因此，加强对创新型大学和科研院所的扶持力度，提高我国的研发水平是十分必要的。

近年来，我国大学（研发机构）的科研经费逐年保持较大幅度的增长，获得三大奖项（自然科学奖、技术进步奖、科技进步奖）的比例均接近和超过百分之五十，科研成果完成比例和论文发表数量均在70%以上，这表明我国的大学（研发机构）已经成为创新的重要力量。但我国同样存在着多数发展中国家都存在的弊病，就是大学科研成果转化率低，专利申请量和授权量低。对此，一要加大对大学（研发机构）科技成果转化的投入；二要健全和完善大学（研发机构）科技成果转化的中介服务体系；三要健全和完善大学（研发机构）科技成果孵化机制。

重视对创新人才的培养。牢固树立人才资源是第一资源的观念，努力培养和造就自主创新的人才。实施自主创新战略，关键是人才。当今的国际竞争，归根结底是人才的竞争，核心是尖子人才的竞争。我国科技人才缺乏，科技人员流失现象严重，对科技人员的利用效率也不高。我国科技人员有 2/3 在企业之外，主要集中在科研院所，企业缺乏创新能力。现行教育体制难以培养出创新型人才，政府必须加大教育体制改革，大力培养创新型人才，形成高校与创新企业间人才与资金的良性循环。

因此，要重视和加快高等职业教育的发展。高度发达的职业教育是德国技术创新的秘密武器，一是直接面向生产线的高素质的技工队伍，是技术进步的人力资源基础。关于这一点，波特在其提出的国家优势的四个关键因素中，也特别强调了熟练劳动力的供给。我国企业技术人员素质较低，尤其是创新素质偏低。在我国企业的工人中中高级工人急缺，初级工占七成以上，中级工低于两成，大多数工人没有经过系统的培训便上岗操作,这种情况无疑会使技术创新的过程形成瓶颈。因此,我国要重视和加快高等职业教育的发展。

目前,我国尚未建立起与企业密切联系的职业技术培训模式和教育体系,是有多方面原因的。一个原因是我们的文化传统认为技术工人是下等人,社会普遍不太重视职业技术教育,现在,大学本科和研究生不断扩招,一方面产生着大量本科、硕士生;另一方面由于职业技术教育多是中专和高职专科,不能被人们所接受和重视,文化认同度低。但英国经济学家克里斯托弗·弗里曼在1987年研究日本经济的时候,概括了日本国家创新系统的几个重要特色,其中之一就是"教育和培训的重要作用,如强调对工人的培训、教育,打破白领工人和蓝领工人的界限"。所以,要改变我国这种传统认识,就要提高职业技术教育的文化地位,可以适当考虑在教育体系中设置高职专科、本科、工程硕士,形成学历层次齐全、学科门类齐全的高等职业技术教育体系。让职业技术工人在学历上有和普通高等院校学生平等的晋升途径。在课程设置方面,可以根据我国国情借鉴德国的"双元制",采取合理比例安排,职业实训和基础教育。加强职业技术教育,还需要政府和企业高度重视,在政府的牵头下尽可能发挥社会力量进行联合办学。

进一步推动并保证企业的市场主体地位。企业的创新主体地位与市场机制的成熟程度休戚相关。我国目前存在的问题是市场机制虽然建立但尚不健全,甚至存在发育不良的现象。只有建立起成熟的市场机制,确立市场在经济活动和资源配置中的主导地位,才能为企业的创新和发展搭建良好的平台。对此,我们要进一步健全市场制度,克服市场发育不良的弊端,为企业和创新营造一个公正的环境。此外,还要进一步健全现代企业制度,使企业成为独立经营的法人,享受利益并承担风险。现代企业制度和良好的市场机制是互相依赖、互相促进的。

积极推进各相关创新主体间实现知识快速流动的制度化机制建设。步入知识经济时代,知识的流动速度也体现着创新的水平,所以,要建立各种有益于知识在各创新部门流通的制度，加强创新各条螺旋之间的紧密连接。在知识经济时代作为后发展国家，在创新方面要有跨越发展、多头并举的意识，实现技术引进、学习与创新并进。由于技术发展具有相对的独立性，所以首先要大力提高、引进、消化和自主开发关于国计民生的技术，同时又不能放弃未来可能有重大意义的基础研究。

建立和完善自主创新的服务体系。一是政府应立足共性技术领域，从企业、大学和科研机构现有的重点试验室、工程技术中心中确定一批作为公共技术平台予以支持，并根据实际需要新建一批研究高新技术的公共技术平台。二是成立健全的研究开发机构，为企业自主创新提供服务。国外企业一般都有由多个技术中心构成的体系，总公司的研究与开发中心只设有基础和应用性研究，短期的开发性研究则由其他研究与开发机构完成。有些企业在许多国家设立了研究与开发中心，如荷兰飞利浦公司在法、英、荷、美、德等国设立研究中心，美国贝尔电话电报公司在美、德、法、西班牙等国均设有机构。

第五节 "一带一路"的未来蓝图

一、"一带一路"将加速亚洲和亚太经济一体化进程，形成推动世界持续发展的新重心

"一带一路"将成为亚洲经济一体化的"两翼"，有效连接中亚、西亚、东南亚、南亚、东北亚等地区，显著改善区域内的整体基础设施互联互通状况和营商环境。作为世界经济增长的重要引擎，亚洲已日渐成为经济全球化的中坚力量，但也面临不少新老问题。比如，亚洲一体化水平与欧洲、北美洲相比仍有不小的差距。博鳌亚洲论坛2015年年会发布的《亚洲经济一体化进程年度报告》显示，

在后金融危机时代和全球经济复苏乏力的背景下，亚洲在贸易一体化进程和全球生产体系中正面临更加突出的挑战。2013年，亚洲对自身的贸易依存度由2012年的历史最高水平59.49%降至53.01%；亚洲内部中间品贸易的增长率由2012年的8%降至5%；亚洲在全球价值链中间品贸易上对区域内的依存度由2012年的61.1%降至60.1%。考虑到亚洲国家拥有巨大的生产能力，如果能够扩张亚洲内部市场规模，更多的中间投入品和最终品将由发达国家市场转入本地区，亚洲可能获得新的增长动力。同时，亚洲各区域间发展不平衡，联系不紧密，交通基础设施不联不通、联而不通、通而不畅等问题相对比较突出，对于深化区域合作构成不少障碍。"一带一路"涵盖亚洲26个国家和地区，拥有44亿人口和20多万亿美元的经济规模。"一带一路"是作为世界经济增长火车头的中国，在后国际金融危机时代，将自身的产能优势、技术与资金优势、经验与模式优势转化为市场与合作优势的重要途径，通过"一带一路"建设能够促进亚洲国家分享中国改革发展的红利，推动相关国家间实现合作与对话，建立更加平等均衡的经贸关系，夯实亚洲经济一体化的基础，迈向命运共同体，开创亚洲新未来。"一带一路"还将化解亚太一体化进程面临的诸多难题。目前，亚太经济一体化的首要挑战是成员间经济发展水平存在巨大差异。在亚太地区，有人均GDP高达4万美元的美国、日本、新加坡等发达国家，也有人均GDP不足5 000美元的越南、菲律宾等发展中国家。不同人均GDP水平暗示着各成员对地区经济一体化存在不同的利益诉求。显然，一个统一的一体化方案难以满足不同成员的发展要求，因而在APEC的发展历程中，诸多的贸易投资自由化方案最后不得不以流产而告终，其中就有著名的"茂物目标"，因发达国家食言，茂物目标无果而终。另外，APEC成员在社会制度、政局稳定等非经济领域也存在较大的差异，为推行经济一体化制造重重障碍。在"一带一路"建设的推动下，未来亚太地区将逐步形成立足周边、辐射"一带一路"、面向全球的高标准自贸区网络。中日韩自贸区、区域全面经济伙伴关系协定、中国

—东盟自贸区升级版、亚太自贸区有望取得显著发展,进而推动区域经济一体化的进程。同时,共建"一带一路"还有助于促进亚太国家互通互联,形成互补共赢的合作局面,进一步增强亚太国家在政治、文化等方面的交流,加速亚太地区一体化进程。

二、"一带一路"将打破亚欧大陆长期封闭的状态,形成推动世界均衡发展的新路径

亚欧大陆是世界上最大的陆地,面积近 5 000 万平方千米,占全球陆地面积的 1/3,东西跨度超过 1 万千米,包含 100 多个国家,拥有约 50 亿人口,占世界人口总数的 70%,经济总量占全球经济总量的 60%,贸易额度占全球贸易的 60%,是世界上跨度最长的经济走廊,也是最具发展潜力的经济带。陆路交通不畅一直是制约亚欧大陆发展的主要因素之一。古代海运不发达,古丝绸之路应运而生,促进了亚欧大陆的道路联通和贸易往来,但后来由于海运发展等多种因素的影响,古丝绸之路没落了,亚欧大陆长期处于封闭的状态。同时,亚欧大陆无论人口总量、经济规模还是政治复杂程度,均居世界各大陆之首,而国家之间矛盾众多、互信程度低,严重阻碍了亚欧国家间的交流与互通。

"一带一路"将打破亚欧大陆长期封闭的状态,打造互联互通的亚欧大陆。"一带一路"贯穿亚欧大陆,一头是活跃的东亚经济圈,另一头是发达的欧洲经济圈,中间广大腹地国家经济发展潜力巨大。根据"一带一路"走向,陆上依托国际大通道,以沿线中心城市为支撑,以重点经贸产业园区为合作平台,通过渝新欧(重庆、新疆和欧洲)、中吉乌(中国与吉尔吉斯斯坦、乌兹别克斯坦)、中巴伊(中国与巴基斯坦、伊朗)等铁路项目的建设,将从北、中、南三个方向全面打通亚欧大陆桥,最终形成新亚欧大陆桥、中蒙俄、中国—中亚—西亚三大国际经济合作走廊,畅通中国经中亚、俄罗斯至

波罗的海，中国经中亚、西亚至波斯湾、地中海的通道；海上则从中国沿海港口过南海经印度洋连接至欧洲。中国积极推进的中俄高铁合作和中老、中泰、中巴、中哈等铁路合作项目，将进一步促进亚欧大陆基础设施的互联互通，推动亚欧大陆各国进行更广泛、更深层、更多样的区域合作，为亚欧经济发展注入新动力。打破亚欧大陆长期封闭的状态，有助于促进欧亚大陆腹地不发达地区经济增长，改变区域经济政治的空间布局、活动方式及其流向，为区域协同发展做出新的贡献。

"一带一路"打破亚欧大陆长期封闭的状态，还将推动全球均衡发展。以往的全球发展以欧美为主，全球经济发展重心以西方为主，导致东方从属于西方、陆地从属于海洋等一系列负面效应。"一带一路"将通过打破亚欧大陆长期封闭的状态，带动内陆国家加快开发开放，实现均衡发展，改变历史上中亚等丝绸之路沿途地带只是作为东西方贸易、文化交流的过道而成为发展洼地的状况，将超越欧美主导全球化造成的贫富差距、地区发展不平衡，形成推动全球均衡发展的新格局。

三、"一带一路"将打造利益共享的全球价值链，形成推动世界共同发展的新模式

当前，世界经济仍处于深度调整期，低增长、低通胀、低需求同高失业、高债务、高泡沫等风险交织，气候变化、能源安全、粮食安全等全球性挑战不断增多，不仅发展中国家需要实现可持续性的经济转型，发达国家也需要促进经济转型，这需要世界各国携手打造利益共享的全球价值链，促进共同发展。

以前，"一带一路"沿线国家的经济发展主要是沿海国家的快速发展，主要经济中心城市多数聚集在沿海地区，广大内陆国家尤其是发展中国家并未被真正纳入全球价值链。目前，"一带一路"沿线国家多

数为低收入国家，据世界银行统计，这些国家人均国民总收入尚不足世界平均水平的一半，"一带一路"沿海国家的人均收入是内陆国家的数十倍。多数内陆国家的基础设施相对落后、产业发展滞后、对外开放程度不高、社会发展水平较低，因而这些国家对于加快经济社会发展、实现国家现代化的愿望十分迫切。"一带一路"沿海国家多数精于制造业，而内陆国家资源丰富，能源供给充足，如果能够整合沿海国家的制造能力与内陆国家的丰富资源，共同打造全球价值链，将有效促进区域经济增长，并将加速"一带一路"沿线国家的经济融合，实现共同发展。共同建设利益共享的全球价值链，有利于让区域内每个国家的发展同其他国家的经济增长形成联动效应，相互带来正面而非负面的外溢效应，充分发挥各国的比较优势，共同优化全球经济资源配置，完善全球产业布局，培育普惠各方的全球大市场，实现共同发展。

"一带一路"将开辟打造全球价值链的新路径。庞大的"中国市场"将成为引领"一带一路"沿线国家经济持续增长的新动力。未来 5 年，中国将进口超过 10 万亿美元的商品，预计到 2020 年，中国中等收入群体将释放 60 多万亿元的购买力，届时有望成为世界最大的进口市场和增速最快的进口市场。同时，中国对外投资也将快速增加，"十三五"时期，中国对外直接投资将超过 5 000 亿美元，预计中国在"一带一路"上的总投资有望达到 1.6 万亿美元。中国已与东盟、新加坡、巴基斯坦、新西兰等国家和地区签订自贸协定，与十几个国家建立了境外经贸合作区。"一带一路"将把中国和众多新兴市场国家的经济更紧密地融合起来。总之，"一带一路"是将沿海国家高超的制造能力与内陆国家丰富的资源有机结合的新物流模式、贸易模式和发展平台。随着"一带一路"的发展，沿线会形成发达的经济中心、文化中心，这些地方沉睡的丰富资源将得到全面、合理的开发，沿线国家将以全方位的国际合作解决自身的问题，更有效地融入全球经济，在共同打造全球价值链的过程中获得巨大收益。

四、"一带一路"将促进人类建设命运共同体，形成推动世界和平发展的新境界

"一带一路"是人类命运共同体建设的路径、桥梁和纽带。"一带一路"继承了古丝绸之路开放兼容的历史传统，同时也吸纳了亚洲国家"开放的区域主义"精神，体现了世界各国谋求发展的现实需求。无论从历史还是从现实来看，"一带一路"为人类命运共同体建设提供了重要的路径和战略支撑。"一带一路"不是单一国家的战略，更不是把一个国家的利益凌驾于其他国家和地区的利益之上甚至全球利益之上的战略。"一带一路"建设是以沿线国家和地区的相互开放、合作发展、互利共赢为根本宗旨，以"政策沟通、设施联通、贸易畅通、资金融通和民心相通"为核心内容，将促进沿线各国团结互信、平等互利、包容共荣。"一带一路"倡导合作共赢的理念，强调世界之大容得下大家共同发展，呼吁各方摒弃你输我赢、赢者通吃的旧思维，致力于"以和为贵，和而不同，以达天下大同"。"一带一路"有助于凝聚共识，围绕共同的主题推动区域内多边合作平台整合、对接，促进相关国家加强沟通，促进人类命运共同体建设，形成推动人类合作共赢发展的新格局，让更多国家和地区受益于"一带一路"建设。

"一带一路"将从多边和双边各个层面推进命运共同体建设。"一带一路"和人类命运共同体均是合作、发展的理念和倡议，不是一个实体和机制，它们将充分依靠中国与有关国家既有的双边多边机制，借助当前行之有效的区域合作平台形成互动。通过与60多个国家、40多亿人口建立广泛的沟通和协作机制，形成推动人类合作共赢发展的新格局。据海关总署测算，2014年，我国与"一带一路"地区的进出口总额达7万亿元人民币，增长率高达7%。同时，"一带一路"能够在增信释疑的基础上，推进沿线不同国家主导的多个次区域合作组织形成宽领域、深层次、高水平、全方位的合作格局，使各经济体在

合作中实现共赢，使广大民众获得实实在在的好处。目前"一带一路"沿线地区存在着由不同国家主导的多个次区域合作组织和对话平台，如上海合作组织、东南亚国家联盟、中国—东盟"10+1"、亚太经合组织、阿拉伯国家联盟、欧洲联盟、博鳌亚洲论坛、亚欧会议、亚洲合作对话、亚信会议、中阿合作论坛、中国—海合会战略对话、大湄公河次区域经济合作、中亚区域经济合作等，其成员构成、区域分布、合作范围与合作机制差异较大。"一带一路"坚持共商共建、共创共享原则，不搞封闭机制，有意愿的国家和经济体都可参与，成为"一带一路"的支持者、建设者和受益者，这将加速人类命运共同体建设，共同建造和平、增长、改革、文明的发展环境，构建各方融合发展的新格局，为各方带来更大的发展机遇。

五、"一带一路"将促进沿线国家和地区加强战略对接，形成推动世界包容发展的新方式

"一带一路"作为全方位的合作开放战略，将以经济走廊理论、经济带理论等创新经济发展理论、区域合作理论、全球化理论为基础，形成促进区域发展的"共商、共建、共享"原则，超越马歇尔计划、对外援助以及"走出去"战略，给21世纪的国际合作带来新的理念。"经济带"概念就是对地区经济合作模式的创新，新亚欧大陆桥、中蒙俄、中国—中亚—西亚、中国—中南半岛等国际经济合作走廊，以经济增长极辐射周边，超越了传统发展经济学理论。"丝绸之路经济带"概念，不同于历史上所出现的各类"经济区"与"经济联盟"，具有更大的灵活性、适用性、可操作性。"一带一路"将促进沿线国家和地区加强战略对接，实现包容性发展。"一带一路"将与俄罗斯的"跨欧亚发展带"有效对接，与中亚五国、俄罗斯的东向能源新干线，与印度新总统穆迪提出的建设丝绸之路、印度尼西亚新总统提出的发展海洋

经济和建设海上中心，与东南亚大湄公河次区域合作，与西亚、阿盟的经济振兴计划，乃至与中东欧 16 国摆脱债务危机、吸引中国投资的需求，都不谋而合，遥相呼应。"一带一路"可以促进欧亚经济一体化，共同建设欧亚大市场，共同引领来自亚太和欧洲的国家参与欧亚大陆经济整合的新格局，从而对当前世界经济版图产生重要影响，促进全球政治经济新秩序的形成。同时，"一带一路"将助推东盟建成东盟共同体。按计划，2015 年年底东盟将建成东盟共同体，但是还有约 10% 的目标没有完成，且剩余的一体化内容难度较高。同时，缅甸、泰国、印度尼西亚等东盟内部国家也面临着政治、经济等一系列问题，这些问题将会分散东盟的注意力。"一带一路"建设对东盟共同体的建设具有积极的意义，通过打造中国和东盟自由贸易区升级版，有利于密切东盟各方经济联系，促进产业合作升级，打造优势互补的产业链。

"一带一路"将通过促进沿线国家和地区的战略对接，实现政策沟通，共同打造开放、包容、均衡、普惠的区域经济合作架构，促进经济要素有序自由流动、资源高效配置和市场深度融合，推动沿线区域实现经济政策协调，开展更大范围、更高水平、更深层次的区域合作。一是促进东南亚地区形成更紧密的经济伙伴关系。"一带一路"将深化中国与东盟的战略互信，拓展睦邻友好关系，聚焦经济发展，扩大共同利益汇合点，打造中国东盟自贸区升级版，建立和健全地区供应链、产业链与价值链，提升东盟与中国产业在全球的竞争实力。二是促进南亚地区形成共同发展的区域经济体新格局。"一带一路"将以连接中印两大市场桥梁的中巴经济走廊和孟中印缅经济走廊建设为重要切入点，以沿线中心城市为依托，以铁路、公路为载体和纽带，培育沿线优势产业群和边境经济合作区，形成优势互补、共同发展的区域经济新格局。三是促进中亚、西亚开展优势互补的产业合作。中亚、西亚地区是"一带一路"建设的重点方向，将从北、中、南三个方向全面打通亚欧大陆桥，最终形成中国—中亚—西亚国际经济合作走廊，实现基础设施的互联互通，推动中亚、西亚地区合作由能源领域合作转向产业链合作。四是促进中蒙俄建立崭新的投资贸易关系。"一带一路"有利于完善中蒙俄合作机制，进一步深化中蒙俄在教育、科技、文化等领域的全方位合作，挖掘和释放中蒙俄经济合作的巨大潜力，打造中蒙俄经济走廊，推动经贸合作上升到新的水平。五是促进东北亚地区成为亚太地区重要的增长极。"一带一路"的加速推进，将促进东北亚地区在国际通道建设上实现更大的突破，向北、向西可通过俄罗斯西伯利亚大铁路进入欧洲的铁海联运体系，向东、向南进入太平洋陆海联运体系，加速东北亚地区的互联互通，促进人员和生产要素在区域内的合理流动，建立更紧密的区域合作关系。

参考文献

[1] 鲁熙妍. 穿越距离与时空的文明[EB/OL]. [2012-09-27]. http://wenku.baidu.com.

[2] 钱云, 金海龙. 丝绸之路绿洲研究[M]. 乌鲁木齐: 新疆人民出版社, 2014.

[3] 杜韵红. 南方丝绸之路的变迁与保护[J]. 文化遗产, 2015 (2): 148-163.

[4] 黄晓宏. 浅谈宋元时期海上丝绸之路陶瓷贸易[J]. 丝绸之路, 2010(14): 23-26.

[5] 郭孟良. 明代茶马贸易的展开及其管理制度[J]. 陕西理工学院学报(社会科学版), 1991(1): 11-18.

[6] 刘清荣. 明代茶马贸易经管体系述论[J]. 农业考古, 2001(2): 236-239.

[7] 张学亮. 明代茶马贸易与边政探析[J]. 东北师大学报(哲学), 2005(1): 75-80.

[8] 徐桑奕. 明清时期中央政权南海管制式微与海上丝绸之路的衰落[J]. 历史教学, 2014(6): 9-13.

[10] 佚名. 新疆将成为"一带一路"最大赢家[J]. 东方企业家, 2015(11): 28-29.

[11] 李希光. 建设多元共存的"一带一路"大文明圈[J]. 丝绸之路, 2016(20): 5-11.

[12] 杨富学. 明代陆路丝绸之路及其贸易[J]. 中国边疆史地研究, 1997(2): 12-20.

[13] 国家发展改革委，外交部，商务部. 推动共建丝绸之路经济带和21世纪海上丝绸之路的愿景与行动[N]. 人民日报，2015-03-29(4).

[14] 王义桅. "一带一路"的文明解析[J]. 新疆师范大学学报(哲学社会科学版)，2016(1)：14-21.

[15] 王义桅. "一带一路"的中国担当[J]. 前线，2015(7)：25-27.

[16] 廖奔. "一带一路"与丝路文艺[N]. 中国艺术报，2016-04-29(5).

[17] 张向锋. 技术创新的机制与模式探讨[D]. 南京：南京理工大学，2006.

[18] 路东良. 天津市重点行业技术创新模式研究[D]. 天津：天津大学，2008.

[19] 高呢喃. 建筑企业技术创新模式的研究[D]. 哈尔滨：哈尔滨工业大学，2008.

[20] 李颖. 湖南省自主创新能力评价及政策支持体系研究[D]. 长沙：湖南农业大学，2008.

[21] 曾晶晶. 加快辽宁企业技术创新的体制机制研究[D]. 沈阳：沈阳工业大学，2009.

[22] 本刊综合报道. 中国创新能力稳步提升 国家创新指数排名19[J]. 创新时代，2014(4)：5-9.

[23] 朱志敏. 创新驱动：助力中国梦——2013年全国两会侧记[J]. 中国人才，2013(7)：9-11.

[24] 许元荣，秦大炜. "一带一路"给产业发展带来多重机遇[N]. 第一财经日报，2015-03-03.

[25] 武祯妮. "一带一路"下的新概念产业研究[J]. 经济师，2015(9)：81-82.

[26] 李永军. "一带一路"：打开施工企业的筑梦空间[J]. 建筑，2016(1).

[27] 枞岩. 话说"一带一路"[J]. 统一论坛，2015(4)：3-6.

[28] 黄利桥. 我国跨越"中等收入陷阱"面临的主要问题及对策研究[J].

公用事业财会，2015(4)：40-56.

[29] 枞岩. 话说"一带一路"(续)[J]. 统一论坛，2015(5)：7-9.

[30] 韩儒博. 创新模式研究及其国际比较[D]. 北京：中共中央党校，2013.

[31] 肖海晶. 国外技术创新模式及对我国的启示[J]. 学习与探索，2006(6)：207-210.

[32] 李叶. 国家创新竞争力中国排第十位[J]. 共产党员：上半月，2012 (1)：22-22.

[33] 田九霞. 论美国文化软实力的建构[J]. 学术界,2013(4):208-219.

[34] 宾雪花，何强. 美国产业政策立法及对中国的三启示[J]. 法学杂志，2013，34(8)：98-107.

[35] 柳思维. 从贸易大国走向贸易强国的制度创新思考[J]. 湖南商学院学报，2010 (6)：5-13.

[36] 任东来. 美国的立国之本和强国之道[J]. 博览群书，2005 (4)：4.

[37] 吴汉洪. 美国政府在产业结构调整中的作用[J]. 经济理论与经济管理，2002 (6)：65-69.

[38] 王晓德. "软实力"与美国大众文化的全球扩张[J]. 历史教学：高校版，2007 (10)：5-10.

[39] 刘燕华，冯之浚. 美国创新模式转型对我们的启示[J]. 读书，2012(11)：12.

[40] 刘燕华，王文涛. 新常态下的创新驱动——对创新服务体系的认识[J]. 工业技术经济，2016，35(1)：3-11.

[41] 谈松华，王建. 人才培养模式创新的时代抉择[J]. 中国高等教育，2012，6(4)：14.

[42] 徐颖. 英国知识产权改革的"平衡术"[J]. 决策探索，2016 (7)：77-79.

[43] 胡泳，王俊秀. "互联网+"时代的大国竞合[J]. 文化纵横，2015(6)：96-103.

[44] 陈强，余伟. 英国创新驱动发展的路径与特征分析[J]. 中国科技

论坛, 2013 (12): 148-154.

[45] 李靖华, 刘馨, 王祺. 英国医疗服务创新模式分析——以 NHS 西北创新中心 TrusTECH 为例[J]. 科技管理研究, 2011, 31(2): 14-19.

[46] 徐同文, 陈艳. 英国大学应用型人才培养机制探析及启示[J]. 高等工程教育研究, 2013, 4(17): 31-35.

[47] 张敏. 英国绿色治理创新机制及对中国的启示[J]. 当代世界, 2015 (10): 50-53.

[48] 潘宇峰, 华薇涵. 战略性新兴产业产学合作创新框架[J]. 科技资讯, 2015 (19): 240-241.

[49] 田恬. 国外科技创新政策概览[J]. 科技导报, 2016, 34(4): 111-113.

[50] 崔永杰, 何东键, 郭康权, 等. 中日两国产学研结合的人才培养模式比较[J]. 教育教学论坛, 2015 (2): 49-52.

[51] 田延彬. 如何加强企业、高校、科研院所的产学研合作的情况分析[J]. 科技视界, 2012 (29): 463-463.

[52] 魏效礼. 加快推进产学研合作促进企业科技创新——探析企业产学研合作之路[J]. 价值工程, 2014, 33(3): 268-269.

[53] 贾爱明. 德国社会市场经济制度对中国新一轮改革的启示[J]. 改革与战略, 2013 (10): 120-124.

[54] 张明龙. 美日德如何运用政策促进创新活动 (下)[J]. 党政论坛, 2008(9): 19.

[55] 张明龙. 德国创新政策体系的特点及启示[J]. 理论导刊, 2008 (2): 108-109.

[56] 张明龙. 德国创新政策体系的特点[J]. 中国信息报, 2010: 6-23.

[57] 陈强, 霍丹. 德国创新驱动发展的路径及特征分析[J]. 德国研究, 2013, 28(4): 86-100.

[58] 陈强, 霍丹. 德国创新驱动发展的举措及对中国的启示[J]. 科技创新导报, 2014 (20): 6-9.

[59] 许艳华. 政产学研用协同创新的德国模式与中国借鉴[J]. 科技管理研究, 2013, 33(9): 5-9.

[60] 周小丁, 黄群. 德国高校与企业协同创新模式及其借鉴[J]. 德国研究, 2013 (2): 113-122.

[61] 郭强. 借鉴德国先进经验 走可持续发展之路[J]. 今日海南, 2012 (9): 25.

[62] 胡小桃. 德国科技创新的政策体制分析[J]. 湖湘论坛, 2014(3): 97-101.

[63] 孙殿义. 政府在国家科技创新体系中的作用——德国创新体系建设对我国的若干启示[J]. 中国科学院院刊, 2010, 25(2): 191-194.

[64] 黄阳华. 德国"工业4.0"计划及其对我国产业创新的启示[J]. 经济社会体制比较, 2015(2): 1-10.

[65] 孙冰, 王为. 企业自主创新动力系统的建构[J]. 科技与经济, 2010(6): 19-22.

[66] 方媛媛. 驱动创新的文化要素系统层面解析[D]. 北京:中国科学技术大学, 2012.

[67] 李文明, 赵曙明, 王雅林. 科技创新的特点、主体与动力激励系统研究[J]. 现代经济探讨, 2006(6): 60-63.

[68] 罗赳赳, 田新民, 康力. 企业自主创新模式研究与选择.《科技进步与策》. 2007, 24(5): 104-107

[69] 王进富, 张颖颖, 苏世彬, 等. 产学研协同创新机制研究——一个理论分析框架[J]. 科技进步与对策, 2013(16): 1-6.

[70] 鲁若愚, 张鹏, 张红琪. 产学研合作创新模式研究[J].科学学研究, 2012, 30(2): 186-193.

[71] 杨习英, 杨英华. 我国民营中小企业技术创新模式的探索[J]. 商场现代化, 2005(29): 181.

[72] 林兆燕, 尤功胜. 企业创新动力系统研究[J]. 云南科技管理, 2012(6): 5-7.

[73] 辜胜阻,李洪斌,王敏. 创新驱动战略的五大特征和五大机制[J]. 科技创新报, 2014(19): 9-12.

[74] 辜胜阻,李洪斌,王敏. 构建让创新源泉充分涌流的创新机制[J]. 中国软学, 2014(1): 11-18.

[75] 何伟,邵云飞,刘磊. 协同创新机制下高校创新人才培养对策研究[J]. 电子科技大学学报(社科版), 2016(2): 86-91.

[76] 陈群. 企业激励系统的"内装修"[J]. 企业改革与管理, 2003 (2): 9.

[77] 胡寅龙. 产学研结合技术创新协同机制研究[D]. 西安:西安工程大学, 2012.

[78] 王翠霞. 国家创新系统产学协同创新机制研究[D]. 杭州:浙江大学, 2014.

[79] 高亮. 开放共享的科技基础条件平台合作创新机制研究[D]. 北京: 中国科学技术大学, 2015.

[80] 邹晓琴. 企业技术创新内部激励机制的构建[J]. 贵州工业大学学报(社会科学版), 2004(4): 46-48.

[81] 李文明, 袁晓莉.科技创新及其微观与宏观系统构成研究[J]. 科技管理研究, 2006(9): 225-228.

[82] 杨俊祥,和金生. 基于知识管理动态能力的企业技术创新研究[J]. 知识管理论坛, 2013(4): 1-9.

[83] 张在群. 政府引导下的产学研协同创新机制研究[D]. 大连:大连理工大学, 2013.

[84] 岳蓉. 中国风险投资的运行机制研究[D]. 武汉: 华中科技大学, 2013.

[85] 海燕. 让国内外市场形成互动[N]. 中国质量报, 2013-07-09(6).

[86] 谢国忠, 杨松平. 现代企业如何建立创新机制[N]. 中国机电日报, 2000-10-31(2).

[87] 李军, 张尚琼. 企业竞争力创新机制的新制度经济学解释[J]. 生产力研究, 2006(4): 18-20.

[88] 张硕. 风险投资机制研究[D]. 长春:吉林大学, 2011.

[89] 王为. 东北地区制造业产业自主创新动力机制研究[D]. 哈尔滨：哈尔滨工程大学，2011.

[90] 王学军. 强化制度创新 推进企业技术进步[J]. 北京石油管理干部学院学报，2006(5)：49-53.

[91] 封晓波. 论企业中的技术创新[J]. 经营管理者，2009 (22)：157.

[92] 赵洁. 基于自主创新的民营中小型科技企业核心竞争力研究[D]. 天津：天津大学，2013.

[93] 张炳光. 论创新的目的、标准、要素和定义[J]. 福州大学学报(哲学社会科学版)，2007 (5)：17-21.

[94] 王彬. 企业创新系统研究[D]. 成都：四川大学，2004.

[95] 王永. 转型时期我国国有企业管理创新特征与动力机制研究[D]. 南京：江苏大学，2011.

[96] 严焰，徐超. 浙江省高新技术企业自主创新投入产出效率研究[J]. 现代物业(中旬刊)，2010(10)：40-42.

[97] 刘新同. 合作创新：企业自主创新的有效形式[J]. 科技管理研究，2007 (1)：13-14.

[98] 杨德才. 论金融危机下中小企业自主创新[J]. 中国发展，2009(5)：33-40.

[99] 宋洁. 企业自主创新能力的系统分析[D]. 天津：天津大学，2007.

[100] 吕明. 黑龙江省高新技术企业技术创新机制研究[D]. 长春：东北林业大学，2008.

[101] 孔祥智. 北京市乡镇企业技术创新机制和模式研究[J]. 北京农学院学报，2004 (1)：1-4.

[102] 王东旭. 青岛明月海藻集团有限公司技术创新模式研究[D]. 北京：中国海洋大学，2010.

[103] 朱萍萍. 湖北省高新企业技术创新模式研究[D]. 武汉：华中科技大学，2009.

[104] 中国生产力学会课题组，郑新立，高铁生，等. 实施创新驱动发

展战略和建设创新型国家的提出及现状分析[J]. 经济研究参考, 2015(14): 4-15.

[105] 周林洋. 集成创新——现代企业的创新模式(之一)[J]. 金山企业管理, 2007(2): 47-48.

[106] 杨忠泰. 企业技术创新模式的选择[J]. 理论导刊, 1999(9): 18-20.

[107] 王晓苏. OPEC发布《世界石油展望2012》[J]. 中国石油和化工标准与质量, 2012(14): 8-9.

[108] 曹勃亚. 创新驱动谋发展[J]. 时事报告, 2013(3): 8-15.

[109] 曾向红. "一带一路"的地缘政治想象与地区合作[J]. 世界经济与政治, 2016(1): 46-71.

[110] 陈文玲. 携手推进"一带一路"建设 共同迎接更加美好的新未来[J]. 全球化, 2015(6): 5-29.

[111] 吾甫尔·努尔丁·托仑布克. 中国科技点亮"一带一路"——绿洲血脉: 千年坎儿井[J]. 知识就是力量, 2016(12): 12-17.

[112] 王日根. 清前期海洋政策调整与江南市镇发展[J]. 江西社会科学, 2011(12): 5-11.

[113] 魏兆和, 程嘉翎. 丝绸之路在西域的三绝三通[J]. 中国蚕业, 2003(2): 79-80.

[114] 科教兴国战略研究课题组. 科技创新与重要战略机遇期[M]. 北京: 中央党校出版社, 2003.

[115] 陈彤. 新丝路倡议与中国在东盟区域合作机制的创新[J]. 经济界, 2015(6): 48-53.

[116] 赵秀丽. 国家创新体系视角下的国有企业自主创新研究[D]. 济南: 山东大学, 2013.

[117] 罗曼. 我国国有企业管理创新研究. 企业技术开发月刊, 2014(26): 28-29.

[118] 左世全, 王影, 金伟, 等. 美国也要振兴制造业——美国先进制造业国家战略计划编译[J]. 装备制造, 2012(5): 76-81.

[119] 普京. 普京文集[M]. 北京: 中国社会科学出版社, 2008.

[120] 曾晓娟，宋兆杰. 科学城：俄罗斯科技创新的前沿阵地[J]. 科技管理研究，2013，33(10)：9-12.

[121] 王仲宣. 1992 年俄联邦科技发展综述[J]. 全球科技经济瞭望，1993(5)：10-15.

[122] 王志章，王晓蒙. 包容性增长的印度模式及其对中国的启示[J]. 城市观察，2011(5)：174-187.

[123] 安双宏. 印度政府对高等教育的管理[J]. 比较教育研究，2006，27(8)：35-38.

[124] 李海海. 中国与印度国家创新系统比较研究[J]. 经济纵横，2007(1)：60-61.

[125] 白士彦. 印度IT产业集群的经济效应分析[D]. 长春：吉林大学，2007.

[126] 胡红亮，郭燕燕，封颖. 印度科技创新人才的培养和吸引政策研究[J]. 全球科技经济瞭望，2016，31(7)：57-65.

[127] 万浩. 试析影响新加坡和中国建交的马来西亚和印尼因素[D]. 北京：外交学院，2010.

[128] 吴依林. 新加坡的发展模式和创新政策[J]. 中国科技产业，2007(6)：33-36.

[129] 赖涯桥. 新加坡引进外资的实践与成功经验[J]. 中国外资，2016(1)：26-29.

[130] 王忠福. 俄罗斯科技体制转型与科技创新研究[D]. 沈阳：辽宁大学，2013.

[131] 周戎，乐山，陈尚文，等. 国外新"硅谷"靠什么吸引人[J]. 中国中小企业，2016(9)：73-75.

[132] 赵昆，罗梓超. 俄罗斯政府主导科研体系的市场化效果研究[J]. 天津科技，2016，43(8)：6-8.

[133] 封颖，吴家喜，李恩敬. 印度政府科技创新管理重大战略转型与政策趋势及对中国的启示[J]. 中国科技论坛，2014(2)：138-142.

[134] 程伟，殷红. 俄罗斯产业结构演变研究[J]. 俄罗斯东欧中亚研

究，2009(1)：37-41.

[135] 程伟. 世界金融危机中俄罗斯的经济表现及其反危机政策评析[J]. 世界经济与政治，2010(9)：121-131.

[136] 程伟. 冷静聚焦普京新政下的俄罗斯经济颓势[J]. 国际经济评论，2014(6)：58-74.

[137] 李靖宇，刘海楠，张晶涛. 俄罗斯国家现代化与中俄两国战略协作前景[J]. 延边大学学报(社会科学版)，2011，44(2)：5-13.

[138] 赵传君. 论普京的经济观[J]. 俄罗斯东欧中亚研究，2013(6)：42-47.

[139] 徐苏晓，俞姝玥. 印度创新创业型人才培养体系研究[J]. 现代营销：学苑版，2016(8)：92-93.

[140] 封颖，吴家喜，李恩敬. 印度政府科技创新管理重大战略转型与政策趋势及对中国的启示[J]. 中国科技论坛，2014(2)：138-142.

[141] 李昕. 新加坡建设创新型国家成功经验分析[J]. 世界经济情况，2010(2)：17-21.

[142] 李扬，高翔，裴长洪，等. 金砖国家发展报告(2014)[M]. 北京：社会科学文献出版社，2014.

[143] 林落. 韩日印：加速启动科技引擎[J]. 科学新闻，2016(8).

[144] 林宇，何舜辉，王倩倩，等. 新加坡创新型城市的发展及其对上海的启示[J]. 世界地理研究，2016，25(3)：40-48.

[145] 封颖. 印度第四套中长期科技创新政策研究[J]. 世界科技研究与发展，2014(5)：599-608.

[146] 封颖，徐峰，许端阳，等. 新兴经济体中长期科技创新政策研究——以印度为例[J]. 中国软科学，2014(9)：182-192.

[147] 周家雷. 新加坡国际竞争力的源泉[J]. 当代亚太，1999(7)：38-44.

[148] 吴依林. 新加坡的发展模式和创新政策[J]. 中国科技产业，2007(6)：33-36.

[149] 李满. 新加坡：依靠创新实现产业升级[J]. 金融博览，2010(1)：36-37.

[150] 李国渝. 新加坡公立理工学院课程模式与学生创新实践能力培养[J]. 重庆广播电视大学学报, 2011, 23(5): 23-28.

[151] 薛菁华. 新加坡科技规划政策研究与启示[J]. 华东科技, 2013(9): 26-29.

[152] 付碧莲. 李光耀: 一个小岛一个伟人[J]. 决策探索月刊, 2015(8): 48-50.

[153] 张洁. 营造崇尚自主创新、保护创新成果人文环境的国际比较研究[J]. 石油教育, 2011(4): 63-67.

[154] 李春景. 新加坡科学园与香港数码港的比较研究及共政策含义——基于三螺旋视角的考察[J]. 科学学与科学技术管理, 2008, 29(3): 47-52.

[155] 杨宇清. 对新加坡社会经济发展的几点认识[J]. 特区实践与理论, 2011(5): 79-83.

[156] 李威. 新加坡促进科技创新的实践及启示[J]. 安徽科技, 2012(5): 53-54.

[157] 赵嘉怡, 李光耀. 已到盖棺定论时?[J]. 中外管理, 2015(5): 114-116.

[158] 郑宗. 美国为什么只有一个硅谷?[J]. 经济世界, 2002(3): 7-10.

[159] 李园林. 约瑟夫·奈"软实力"说与美国大众文化的传播[J]. 决策与信息, 2016(6): 209-209.

[160] 王国宾. 全面实施本科教学质量与教学改革工程 切实提高人才培养质量和创新能力——在启动"教学质量与教学改革工程"研讨会上的主题报告[J]. 北京舞蹈学院学报, 2008(2): 7-13.

[161] 任东来. 美国的立国之本和强国之道[J]. 博览群书, 2005(4): 27-33.

[162] 吴汉洪. 美国政府在产业结构调整中的作用[J]. 经济理论与经济管理, 2002, V(6): 65-69.

[163] 谢玉亮. 全球化时代的文化身份与中国文化主体性的建构[J]. 学习论坛, 2015(3): 60-63.

[164] 李强.《功夫熊猫2》与美国文化"软实力"[J]. 大众文艺, 2015(22)：187-188.

[165] 袁三标. 略论国家安全视野下的中国软实力建构[J]. 天府新论, 2009(2)：106-110.

[166] 郭林, 丁建定. 俄罗斯科技人才培养与激励政策的改革与启示[J]. 科技进步与对策, 2012(1)：147-151

[167] 徐林实. 论俄罗斯大型企业科技创新体系的地位和作用[J]. 中国高新区, 2008(11)：77-79.

[168] 谢泗薪, 侯蒙."一带一路"构架下基于国际竞争力的物流发展模式创新[J]. 中国流通经济, 2015(8)：33-39.

[169] 精华. 德国市场经济体制[M]. 兰州：兰州大学出版社，1994.

[170] 叶秋华, 宋凯利. 论美国的市场经济模式与宏观调控法[J]. 法制与社会发展, 2004, 10(6)：147-151.

[171] 刘小军, 祖林丽. 20世纪80年代以后美国产业政策、产业结构的变化及对我国的启示[J]. 商品与质量：理论研究, 2011 (3)：28-30.

[172] 虞丽娟. 美国研究型大学人才培养体系的改革及启示[J]. 高等工程教育研究, 2005 (2)：86-90.

[173] 张晓鹏. 美国大学创新人才培养模式探析[J]. 中国大学教学, 2006(3)：7-11.

[174] 杨起全, 吕力之. 美国知识产权战略研究及其启示[J]. 中国科技论坛, 2004(2)：102-105.

[175] 杨明辉. 美国文化产业与对外文化战略[J]. 世界经济与政治论坛, 2006(5)：13.

[176] 钟坚. 美国对外贸易区的发展模式及其运行机制[J]. 特区经济, 2000(6)：27-29.

[177] 吴玉鸣. 官产学R&D合作、知识溢出与区域专利创新产出[J]. 科学学研究, 2009, 27(10)：1486-1494.

[178] 金碚, 谢晓霞. 美国高技术产业的创业与创新机制及启示[J]. 管

理世界，2001 (4)：63-70.

[179] 周春彦. 大学-产业-政府三螺旋创新模式——亨利·埃茨科维兹《三螺旋》评介[J]. 自然辩证法研究，2006(4)：75-82.

[180] 张红，苗润莲，蔚晓川. 英国官产学研合作模式及其借鉴作用初探[J]. 情报工程，2015 (1)：49-56.

[181] 郑春荣. 中小企业：德国社会市场经济的支柱[M]. 上海：上海财经大学出版社，2003.

[182] 刘晓凤. 英国少数民族高层次人才培养制度的政策特征及启示[J]. 黑龙江高教研究，2015 (1)：72-75.

[183] 李建峰. 英国的知识产权保护及其对我国的启示[J]. 学习与探索，2007(4)：117-119.

[184] 戚文海. 经济转轨国家的国家创新体系评析——以俄罗斯为研究案例[J]. 俄罗斯中亚东欧研究，2005(5)：37-45.

[185] 王忠福，冯艳红. 创新型国家目标下俄罗斯研究与开发强度变化趋势——基于国际经验的分析[J]. 俄罗斯中亚东欧市场，2012(8)：11-18.

[186] 姜大源. 德国职业教育的最新改革与发展动态[J]. 中国职业技术教育，2010(5)：5-9.

[187] 王朝全，杨霞. 论循环经济的动力机制——德国经验及其对中国的启示[J]. 科学管理研究，2008，26(3)：116-120.

[188] 刘建，魏志英. 英国创新型人才培养模式[J]. 中国民族教育，2012(11)：44-46.